金砖国家合作与全球治理年度报告（2021）
金砖国家与新兴经济体的国家发展动力

贺平　王蕾　主编
复旦大学金砖国家研究中心

上海人民出版社

目　录

卷 首 语

沈 逸

当今世界，百年未有之大变局正处于一个加速演进的动荡变革期。国际体系力量对比深度调整引发结构性变局进入关键阶段，以新冠肺炎疫情为典型表征的全球挑战持续深化，冷战结束之后第一轮全球化进程中曾经发挥重要作用的西方，普遍因为国家能力内生的结构性缺陷爆发处于失能、空转乃至更加尴尬的状态；传统意义上源自霸权国及其核心盟友的"小圈子规则"日趋难以适应新阶段全球化对于多边主义的强烈需求。在此背景下，已经走过16年历程的金砖国家来到了一个特殊的历史时刻，作为冷战后新兴经济体和发展中国家群体性崛起的标志，金砖国家不仅在第一个十年为全球发展做出了巨大贡献，而且在未来更长的发展阶段承担了探索发展新模式、新道路，寻找全球治理新形式，为可持续发展注入新动力，推进人类命运共同体不断战胜困难，持续前行的历史使命。在此背景下，对于国家发展动力的研究显得尤为迫切和重要。

本期金砖国家年度报告主题聚焦"金砖国家与新兴经济体的国家发展动力"，从产业和全球治理两个维度，刊发了12篇高质量的研究成果，可以看作是新锐研究者对国家发展动力议题研究成果的一种整体性的展现。青年群体的创新与奋斗，是国家发展动力的重要来源。本期年度报告收录的文章，大多来自学术界崭露头角的青年学者，在某种意义上不啻国家发展动力的一种生动表现。

报告第一部分聚焦产业，探讨金砖国家与新兴经济体的国家发展动力。研究者从发展意愿、竞争力、国际规范制定等理论分析视角出发，对新能源、数字经济、RCEP等热点议题展开具有丰富材料佐证的深度研究，描绘并建构了比较全面的图景，帮助人们认识和理解发展动力框架下的金砖国家与新兴经济体，做出了有益的探索与贡献。报告的第二部分从金砖合作与全球治理的视角出发，研究对象既包括对中国、印度等金砖成员国对全球治理重大议题及其中部分具体议题的整体看法与宏观认知,也涵盖金砖国家新开发银行、中印＋、金砖＋、国家集团等由金砖国家合作衍生出的新行为体与新机制在全球治理中作用和效能。在全球产业链的发展面临挑战、全球治理的推进困境重重的背景下,金砖国家与新兴经济体一方面借助数字化转型、区域经济一体化,寻求突破国内产业升级和经济社会可持续发展受到的限制;另一方面以合作的方式积极参与全球治理,为创造一个更为平等、包容、有效的全球治理体系提供动能。报告收录的文章,可以帮助读者更深入、更全面地理解金砖国家与新兴经济体在这两方面如何进行尝试,其国家发展动力究竟源自何处,及其未来的发展潜力。

整体来看,这份年度报告从国家发展动力的视角切入,对金砖国家与新兴经济体在不同议题领域和维度的发展动力,以及和全球治理的复杂互动,形成了较为系统的分析和解读。从某种意义来说,在国际体系变革进入新阶段的当下,无论是国家与国家之间的互动,又或者是不同国家以单独或者团体的方式,为推动全球治理变革做出贡献,本质上可以看作是一种聚焦国家发展动力的宏大而微妙的博弈。充分挖掘并优化金砖国家与新兴经济体内生的国家发展动力,将是推动全球体系实现良性变革的关键所在。而金砖国家与新兴经济体所具有的特殊的比较优势,将在此进程中发挥独特而重要的作用。

(沈逸:复旦大学国际关系与公共事务学院教授;复旦发展研究院金砖国家研究中心主任)

金砖国家与新兴经济体的国家发展动力与产业

发展意愿与经济结构转型:以南非电力行业为例①

姜　璐

【内容摘要】 南非自 2008 年后经济增长持续低迷、结构转型进展缓慢,曾令其引以为傲的电力行业由于缺乏转型升级也已成为国计民生的重要阻碍与负担。尽管由非国大领导的南非政府意识到这一问题并尝试通过产业政策手段促进经济发展与转型,但收效甚微。本文从政治经济学视角出发,提出影响发展型国家经济干预成效的"产业政策—联商能力—发展意愿"三要素框架,并尝试以此对南非的经济结构转型问题予以解释。由于作为权力核心的非国大及其政府将分配作为高于发展的优先项,导致其缺乏推动经济发展与转型的强烈动机;而非国大领导核心面临的多重权力制约则进一步消解了其发展意愿。权力核心发展意愿的不足进而导致政府相关机构对关键市场行为体动员力度的有限——由于南非的政府机构相对商业部门本就不具有显著的权力优势,这就进一步削弱了政府的联商能力,从而限制了其产业政策的执行和结构转型的成效。

【关键词】 发展意愿;经济结构转型;电力行业;南非

导　　言

在对发展问题的研讨中,特别是就新兴市场与发展中国家而言,探寻并维系发展动力对于国家经济和社会福利的持续发展与增进无疑具有至关重要的意义。发展动力在本文中被理解为推动一国经济发展的动力因素;从这一界定出发,既有对发展(特别是以长期增长界定的经济发展)动力的讨论根据其研究路径的不同可大

① 本文为国家社会科学基金青年项目"中国对非援助创新与非洲国家发展自主性研究"(项目编号:18CZZ011)的阶段性成果。

体分为两类——其一为经济学家从生产性(如资本、劳动力、技术)或结构性(如产业结构或制度结构)经济因素出发对发展动力的探讨;①其二为政治经济学家从政治因素(如政治平衡、政治安排、增长联盟等)出发对发展动力的阐释。②

本文沿袭后一路径,尝试从政治经济学视角探究经济发展的政治动力。在研究对象和思路上,与既往研究存在两点差异。首先,区别于对长期增长的关注,侧重对经济发展之结构转型面向的研究,尤其是对政府有意识地通过产业政策手段推进经济结构转型的"发展型国家"模式的探讨。其次,从上述发展型国家(或政府干预)角度出发,在对经济发展的政治动力的探究过程中更为强调政府的能动性角色——国家的发展意愿因而成为促进经济发展与转型的重要动力。

南非作为撒哈拉以南非洲最重要的经济体之一以及代表新兴经济体的金砖国家一员,自 2008 年之后经济增长始终乏力、结构转型进程缓慢,其背后原因值得关注。以其电力行业为例,本文试图通过对南非的经济发展,特别是其国家主导的经济结构转型进行深入的案例分析,解释南非政府之所以难以通过产业政策卓有成效地推动经济结构转型的原因,并着力探讨以发展意愿界定的发展动力如何在这一过程中发挥作用。

一、发展意愿与经济结构转型③

(一)对发展意愿的界定

在本文中,"发展意愿"被界定为一国权力核心对于推进国家经济发展的愿望与动力。其中,权力核心指掌握一国政治经济实权的群体;在不同的政治体制与实践背景下,权力核心可能是一国的议会、内阁、总统府或执政党等。

(二)发展意愿对结构转型/政府干预成效的影响机制

在本文的分析框架中,国家通过干预促进经济结构的转型被理解为一个政策

---

① 前者以古典及新古典经济增长理论为代表,后者以结构主义及新制度经济学对增长的阐释为代表。

② 可参见 Kunal Sen, "The Political Determinants of Economic Growth: An Analytical Review," in Sam Hichkey et al. eds, *The Politics of Inclusive Development: Interrogating the Evidence*, Oxford: Oxford University Press, 2014.

③ 限于篇幅,本节未能将作者提出的影响发展型国家实现有效干预的"(发展)意愿—(联商)能力—(产业)政策"三要素框架予以充分展开和阐释;详细内容可参社科基金青年项目"中国对非援助创新与非洲国家发展自主性研究"(项目编号:18CZZ011)课题报告。

过程。在这一过程中，产业政策、联商能力和发展意愿三个要素相互关联，共同影响经济发展与转型（亦即政府干预）的成效；其中，发展意愿发挥着前提性作用，其通过作用于政府的联商能力对产业政策的执行，进而对结构转型的最终成效产生影响。

具体而言，产业政策作为政府指导经济结构转型的具体方案，其执行力度会对转型/干预成效产生直接影响。在发展型国家的语境中，国家对经济转型的干预是顺应、管理市场，而非取代市场的干预，因此政府通过各种方式动员商业部门将资金、技术等资源投入到既定的优先发展产业的能力——亦即联商能力就格外重要。政府的联商能力取决于两方面：其一，政府机构相对商业部门的客观权力关系，决定前者对后者的潜在影响力；其二，政府机构对于商业部门的主观动员力度，能够对其权力关系起到一定的补充或补足作用。

然而，在上述过程中，并不能假设政府机构对于推动发展、动员商业部门具有自发驱动力——作为执行者的政府官员在多大程度上愿意充分发挥自身的联商能力直接受到作为决策者的权力核心发展意愿的影响。结合前述联商能力的决定因素，发展意愿主要通过政府机构对商业部门的动员力度对联商能力产生影响——权力核心的发展意愿越强，其传导至政府官员的压力就越大，后者在发挥对商业行为体既有影响力（权力关系）的基础上，主动采取措施推动或施压相关市场行为体配合执行产业政策执行的动力（动员力度）也就越大，进而表现出的联商能力就越强。

因此，权力核心的发展意愿在对转型/干预成效的影响机制链条上起到至关重要的前提性作用。一国政府如果想要卓有成效地动员商业部门依照既定产业政策实现结构转型与经济发展目标，该国的权力核心需要具备较强的发展意愿才能启动这一政策过程。

（三）发展意愿的决定因素

权力核心的发展意愿主要由两方面因素决定：其一，发展的权力意义，决定发展意愿的初始动力；其二，权力的分配格局，决定发展意愿的贯彻力度。前者指经济发展对于一国权力核心维系自身权力的重要性，如果经济发展对权力核心保有执政地位（权力维系的重要维度之一）具有决定性作用，则更可能产生较强的发展意愿。后者指权力在横向（中央层面）及纵向（央地关系）上的分配格局或集中程度，如果权力分配较为集中、权力核心受到较少牵制，则发展意愿更可能被转化为政策实践。

二、南非经济结构转型的政策、挑战与成效：以电力行业为例

不同于绝大多数撒哈拉以南非洲国家，南非早在 20 世纪就已初步完成从以传统农矿产业为主向以附加值更高的现代产业为主的经济结构转型。不过，白人统治时期的南非经济较多地倚重矿业及以矿业为基础的部分重工业，工业化进程尚不完全，且自 20 世纪 80 年代起南非工业（特别是制造业）部门开始呈现萎缩、出现"去工业化"迹象，此种趋势在黑人政党非洲人国民大会（简称非国大）治下的新南非有增无减。因此，尽管南非同样面临经济结构转型的需求，但这一需求更多体现为推动国内产业的进一步多元化与转型升级，以此创造更多的经济增长点和就业机会，促进国家经济与社会的发展。其中，推进三大产业及其核心子产业内部的转型升级是南非面临的重要任务之一。

在这方面，电力行业的转型升级尤具代表性，南非曾是非洲电力行业最发达的国家，不仅能够自给自足还向南部非洲其他国家输送电力。进入新千年后，伴随着经济发展和供电普及，陈旧的电力产能渐难满足不断增长的用电需求，自 2007 年起南非已出现至少 5 次电力供应危机，日益频繁的限电与持续上涨的电价给其工业生产和人民生活造成较大影响。与此同时，随着全球变暖和应对气候变化渐成共识，南非于 2016 年签署《巴黎协定》，承诺在 2050 年实现零排放，然而达成这一承诺对于一个煤电比重高达 90% 的国家绝非易事。在上述双重背景下，为确保国内电力供给同时实现减排目标，南非的电力（乃至更广泛的能源）行业面临着严峻的转型升级压力。

（一）政策：推动电力来源多元化与国有电力公司改革

1. 电力来源多元化

推动电力来源多元化，特别是促进对清洁能源的开发利用，对缓解南非电力紧张和减少温室气体排放具有直接作用。早在 1998 年矿产能源部颁布的《能源政策白皮书》中，南非政府已经陈明减少对煤炭的过度依赖、开发多元化能源的必要性。①具体到提供二次能源的电力行业，南非能源部于 2011 年和 2019 年发布了两

---

① Republic of South Africa, "White Paper on the Energy Policy of the Republic of South Africa," Department of Minerals and Energy, December 1998, https://www.gov.za/documents/energy-policy-white-paper-0.

版"电力来源综合计划"(IRP2011&IRP2019),对2030年前包括煤、天然气、水能、核能、风能、太阳能等在内不同类型一次能源的发电目标进行了规划(见表1)①。其中,鉴于对自身资源禀赋及低碳减排要求的考虑,南非政府在推动可再生能源(特别是太阳能和风能)发电方面达成共识,政策推动力度不断加大,成为其推动电力来源多元化最重要的政策举措。

表1 电力来源综合计划(IRP2011和IRP2019)对南非2030年不同电力来源单位发电量的目标设定 (单位:吉瓦时)

政策	碳氢化合物能源		可再生能源				核能	蓄能
	煤	天然气&柴油	风能	光伏太阳能	聚光太阳能	水能		
IRP2011	41.1 (45.9%↓)	9.7 (10.8%↓)	9.2 (10.3%↑)	8.4 (9.4%↑)	1.2 (1.3%↓)	4.8 (5.3%↑)	11.4 (12.7%↓)	2.9 (3.3%↑)
IRP2019	33.4 (42.9%↓)	6.4 (8.1%↓)	17.7 (22.5%↑)	8.3 (10.5%↑)	0.6 (0.8%↓)	4.6 (5.9%↑)	1.9 (2.4%↓)	5 (6.4%↑)

注:括号中的百分比表示特定能源发电量在总发电量中所占比率,箭头表示增减趋势。
资料来源:作者根据南非IRP2011和IRP2019编辑绘制。

在可再生能源发电领域尤为值得一提的政策举措还包括"可再生能源独立发电商采购项目"(renewable energy independent power producer procurement program,REI4P)。为配合电力来源综合计划中提到的可再生能源发电计划,在财政部大力主推与能源部积极配合下,南非政府于2011年正式推出可再生能源独立发电商采购项目——该计划鼓励独立发电商通过参与竞标并最终与南非国家电力公司埃斯科姆(Eskom)签订长期(20年)电力购买合同的方式,向国民提供可再生能源供电;作为扶持措施,南非政府则承诺为埃斯科姆提供主权担保以提升其购电能力。2011—2021年间,南非政府通过REI4P共向独立发电商开放11.5吉瓦时可再生能源发电产能(最终授予8.9吉瓦时)。②此外,为推动可再生能源发展,南非政府还推出了多项税收优惠政策,如对生产可再生能源设施或使用可再生能源系统

---

① Republic of South Africa, "Integrated Resource Plan for Electricity 2010—2030(IRP2011)," Department of Energy, May 2011, http://www.energy.gov.za/IRP/irp%20files/IRP2010_2030_Final_Report_20110325.pdf; Republic of South Africa, "Integrated Resource Plan for Electricity 2019(IRP2019)," Department of Energy, October 2019, http://www.energy.gov.za/IRP/2019/IRP-2019.pdf.

② Fingergreen, "Results of South Africa Renewable Energy Independent Power Producer Procurement Program," November 21, 2021, https://finergreen.com/wp-content/uploads/2021/11/21-10-30-REIPPPP-Rd-5-Results.pdf.

的企业减免征收所得税等。南非政府也在尝试争取国际援助来为其能源结构转型提供资金支持,如 2021 年在格拉斯哥举办的第 26 届气候变化大会(COP26)上南非成功获得来自美国、英国及欧盟 85 亿美元的资金援助承诺,用以助力其可再生能源开发与能源结构转型。①

2. 国家电力公司(Eskom)改革重组

埃斯科姆是南非最大的电力公司,也是唯一的国有电力企业,截至 20 世纪末供应了南非约 96％的电力。21 世纪以来,埃斯科姆在基础设施、人才技术、公司治理等方面的状况不断恶化,陈旧的发电—输电—配电垂直一体化模式也越发低效与不可持续,最终导致公司出现日益严重的财务与运营危机。2019 年南非公共企业部曾宣布埃斯科姆"从技术层面讲已经破产",其 4 400 多亿兰特(约合 300 多亿美元)的长期债务已占国家主权债务的 15％及南非国内生产总值的 8％。②电力运营方面,自 2005 年起,埃斯科姆始终未能完成其在 2018 年前新增 17 吉瓦单位发电量的目标,直接导致南非国内持续十余载的电力短缺;而受其持续恶化的财务状况的影响,埃斯科姆的实际电价同期翻了至少三倍,日益超出南非贫困人群所能承受的范围。③与此同时,埃斯科姆在淘汰煤电、开发使用新能源方面的暧昧立场也在一定程度上延缓了国家推动电力来源多元化、落实减排目标的步伐。

事实上,矿产能源部早在 1998 年的《能源政策白皮书》中就提出将埃斯科姆拆分为发电、输电、配电三家独立公司的计划。④2000 年公共企业部在其发布的《政策框架:国有企业改革的加速议程》中亦提出将公司化后的埃斯科姆拆分成三块,并将其发电部分予以进一步拆分以加强其内部竞争。⑤2001 年南非内阁通过电力供应产业改革提案,其中包括将埃斯科姆输电板块独立出来、创建新的国有

---

① Jeff Mason etc., "South Africa to get ＄8.5 bln from U.S., EU and UK to speed up shift from coal," *Reuters*, November 2, 2021, https://www.reuters.com/business/environment/us-eu-others-will-invest-speed-safricas-transition-clean-energy-biden-2021-11-02/.

② Republic of South Africa, "Roadmap for Eskom in a Reformed Electricity Supply Industry," Department of Public Enterprises, October 29, 2019, https://www.gov.za/sites/default/files/gcis_document/201910/roadmap-eskom.pdf.

③ Lucy Baker, "South Africa's electricity crisis and the future of supply," Sussex Energy Group, February 2015, https://blogs.sussex.ac.uk/sussexenergygroup/2015/02/17/south-africas-electricity-crisis-and-the-future-of-supply-by-lucy-baker/.

④ Republic of South Africa, "White Paper on the Energy Policy of the Republic of South Africa," p.55.

⑤ Republic of South Africa, "An Accelerated Agenda Towards the Restructuring of State Owned Enterprises: Policy Framework," Ministry of Public Enterprises, August 2000, https://www.gov.za/documents/policy-framework-accelerated-agenda-towards-restructuring-state-owned-enterprises.

实体的计划。①但在此后较长一段时期内，埃斯科姆的改革重组计划被长期搁置。直到近年随着埃斯科姆危机不断加深，南非政府才再次提出明确方案。2019年初，面对持续恶化的公司状况及其对南非经济民生带来的影响，拉马福萨总统宣布将埃斯科姆的拆分计划，同年10月公共企业部就埃斯科姆改革发布具有指导性的《路线图》。②

具体而言，政府计划将埃斯科姆拆分为由埃斯科姆-霍尔丁斯（Eskom Holdings）控股的发电实体、输电实体及配电实体三家独立运作、自负盈亏的子公司。其中，输电公司归属国有、仍由埃斯科姆代表国家垄断经营；继而，埃斯科姆再以签署供电或购电协议的方式与发电端的多元供电商——如变电公司、独立发电商、南部非洲电力池、高峰电站等，及配电端的多元用户——如配电公司、市政社区、大型用电机构及南部非洲电力池等相联结，共同构成以输电实体为中心的南非电力系统。③伴随着公司的拆分，其人力与债务等也相应将被重组，如对公司进行裁员，并将部分债务分配给拆分后的发电、输变电及配电三家子公司。

（二）挑战：难以撼动的埃斯科姆

作为非洲经济大国，南非的私人部门非常发达。但对于电力这一关乎国计民生的战略性行业，南非一直以来都将其纳入政府的直接管控范畴——在白人政府统治时期，电力行业作为矿能复合体（mineral energy complex）的核心组成部分，被政府作为给矿业提供廉价能源进而推动国家工业化的重要工具；新南非成立后，除了继续保持矿业成本（进而出口）优势的考虑之外，给南非全体民众提供低廉、可负担的电力也成为政府的重要考量。而埃斯科姆——无论是以早期电力供应委员会还是2001年转制后国有控股公司的身份——都是南非政府管控电力行业的代理人。对新南非而言，尽管政府在1998年出台的《能源政策白皮书》就曾明确表示将引入独立发电商，21世纪初还就私人供电商的监管框架及市场份额等细节做过进一步探讨，但（2004年）最终方案所确定的"单一买家模式（single-buyer model）"虽允许私人发电商进入电力市场却要求其必须将生产的电力统一卖给埃斯科姆，④从而在事

---

① Tracy van der Heijden et al., "Why the Lights Went Out: Reform in the South African Energy Sector," Cape Town: University of Cape Town, April 2013, p.11.

②③ Republic of South Africa, "Roadmap for Eskom in a Reformed Electricity Supply Industry," Department of Public Enterprises, October 29, 2019.

④ Mike Morris and Lucy Martin, "Political Economy of Climate-relevant Policies: the Case of Renewable Energy in South Africa," IDS(Institute of Development Studies) Evidence Report No.128, April 2015, pp.44—45.

实上继续维持了埃斯科姆对南非电力行业的绝对垄断。埃斯科姆仍控制着南非90％以上的燃煤发电（约占南非总发电量的 90％）、100％的配电及 60％的输电业务（另外 40％由地方政府管理）；独立发电商极为有效，且在 2011 年前仅限于煤电领域。

进一步而言，就对政府推动的电力行业转型升级的态度而言，独立发电商（特别是可再生能源独立发电商）毫无疑问是乐观其成的——促进埃斯科姆拆分、打破其行业垄断对独立发电商的益处自不待言；推动电力来源多元化、鼓励可再生能源开发对独立发电商更具吸引力。这一方面由于应对气候变化与新能源开发在过去十余年间中日益成为国际共识与主流趋势，在该领域的投资通常可以享受来自国家和金融机构的优惠政策；另一方面则由于跨国公司在新能源技术领域的日益成熟以及欧美市场的逐步饱和。在上述背景下，南非不仅具备极其丰富的可再生能源资源（特别是风能、太阳能），且在非洲乃至新兴经济体国家中具有更为优良的投资环境。所以，一旦政策到位，独立发电商企业非常乐于参与投资，这也是可再生能源独立发电商采购项目能够吸引到大量国际投资的重要原因。也因此，南非政府在动员这部分市场行为体的过程中并不存在显著的阻力和困难。

而作为行业垄断者，埃斯科姆无论是针对自身的改革重组还是促进电力来源多元化都缺乏执行和参与动力。就改革重组而言，尽管按照迄今为止的计划拆分后的发电、输电和配电三部分仍以子公司的形式归属埃斯科姆控股集团管理，但在操作层面拆分不仅意味着三块业务的分立，也伴随着公司在管理层、人员及债务等方面的重组，进而对埃斯科姆，特别是其核心发电业务板块造成重大冲击。[①]不仅如此，拆分也被广泛认为是将相关业务私有化或独立化的前奏——如拆分后可能在发电领域进一步引入独立发电商，将输电业务划归国有的"独立系统与市场运营商"（Independent System and Market Operator）管理，从而逐步打破埃斯科姆对南非电力产业链的垄断、导致其行业影响力与营收利润等大幅缩水。而在促进电力来源多元化方面，这首先冲击的也是其核心发电板块，被各界寄予厚望的可再生能源发电并非埃斯科姆技术优势所在，国家如果放开这一领域埃斯科姆可能无法在这一新兴市场迅速占领高地，从而不得不将发电市场的部分份额拱手相让；同样重

---

① 埃斯科姆营收的 60％来自其发电业务（剩余部分 30％来自输电、10％来自配电），这不仅决定了在公司治理方面管理层大多数来自埃斯科姆发电板块，也使其发电业务在公司决策领域享有更高的优先地位。Mike Morris and Lucy Martin, "Political Economy of Climate-relevant Policies: the Case of Renewable Energy in South Africa," pp.34—36.

要的是，一旦借由诸如可再生能源独立发电商采购项目这样的项目使独立发电商的理念与实践蔚然成风，甚至延伸发展到煤电等埃斯科姆的传统势力范围，则将给埃斯科姆的发电板块造成更大的冲击和损失。综上，埃斯科姆这一关键行为体并无动力去配合国家的电力产业转型议程。

基于上述分析可知，在南非政府联结动员市场行为体参与执行其产业政策的过程中，埃斯科姆无疑应被作为重中之重。那么南非政府对埃斯科姆具有多大的影响力，又采取了怎样的具体举措，以推动其配合执行产业转型政策？

1. 权力关系

首先，就南非政府对于埃斯科姆的影响力而言——从权力架构上看，南非政府的不同部门对于埃斯科姆经营与发展的一些核心面向都具有掌控权。首先，公共企业部代表国家作为埃斯科姆的股东，对其全部资产享有所有权，对事关公司发展的重大决策（包括改革重组等）及其执行具有决定权和监管权；其次，矿产能源部作为南非能源政策的最高制定者，对埃斯科姆享有政策权，埃斯科姆的发展规划及投资决策均需符合前者制定的能源大政方针；财政部不仅每年给予大量补贴，更在其需要投资大型项目时提供贷款或主权担保，对其享有财权；此外，南非国家能源监管机构（NERSA）一方面对其提出的电价方案具有最终决定权，另一方面对其执行国家能源法规、政策及标准等情况具有监管权；最后也是十分重要地，埃斯科姆的重大发展规划或投资决策需要获得政府内阁审批才能付诸实施。

因此，仅从权力架构出发，埃斯科姆在诸多重要方面均受制于政府，如果各部门形成政策共识与施压合力，足以推动作为国有企业的埃斯科姆按照政府的政策方向行事；然而在具体实践层面，上述部门的不同诉求却极大地稀释了政府对埃斯科姆的影响力。例如，在改革重组问题上，出于为南非电力行业引入竞争、提高效率的考虑，矿产能源部早在20世纪末就针对埃斯科姆提出拆分计划，公共企业部起初也站在同一立场。但2004年随着姆贝基总统第二任期开始后政府对"发展型国家"的强调以及秉持同一理念、强调埃斯科姆"发展"职能（促进经济发展与就业）的公共企业部新部长的上任，公共企业部开始为"一个埃斯科姆"的口号背书、不再支持拆分重组方案。埃斯科姆需要听命的两大实权机构矿产能源部与公共企业部的意见分歧事实上消解了政府对其施加政令的强制力度，客观上给予埃斯科姆消极应对、借故拖延的借口。上述政令不一也导致埃斯科姆改革重组计划被长期搁置，直到2019年前后才重新被提上日程。

又如在推动新能源开发问题上，南非矿产能源部（特别是在2007年电力危机爆发及 2009 年能源部独立之后)出于保障国家能源安全的考虑,对可再生能源开发持支持态度;同时,随着埃斯科姆财政表现的每况愈下及由此引发的电价上涨,财政部也试图探寻煤电的替代方案及私人部门进入电力行业的可行性。①于是,在矿产能源部和财政部的共同支持与合作推动下,可再生能源独立发电商采购项目在 2011 年得以出台。而公共企业部出于发挥国企"发展"职能的公共利益和掌控南非最大企业的部门利益考虑,并未对可再生能源开发表达积极支持态度。②在此背景下,可再生能源独立发电商采购项目虽仍得以推出,但公共企业部的立场却让本就不愿执行项目的埃斯科姆找到拖延和抵制的"保护伞"。最后,无论在上述两项转型议题中的任一方面,对埃斯科姆行使直接监管权的南非国家能源监管机构由于其政治上的弱势地位,基本无法就埃斯科姆对改革议程的消极抵制行为给予任何实质性的惩罚与约束。③

　　除了多头管理、政令不一给埃斯科姆执行政策创造的自主性空间,埃斯科姆长期的行业垄断地位与积累的技术优势还使其可以具备足够的能力去影响政府决策并阻碍相关政策的落地执行。例如,来自其内部的受访者表示埃斯科姆一边抵制拖延政府酝酿中的拆分计划,一边则积极游说政府将拆分后的发电、输电、配电三个板块分别作为集团控股的子公司(亦即目前的政府方案),以此削弱可能的拆分计划对其垄断地位的冲击。④又如,由于其垄断了国家电网,包括可再生能源在内的各种能源发电均需通过接入埃斯科姆掌握的国家电网才能最终输送到工业及民用消费者;如果发电商的电站距离电网较远,则需要埃斯科姆协助建设子电站(substation)以实现电压转换并连入全国电网——这对于通往以能源(如太阳能与风能)丰富程度而非距离电网远近为电站选址的可再生能源独立发电商而言更是如此。因此,埃斯科姆完全可以通过技术限制、成本约束等"客观"理由拖延乃至拒绝与可再生能源发电商的合作。⑤

---

①　Mike Morris and Lucy Martin, "Political Economy of Climate-relevant Policies: the Case of Renewable Energy in South Africa," pp.54—56.

②　Ibid, pp.31—32.

③　Marie Blanche Ting and Rob Byrne, "Eskom and the Rise of Renewables: Regime-resistance, Crisis and the Strategy of Incumbency in South Africa's Electricity System," *Energy Research & Social Science*, Vol.60, 2020, pp.6—8.

④　Mike Morris and Lucy Martin, "Political Economy of Climate-relevant Policies: the Case of Renewable Energy in South Africa," p.43; Tracy van der Heijden et al., "Why the Lights Went Out: Reform in the South African Energy Sector," Cape Town: University of Cape Town, April 2013, p.11.

⑤　Marie Blanche Ting and Rob Byrne, "Eskom and the Rise of Renewables: Regime-resistance, Crisis and the Strategy of Incumbency in South Africa's Electricity System," pp.11—12.

2. 动员力度

那么在此背景下，政府（特别是电力相关）部门是否采取相应的主动行动以弥补其影响力的不足、强化产业政策的落实呢？本文的案例分析显示，南非政府部门并没有采取足够和有效的互动策略，特别在埃斯科姆对相关政策采取明显的拖延战术与抵制态度的情况下，南非政府的反应始终显得迟缓、软弱，缺乏决断。如在埃斯科姆改革重组问题上，如前文所述，尽管在 20 世纪末 21 世纪初（1998—2001年）南非政府曾表现出较大决心、出台过多项举措，但在埃斯科姆的消极抵制及社会压力造成的阻碍之下，政府的态度随即转为犹豫不决。直到 2004 年在选举形势和能源危机阴影下，改革动力已被消磨殆尽、改革方案终被束之高阁，①此后直至2019 年国家电力和埃斯科姆自身危机日益陷入难以转圜的境地时，改革方案才重新被提上日程。然而，即使在新一轮不得不进行的改革压力之下，南非政府对于埃斯科姆的拖延执行仍予宽容。在 2019 年公共企业部公布的《路线图》中曾明确提出埃斯科姆应分别于 2020 年、2021 年和 2022 年底前完成对输电、配电和发电板块的拆分，但执行过程中埃斯科姆则以法律程序过于复杂为由不断予以拖延，至2021 年底才刚刚完成对输电子公司（National Transmission Company South Africa）的组建，而难度更大的配电，特别是发电板块的拆分仍未给出明确时间表——而针对于此，南非公共企业部部长仅仅表示对埃斯科姆"有充分的信心"，并希望各界"给予更多的耐心"。②

类似地，在 2011 年南非政府推出可再生能源独立发电商采购项目并成功进行3 轮招投标后，自 2014 年 8 月第 4 轮招投标结束后埃斯科姆开始通过各种方式拖延签署电力购买协议的时间，③并于 2016 年 7 月以"已有过量电力"为由正式宣布拒签更多协议。可再生能源行业代表对此表示强烈不满并于 10 月向南非国家能源监管机构提出正式投诉，但南非国家能源监管机构在受到投诉后 7 个月才予受理，最终亦不了了之。在社会压力之下，作为购买方的南非能源部也是时隔一年多之后才于 2017 年 9 月宣布将强制埃斯科姆最迟于次月履行合同签署承诺，但直到

---

① Mike Morris and Lucy Martin, "Political Economy of Climate-relevant Policies: the Case of Renewable Energy in South Africa," pp.44—45.

② Marianne Merten, "Eskom's long and winding stop/go road to unbundling," Daily Maverick, June 3, 2020, https://www.dailymaverick.co.za/article/2020-06-03-eskoms-long-and-winding-stop-go-road-to-unbundling/.

③ Marie Blanche Ting and Rob Byrne, "Eskom and the Rise of Renewables: Regime-resistance, Crisis and the Strategy of Incumbency in South Africa's Electricity System," pp.11—12.

2018 年 4 月能源部部长才完成与相关(27 个)可再生能源独立发电商采购项目的协议签约。长达三年多的延迟极大地打击了投资者的信心,一度使南非可再生能源的发展前景笼罩上阴影。

(三)成效:经济增长与结构转型

1994 年新南非成立后的最初十余年间,南非经济发展相对平稳,国内生产总值年均增速保持在 3.6% 左右——特别在 21 世纪初(2003—2007 年)曾因全球大宗商品价格上涨而经历过一段稳定快速发展时期(年均增速在 5.8% 左右)。但自 2008 年全球金融危机之后,南非经济每况愈下、增速持续下滑,截至 2019 年底在国有电力公司(Eskom)危机加剧之下经济增速跌至 0.1%,2020 年开始的新冠肺炎疫情令南非经济雪上加霜,年增长率竟为 -6.43%。在结构转型方面,自 2000 年代中期加强政府干预以来,南非国内产业的多元化与转型升级成效有限。"去工业化"趋势进一步加剧,1994—2020 年间,南非工业部门产值在国民生产总值中占比从 31.23% 下降到 23.42%;其中制造业产值从 21% 跌至 11.5%,且以矿产资源为基础的重工业部门仍在制造业生产与出口中占据主要地位,制造业内部的多元化与转型升级均未有显著进展。服务业比重虽不断提升,但仍较多集中在批发零售等低生产率与附加值的部门,通信与金融保险行业虽增长较快但创造就业能力有限,服务业整体亦未能通过有效的多元化与转型升级带动增长与就业。[1]

具体到电力行业,尽管过去 20 年间南非政府出台了一系列产业政策,但这些政策对于推进电力来源多元化及国有电力公司埃斯科姆改革成效都差强人意,这也直接导致其电力行业的转型升级十分缓慢。就电力来源多元化进程而言,以可再生能源为代表的清洁能源开发确实取得一些进展——如 2010—2019 年间,南非风能发电量从 12 吉瓦时提高到 6 511 吉瓦时,太阳能发电量从 0 提升到 4 521 吉瓦时(见表 2),在非洲大陆范围内表现突出;特别是南非政府力推的可再生能源独立发电商采购项目在 2011—2021 年间进行了五轮招标,共 117 个项目中标,总装机容量达 8.9 吉瓦时,吸引投资额逾 200 亿美元。[2]但同时,电力来源综合计划 2019

---

[1] Antonio Andreoni et al., "Framing Structural Transformation in South Africa and Beyond," in Antonio Andreoni et al. eds., *Structural Transformation in South Africa: The Challenges of Inclusive Industrial Development in a Middle-Income Country*, Oxford: Oxford University Press, 2021, pp.1—27.

[2] Richard Bridle etc., "South Africa's Energy Fiscal Policies: An Inventory of Subsidies, Taxes, and Policies impacting the Energy Transition," IISD (International Institute for Sustainable Development), January 2022, p.19.

年中对可再生能源发电设定的目标未能如期实现,[①]而受制于一系列因素其可再生能源独立发电商采购项目曾长时间陷入停滞,且在其经济、社会及环境效应方面仍面临诸多挑战;尽管在增速上煤炭发电量低于风能、太阳能及其他非碳基能源的发电量,但从绝对比重来看,煤电的比重下降幅度仍较为有限(见表2)。而在埃斯科姆改革方面,其改革进程亦艰难迟缓。公司拆分至今尚未完成,相应的人力与债务重组亦举步维艰,产能与财务危机仍在不断加剧;此外,在配合国家向可再生能源发电转型方面的表现也极其有限。

表2　南非初次能源发电量变化

发电量 (吉瓦时)	2000年	2005年	2010年	2015年	2019年	年增长率 (2000—2019年)
全部	210 670	244 922	259 601	249 655	252 223	0.95%
煤炭 (比重)	193 419 (91.8%)	229 055 (93.5%)	241 872 (93.2%)	228 498 (91.5%)	221 244 (87.7%)	0.71%
石油	0	78	197	183	182	/
天然气	0	0	0	0	0	/
核能	13 010	11 293	12 099	12 237	13 525	0.2%
水电	3 934	4 199	5 067	3 729	5 798	2.06%
生物质能	307	285	332	372	443	1.95%
风能	0	12	34	2 500	6 511	/
太阳能	0	0	0	2 136	4 521	/
地热能	0	0	0	0	0	/

资料来源:IAEA (https://cnpp.iaea.org/countryprofiles/SouthAfrica/SouthAfrica.htm)。

综上,在动员电力行业的核心市场行为体——国有电力公司埃斯科姆参与产业转型升级的过程中,南非政府的实际影响力不足(权力关系)及主动攻克难关方面的行动欠缺(动员力度)共同决定了政府联商能力的有限,从而部分地解释了为何在持续的电力危机与转型需求之下,南非电力行业在20余年(特别是2007年之后)的时间里始终缺乏实质性的转型成效。应该指出的是,政商之间的权力关系及

---

① Hartmut Winkler, "South Africa's efforts to tackle its energy crisis lack urgency and coherence," *Daily Maverick*, March 10, 2022, https://www.dailymaverick.co.za/article/2022-03-10-south-africas-efforts-to-tackle-its-energy-crisis-lack-urgency-and-coherence/.

互动模式都不是必然或僵化的,政府在上述两方面的不足并非无法克服。①因此,关键还在于其权力核心有没有意愿去采取行动。

三、南非的发展意愿(动力)及其对经济结构转型的影响

如前所述,发展意愿在本文中被界定为一国权力核心对于促进国家经济发展的愿望与动力,其通过作用于政府的联商能力进而产业政策的执行,最终对经济发展与转型成效产生影响;同时,发展意愿被认为取决于发展的权力意义及权力的分配格局两方面因素。前者塑造了一国权力核心追求经济发展的初始动力,后者进一步决定其发展意愿在多大程度上能够得以贯彻。在南非的具体案例中,最大黑人政党非国大及其领导的政府内阁自 1994 年以来稳定地掌握着国家的政治经济权力,亦即南非权力核心之所在。此前的讨论已经部分地显露出南非发展意愿的不足,下文通过对其发展意愿决定因素的分析进一步解释其发展意愿不足的深层原因及其对南非经济发展与转型的限制性影响。

(一)发展的权力意义

对新南非而言,发展(特别是相较于分配)对于非国大执政地位的维系并不具有首要的重要性。南非是一个票决民主程度较高的国家,非国大能否获得选民支持、赢得选举胜利对于维系其执政地位具有关键性影响;然而,在新南非成立以来的近 30 年中,经济发展议程却并非非国大获取选民支持、维系执政地位的首要因素,这与其特定的历史国情有着密切联系。历时漫长的种族隔离制度给占南非人口主体(70%—80%)的黑人造成极大的心灵创伤与历史记忆。种族隔离时期,南非黑人不仅被与欧洲移民后裔的阿非利卡白人在社会生活的方方面面实行严格的区分隔离,其经济与政治权利亦遭到深刻剥夺。如在臭名昭著的"黑人家园"政策下,占人口 75%的黑人仅被分配了占国土面积 13%且大都分散、狭小而贫瘠的土地;尽管黑人劳动力在 19—20 世纪南非早期工业化的过程中发挥重要作用,但国家的经济命脉却始终牢牢掌握在白人手中,黑人则始终受到残酷压榨。这一局面直至 1994 年白人政党在国内外压力之下同意举行南非史上首次不分种族的大选,

---

① 可通过对比 2018 年开始执政的拉马福萨政府在加剧的内外压力之下开始对 Eskom 的施压与敦促,进而在推动 Eskom 拆分和重启 REI4P 项目上取得的部分进展得知。

并在选举中落败之后才得以改变。

这段特殊的历史使平等与公平观念被深深嵌入每个南非人（特别是南非黑人）的血液之中——南非议会于 1996 年通过的《新宪法》以其对种族平等、男女平权以及保障所有公民最广泛的民主权利为特征，被认为是世界上最进步的宪法之一。特别是对旧有种族隔离制度的"拨乱反正"、对黑人长期遭受不公平待遇的合理补偿，成为广大黑人选民对执政党与政府最迫切的诉求，甚至被作为一种不可置疑的"政治正确"。也正是这段特殊的历史使非国大，作为长期以来抵制对抗种族隔离制度，并因此自 20 世纪 50 年代被当局党禁、被迫流亡海外近 40 年的黑人民族解放运动组织，得以在 1994 年大选之际获得大量黑人支持、最终高票当选（62.65%），并深刻地塑造了非国大在过去 20 余年掌政新南非的过程中始终逾越不过的政策优先项，即大力促进对国家资源的公平分配。而相比于"促进分配"的迫切性与正当性，"推动发展（与转型）"的重要性虽然被执政党和政府高层所承认，但迫于选票与执政地位的考虑却时常不得不在政策实践中被置于次优地位。

颇具代表性的例子即 20 世纪 90 年代中叶曾被作为非国大竞选宣言提出的新南非首个国家经济发展战略《重建与发展方案》（RDP）。《方案》虽具有些许新自由主义成分，但基调仍是强调政府对国家资源（如土地、房屋、公共设施、电信交通、医疗卫生等）的重新分配，以此满足广大黑人民众的基本需求、对白人统治时期遗留下来的社会不公予以纠偏。然而，迫于内外多方压力，《方案》于 1996 年被《增长、就业与再分配》（GEAR）战略取代；尽管从其名称上看仍秉承了对"再分配"的强调，但事实上该战略被认为是典型的、以发达国家及国际组织所倡导的"结构调整"（structural adjustment）为特征的新自由主义经济方案，更被指责抛弃了《方案》曾对黑人大众作出的承诺。①尽管该战略得以推行，但自始至终非国大都承受着代表黑人平民利益的左翼政治力量的巨大压力，并最终导致姆贝基总统在第二任期届满前夕不得不辞职下台。②除了至今仍在不断受到争议的《方案》的"废止"，从 20

---

① Antoinette Handley, "Business, Government and Economic Policymaking in the New South Africa, 1990—2000," *the Journal of Modern African Studies*, Vol.43, Issue 2, 2005, pp.211—239; Adam Habib and Vishnu Padayachee, "Economic Policy and Power Relations in South Africa's Transition to Democracy," *World Development*, Vol.28, No.2, 2000, pp.245—263.

② Alexander Beresford, "Comrades 'Back on Track'? The Durability of the Tripartite Alliance in South Africa," *African Affairs*, Vol.108, No.432, 2009, pp.391—412; Shane Mac Giollabhui, "The Fall of An African President: How and Why Did the ANC Unseat Thabo Mbeki?" *African Affairs*, Vol.116, No.464, 2017, pp.391—413.

世纪 90 年代中后期开始陆续推行的《黑人经济赋权》法案、土地改革以及广泛的社会保障制度等都是非国大领导下的决策高层着力推进的、以"再分配"为核心指导思想的重点战略。相比之下,新南非始终缺乏旗帜鲜明且行之有效的经济发展战略或产业政策,这也成为其 20 余年来在经济增长与转型,进而促进减贫与就业方面缺乏成效的重要原因。

就本文所着重关注的电力行业而言,其产业发展历程也表现出类似的"分配优先、发展迟缓"的特点。1994 年非国大执政之后首先致力进行的电力行业改革就是电力普及(electrification),特别是大幅提高在种族隔离时期被严重边缘化的黑人家庭的通电率。将电力普及作为电力改革的几乎首要目标在其他发展中国家十分少见,更为惊人的则是其政策执行之快速与有效——①1994 年非国大承诺要在 2000 年前新增 250 万户通电家庭,截至 1999 年底非国大事实上超额完成了该目标,在短短几年时间内使南非全国通电率从约 30% 提升到 70%。与此同时,为进一步确保"人人有电可用"(electricity to all)2004 年起南非政府还向低收入家庭提供每个月 50 千瓦时的免费用电量。不过,与电力的快速普及相伴随的则是电力需求的飞速扩张——特别是鉴于埃斯科姆此前长期未曾启动新电站、扩展新产能,电力专家和埃斯科姆都曾就即将到来的用电高潮和可能发生的供应不足向南非政府提出过预警,②1998 年出台的《能源政策白皮书》甚至准确预测了将在 2007 年前后出现电力短缺,但即使如此政府仍未能迅速做出应对,直到 2004 年前后电力危机日益迫近才重新允许埃斯科姆扩建产能,却已来不及应对迫在眉睫的电力危机。

(二)权力的分配格局

在权力分配方面,首先就纵向权力格局而言,南非是非洲少有几个实行(准)联邦制的国家,其 9 个省(共 278 个自治市)在影响中央政策(特别是政策执行)方面比集中制国家具有更大权力,大体属于分散性权力格局——这种状况在电力行业的表现亦然,不过由于南非各州对电力行业的影响力主要集中于配电端(掌握除埃斯科姆外其他 40% 的配电业务),对电力危机背景下迫在眉睫的发电端转型升级影响相对较少,故在本文中不作重点陈述。

---

① Anton Eberhard, "From State to Market and Back Again: South Africa's Power Sector Reform," *Economic and Political Weekly*, Vol.40, No.50, 2005, pp.5310—5311.

② Fin24, "Government ignored Eskom pleas," December 12, 2007, https://www.news24.com/fin24/government-ignored-eskom-pleas-20071212.

从横向权力格局角度出发，如果仅从作为权力核心的执政党非国大与其竞争力量的关系出发，作为最有影响的黑人政党，其自1994年以来在历次大选中居以过半票的绝对优势胜出。鉴于其主要反对党得票相对分散且联合可能性不大，因此在其过往执政的20余年中，非国大尚未面临紧迫的下台风险，并始终占据核心政府部门，理论上有利于其形成更长远的发展规划且面临更少可能妨碍其政策执行的阻力。然而，南非在政党、（大）政府层面的权力架构特征却打破了这种表面上的"集中性权力格局"，使其无论在政策制定还是执行过程中都面对较大的离心力，而在电力转型领域，这种离心力亦表现得十分显著。

首先，在政党层面，非国大事实上通过三方联盟（tripartite alliance）方式执政。三方联盟是指非国大与南非共产党（南非共）及南非工会大会（工会大会）于1994年至今保持的政治同盟。非国大与南非共的合作最早可以追溯到20世纪60年代初，此后在整个非国大被迫流亡海外时期（1965—1990年）中，南非共曾对非国大的政策决策及财政支持起到至关重要的作用；而成立于1985年的工会大会也是自建立伊始即表明对非国大的支持立场，并在后者解禁回国之后迅速与之结成政治同盟。在这一同盟关系下，南非共和工会大会会动员其党员或会员在大选中为非国大投票——鉴于两者庞大的成员基础，他们对非国大的选票贡献不可小觑；作为交换，非国大不仅会在议会和政府为南非共和工会大会高层安排部分席位，更重要还在于承诺在政策决策中充分考虑两者的意见，并给予他们一些特殊权力。但事实上，自联盟成立不久三方之间即出现分歧，并不断加大；最具代表性的则是2008年在南非共和工会大会的积极运作下，非国大总书记、南非总统姆贝基的辞职下台。

而在电力行业转型升级的过程中，三方联盟——特别是工会大会给非国大制造的阻碍非常明显。例如在21世纪初矿产能源部与公共企业部等尝试推动埃斯科姆改革重组的过程中，代表工人利益的工会大会因担心改革重组会导致电价上升并最终导向私有化进而影响就业，故持反对意见，2002年更是动员会众就反对埃斯科姆及其他国企的私有化展开全国大罢工。工会大会的激烈反对直接导致非国大政府的缓慢拖延，也是此后十余年间此项政策始终难于推进的重要原因之一。在推动电力来源多元化，特别是减少煤电、开发新能源（包括可再生能源）方面，工会大会同样是非国大的政策阻力之一。这不仅因为减少煤电直接威胁数十万煤矿矿工的生计，也由于可再生能源所依托的独立发电商模式被认为直指电力行业的私有化，而私有化是工会大会（及南非共）历来反对的。与此同时，工会大会的反对立场及其对非国大的制约关系进一步被抵制改革的埃斯科姆所利用。例如 2017 年在拒绝签署电力购买协议的过程中,埃斯科姆指出可再生能源独立发电商购买项目是导致其不得不加速淘汰老旧煤矿的重要原因,从而激起全国矿工工会(NUM)等工会组织的强烈不满与抗议,①工会大会随后亦向南非全国经济发展与劳工委员会发出抗议通知,并于次年再次发表声明对可再生能源独立发电商购买项目的反对。

此外,在(大)政府层面,亦存在明显的彼此掣肘、互相制衡,从而降低了发展意愿的政策转化及政策实施的最终效果。这首先表现在前文所述政府内部各利益攸关部门之间的立场分歧与彼此掣肘——这不仅在于限制了对核心市场行为体埃斯科姆的制约能力,也表现在使非国大领导的内阁较难统一的改革意志,进而形成推动转型的政策合力,如在 20 世纪末 21 世纪初(1998—2004 年)因此而错失的改革时机。此外,南非较为发达的三权分立制度也给持不同(于政府)意见的利益攸关方以拖延政府政策执行的机会。例如在争议较大的核电发展领域,能源部曾在 2011 年版的电力来源综合计划中提出增加 9.6 吉瓦时核电产能的计划,从而使核能的供电比率提升至 12.7%;此后 2015 年前后能源部虽然顶着各方(包括来自三方联盟、财政部等政府部门的)压力试图推行政策,曾与多个有核国家签署合作意向书并获得南非国家能源监管机构通过,但最终在相关非政府组织推动下于上述核电发展决议及合作项目在 2017 年被西开普高级法院宣布无效,从而迫使后续的政策执行不得不中止。②

结　语

作为撒哈拉以南非洲的经济大国与金砖国家之一的南非在 20 世纪末 21 世纪初曾经历过一段经济稳定发展时期,然而自 2008 年之后其经济增长持续低迷、结构转型亦进展缓慢。由于缺乏必要的转型升级,曾被南非引以为傲的电力行业在过去 20 余年中不断衰退、危机四伏,业已成为政府发展国计民生的重要阻碍与负担。尽管非国大领导的南非政府意识到这一问题并尝试通过产业政策手段加强干

---

① Fin24,"New twist in IPP battle as Eskom may close stations early," April 9, 2017, https://www.news24.com/Fin24/new-twist-in-ipp-battle-as-eskom-may-close-stations-early-20170407.

② David Fig, "Court ruling on Zuma's nuclear deal is a marker of South Africa's political health," *The Conversation*, April 28, 2017, https://theconversation.com/court-ruling-on-zumas-nuclear-deal-is-a-marker-of-south-africas-political-health-76870.

预、扭转局面,但实际收效甚微。本文从政治经济学视角出发,提出影响发展型国家经济干预成效的"产业政策—联商能力—发展意愿"三要素框架,并尝试以此对南非的结构转型问题予以解释。在这一解释框架中,发展意愿作为权力核心推动国家经济发展的重要动力对于政府的联商能力,进而产业政策的执行起到直接的塑造作用,并由此影响到经济发展与转型(亦即政府干预)的最终成效。

自1998年电力行业转型升级的议程开始被纳入政策考虑,尤其是在2007年首次出现电力供应危机之后的十余年中,尽管南非政府出台了一系列政策与方案,但其执行过程却经常出现延迟与反复,导致行业危机不断加深。本文的案例分析显示,南非政府在动员电力行业的核心市场行为体埃斯科姆参与产业转型升级的过程中,其对埃斯科姆实际影响力的不足(权力关系)及主动攻克难关方面的行动欠缺(动员力度)共同决定了政府联商能力的局限性,从而部分解释了其电力行业在较长时间里始终缺乏实质性转型成效的原因。但限制其联商能力,特别是政府对核心市场行为体动员力度的重要动因则在于其权力核心发展意愿的缺乏——本文从发展的权力意义及权力的分配格局角度对此进行分析认为,受种族隔离历史遗产影响,自1994年执政新南非的非国大尽管强调增长乃至转型,但在其实际的政策行动中则更多以公平分配为导向,因为这直接关乎其是否能赢得占人口绝大多数的黑人选民的支持;同时,南非的权力分配格局也决定非国大领导核心受到来自执政联盟、政府部门间制衡及三权分立的多重制约,从而进一步削弱了其发展意愿。综上,由于权力核心缺乏足够的发展意愿或动力,导致其无法有效动员商业部门,特别是关键市场行为体参与和配合产业政策的执行,并最终导致经济发展与转型目标难以实现。

(姜璐:上海对外经贸大学国际发展合作研究院助理研究员)

印度数字经济国际竞争力及中印数字经济的合作

牛东芳　　孙文慧

【内容摘要】　第四次工业革命以来,数字经济在各国崛起逐渐成为国家发展的新引擎。"数字印度"计划提出以来,印度的数字经济规模不断扩张,经济增长动力强劲,传统产业也在政府的大力支持下加快向数字化转型。但是,由于城乡、地区间的发展差异,印度数字化进程不平衡发展,但其"下沉市场"展现巨大发展潜力,全球资本涌入。其中,中印两国在金砖机制的推动下社会治理数字化进程不断加速,相互依存度也在提升,但受中美贸易摩擦升级以及疫情的影响中国和印度的数字经济合作关系愈加复杂。由于历史遗留问题关系僵持,中印深度合作面临现实挑战,但在全球经济与政治复杂发展的今天,中印数字经济合作从国际形势和自我发展战略出发,立足于自身需求,在合作中取长补短,探寻共同利益,发展并巩固双边和多边合作,推动构建新型国际关系。

【关键词】　数字经济;国际竞争力;中印合作;国际形势

引　言

金砖国家由中国、印度、巴西、俄罗斯、南非世界五大新兴经济体构成,占据世界41%的人口和24%的全球GDP,体量庞大。21世纪以来,金砖国家发展势头强劲,把握数字经济新引擎开展创新性合作。然而,对内金砖五国数字经济发展各具特色,对外数字经济权力的博弈愈加激烈。基于印度当下发展状况,本文分析该国数字经济的国际竞争力,认为市场潜力、外包服务等在未来仍然是印度发展的竞争优势。然而,经济的迅速发展未能改变其基础设施落后、城乡和区域间发展极不平衡的固有缺点。结合莫迪政府的国际合作行为,可以认为印度数字经济的发展对内立足于清晰的自我认知,对外则寻求"战略自主"。综合来看,同中方积极开展合作有利于印度数字经济产业的长期发展。

一、印度数字经济国际竞争力

各界学者对数字经济的认定多有不同,但普遍认同其是以数字技术为基础的经济发展模式。比如汉斯-迪特尔·齐默尔曼在结构上提出数字经济由数字化信息和信息通信技术(Information and Communications Technology,ICT)基础设施组成;[1]巴克特和希克斯从内容上将数字经济划分为数字部门、狭义数字经济(数字部门与 ICT 产生的其他商业模式)以及广义数字经济(所有基于数字技术的经济活动)。[2]在数字经济竞争力的测度上,各组织的评价体系也多有不同。2018 年二十国集团(G20)从基础设施、创新和技术应用、增强社会权能、就业与增长四个一级指标衡量数字经济;2021 年国际管理发展研究所(International Institute for Management Development,IMD)以知识、技术、未来准备三方面作为考察对象;2022 年欧盟的数字经济和社会指标(Digital Economy and Society Index,DESI)体系从人力资源,数字基础设施、数字技术集成,以及数字公共服务四个角度构建了数字经济竞争力评价指标体系。除上述评价体系外,中国的《数字经济蓝皮书》认为,伴随着数字经济的发展不断整合、规范,数字经济的发展体现了其在社会中的渗透性、融合性和未来的可持续发展。

印度的数字经济发展强劲,拥有较强的发展潜能,但竞争力在全球处于中下游。2010 年,3G 牌照的发放掀起印度互联网发展的热潮,但低水平的城市化减缓了印度的数字化进程。2015 年,政府启动"数字印度"计划,以改善相关基础设施、提高公民的互联网可及性。在政府和企业的支持合作下,印度快速的数字转型使得该国科技行业的收入在 2021 年达到 1 940 亿美元,同比增长 2.3%,数字人才增长 32%。[3]尽管在电信行业、电子商务等领域的发展下,印度的数字消费者市场突起,该国依然存在较大的数字鸿沟,且数字化推进存在挑战。2021 年,印度城

---

① Hans Dieter Zimmermann, "Understanding the Digital Economy: Challenges for New Business Models," *SSRN Electronic Journal*, Vol.1, No.2, 2000, p.729.

② Rumana Bukht and Richard Heeks, "Defining, Conceptualising and Measuring the Digital Economy," *International Organisations Research Journal*, Vol.13, No.2, 2018, pp.143—172.

③ India Brand Equity Foundation, "Digital India," August 25, 2022, https://www.ibef.org/government-schemes/digital-india.

市电话普及率为138.79％,但印度农村人口占总人口的65％,电话普及率仅为59.31％,而城乡差距巨大。此外,2021年印度服务业的增加值占GDP的47.7％,制造业仅为14％。[①]第二产业发展落后导致城市化进程缓慢,农村人口比居高不下,进而限制了教育水平的提高。因此,印度数字经济的发展缺乏良好的生态环境。

本文通过比较中国《全球数字经济竞争力发展报告》和欧盟的数字经济和社会指标,并参考国际管理发展研究所和《全球竞争力指数》,最后结合印度的具体情况,从五个方面对印度数字经济竞争力展开分析。综合来看,印度受限于当前经济水平和基础建设,数字经济总体竞争力不强,但发展潜力较大。

（一）产业竞争力

印度消费市场的崛起刺激了数字产品的消费,但和传统市场发展脱钩,同时自给能力有限,需求仍然依赖国际市场的支持。相比之下,印度的服务出口增长态势显著,是全球离岸外包服务规模最大的国家。

首先,印度国内数字服务贸易增长迅速但极不稳定。新冠肺炎疫情给企业带来了沉重的打击,特别是电影院等活动场所关闭,内容供应链枯竭导致媒体和娱乐业的惨淡,电影行业收入下降67％,动画、视觉特效行业下降50％。但从长期看,互联网和移动设备的高度渗透引领了数字媒体和广告行业的发展。比如游戏和音乐市场分别保持着18.3％和19.2％的高复合增长,但在印度人口规模下仍是一个相当小的市场。根据普华永道的预测,印度媒体和娱乐行业规模将在2026年达到43 040.1亿卢比。[②]

其次,印度的数字经济产出受传统产业发展薄弱的限制。印度40％以上的劳动力从事农业,但机械设备更新迭代较慢,种植条件的数据变量获取困难,超过一半的农民通过在线平台咨询天气有关信息。电子制造业是印度政府的重点扶持产业之一,先后出台生产激励、电子制造中心2.0等多项计划加快行业转型,尽快实现独立生产。然而,2021年电子产品仍为印度第二大进口品类,贸易逆差达432

①　Department of Telecommunications, *Annual Report 2021—2022*, New Delhi: Government of India, 2022, p.16, https://dot.gov.in/reportsstatistics/annual-report-2021-22-hindi-version.

②　Price Waterhouse Coopers Global, "Entertainment & Media Outlook 2022—2026," August 26, 2022, https://www.pwc.com/gx/en/industries/tmt/media/outlook.html.

亿美元,占总逆差的42.1%,其中,零部件的进口速度正在上升。[①]就国内产业发展环境而言,电子信息制造业的发展不仅需要产业政策的扶持,还缺少长期的财政支持。同时,落后的基础设施无法满足高端电子行业对电力系统和交通的需求。除此之外,数字健康和数字广告等产业在印度仍处于起步阶段,产出虽有一定规模但并不具备竞争优势。

最后,印度服务业的出口优势为其数字国际贸易提供了成熟的发展路径。1991年,印度实施优先发展信息服务业的发展模式参与全球价值链建设,凭借价格优势向世界各地进行劳务输出。2020年,印度在全球商业服务主要出口国中排名第七,占出口总额的4.1%,其中信息技术服务更是占全球采购的55%。[②]美国一直是印度服务业的主要进口国,特别是中美贸易摩擦以来,印度作为第三方在数字贸易中间接受益。除此之外,2010—2019年间印度服务业获得806.7亿美元的外商投资,成为印度最大的外资受惠行业。[③]

(二)技术服务竞争力

1. 金融普惠

近年来,印度数字金融生态系统不断完善,通过"堆栈技术"构建了数字金融基础设施,实现了身份层、支付层和数据共享层的互联互通,推动了金融的普惠发展。首先,电子生物识别系统"Aadhaar"向居民提供独一无二的数字身份信息。该通用身份适用于多种场景,能够有效降低交易成本,提高消费者的便利性。2021年,该系统累计提供5 423.51千万次交易,是当前总人口的40倍,年度增长率达27%(见表1)。其次,实现正规金融系统的全面覆盖。2016年,印度推出统一金融付款接口,并在同年出台"废钞令",加速电子支付的推广。由于统一金融支付接口同"Aadhaar"系统绑定,居民能够在所认证银行下实现在线交易。2021年,印度数字支付交易达535.5亿卢比,支持手机软件、二维码、银行卡等多种支付模式。然而,印度线上支付的普及并不顺畅,推广浪潮过后往往出现大量的账户休眠问题,同时仍约有1.9亿人口未开通银行账户,要求金融公司不断拓展商业模式,跨行业发展

① Department of Commerce, *Annual Report 2021—2022*, New Delhi: Government of India, 2022, p.28, https://commerce.gov.in/publications-reports/.

② IBEF, "IT&BPM Industry in India," August 26, 2022, https://www.ibef.org/industry/information-technology-india.

③ Dheeraj Badam, Dr.Saikat Gochhait, "Digitalization and its Impact on Indian Economy," *European Journal of Molecular & Clinical Medicine*, Vol.7, No.6, 2020, p.2134.

以在个人和银行、保险之间提供服务。[①]最后,实现数据向非竞争性产品的转化。由于信息的阻塞,市场中存在较高的信息不对称问题,拉高了客户的转换成本。为此,印度储备银行推出的账户聚合平台,在用户的自主授权下允许个人访问和数据共享。通过这种"栈堆技术"的相互联系,印度金融市场逐步开放,技术领域也将在市场的自由竞争下有所创新。

表1 印度"Aadhaar"各年度和累计认证交易 （单位:千万次）

年　份	认证交易	累计交易
2013	0.24	0.24
2014	6.45	6.69
2015	34.04	40.73
2016	109.81	150.54
2017	403.64	554.18
2018	1 261.92	1 816.10
2019	1 080.47	2 896.57
2020	1 113.54	4 010.11
2021	1 413.40	5 423.51

资料来源:Unique Identification Authority of India, *Annual Report 2020—2021*, New Delhi: Government of India, 2022, p.27.

2. 电子商务

2015—2021年间,印度互联网普及率增加了一倍多,成为世界上第二大数字经济体。随着印度消费者对互联网黏性的增强,电子商务市场规模也在同步增长,网络购物占互联网用户的比率由2015年的31.9%增长至65.7%(见图1)。在印度消费者需求和市场的双倍加持下,电子商务仍然在快速增长。第一,需求端的网络消费意愿不断增强。随着互联网渗透率和移动设备使用率的增强,印度市场已经向在线购物、远程医疗等数字化生活方式转变,新冠肺炎疫情的突袭更是加速了消费者的行为转变。2020年4—9月期间,新用户占据网络用户的35%,并且表现出极高的用户黏性,加速了电商行业3—4年的增长。同时,农村地区表现出未来消

---

① Illinois News Bureau, "Study Examines India's Policies for Financial Inclusion of the Unbanked," August 25, 2022, https://news.illinois.edu/view/6367/808477.

费的巨大潜力。由于收入水平和基础设施的差异,2021 年农村在线消费只占 10％,有望在未来转化为数亿活跃网络用户。第二,市场多向发展,资金大规模涌入。随着消费者的大规模涌入,市场细分以及电商平台都在变化。消费内容上,2021 年电子产品占据主要市场,美容、食品、时尚行业仅在 30％ 左右,这一数据将在 2030 年增长至 50％ 以上。平台选择上,抖音、Facebook 等社交媒体规模较小,成交额仅占 2021 年的 3％—5％,但社交媒体能够在实体商业和数字商业结合的同时,通过在线沟通加强买方的参与度,这种社交商务将转化为较高的购买率。① 2021 年,电商和消费互联网企业筹资 380 亿美元,远高于 2020 年的 80 亿美元。然而,该领域的大额投资虽有增加,但仍以小额投资为主(见图 1),企业需要继续整合,协作发展。2021 年,印度电子商务和互联网领域投资中超过 1 亿美元的仅占 13％,而 60％ 的投资不足 0.15 亿美元。②但总体来看,印度的消费数字经济市场市场潜力巨大,2030 年将达到 8 000 亿美元,约为 2020 年的 10 倍。③

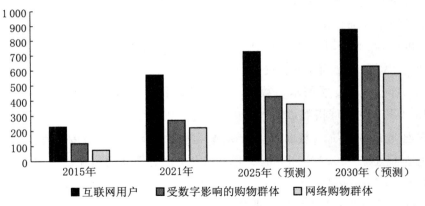

图 1 印度互联网和电子商务用户增长情况(单位:百万人)

资料来源:Nimisha Jain, Kanika Sanghi, and Nivedita Balaji, *Ten Things You Should Know About E-Commerce in India*, Boston Consulting Group, 2022, p.3.

① Nimisha Jain, Kanika Sanghi, Nivedita Balaji, *Ten Things You Should Know About E-Commerce in India*, Boston Consulting Group, 2022, p.3, https://web-assets.bcg.com/09/9e/3cf5c702473fa0c5bb1008c7498 e/bcg-ten-things-you-should-know-about-e-commerce-in-india-jun-2022.pdf.

② Ernst & Young, "India's Consumer Digital Economy: A US $800b Opportunity by 2030", https://www.ey.com/en_in/e-commerce/india-s-consumer-digital-economy-a-us-800-dollar-opportunity-by-2030, Aug 25, 2022.

③ Business Standard, "India's Consumer Digital Economy to Grow 10x to $800 bn by 2030: Redseer," August 25, 2022, https://www.business-standard.com/article/current-affairs/india-s-consumer-digital-econ-omy-to-grow-10x-to-800-bn-by-2030-redseer-121063001783_1.html.

（三）基础设施竞争力

2021年全球创新指数显示，印度的数字基础设施处于发展阶段，整体处于中等水平。其中，政府在线服务以及电子参与在中低收入国家中处于优势地位，但通信基础设施建设和传统基础设施建设薄弱。

在政府在线服务方面，2006年，印度正式开展"国家电子政务计划"，并不断扩大深化，加速了传统经济和数字经济的融合。在"数字印度"指导下，公共服务中心项目通过建设泛印度网络向印度各地区提供B2C、医疗保健、金融等公共服务，2020年3月覆盖率达95.1％。此外，印度政府跟进商品和服务税的改革，建立商品和服务税网络、海关电子数据交换系统等多个线上平台，将数字系统不断与经济活动相融合。

在基础设施方面，印度增长势头强劲但前期短板明显。"数字印度"启动后，印度政府鼓励私人资本的参与，全球电信网络企业涌入推动电信行业的飞跃，使印度成为全球第二大通信市场。2021年，印度宽带订阅数量超过8亿，同比增长8％；电话密度达86.89％，其中无线电话占98.02％。然而，城乡发展不平衡使农村通信建设开展缓慢。2021年，印度农村的宽带渗透率仅为29.1％，移动终端普及率仅有36％。[①]同时，印度通信基站数量、频带有限，移动和固定宽带网速缓慢。根据Speedtest发布的全球指数，2022年印度移动下载速度为19.57 Mbps，仅为全球平均下载速度的64.6％。[②]然而，运输、铁路等基础设施的落后为传统行业的数字化转型制造了阻碍。2022年印度电子商务国内生产总值将超过1万亿美元，对物流网络提出了较大的挑战。然而印度卡车运输业分散、铁路运输力不足且仓储短缺，难以支撑电子商务繁荣下的物流业务。

（四）创新竞争力

创新是经济可持续发展的来源，是实现动力转化的关键。印度的创新能力在中低收入国家中处于上游，在中南亚位于领先地位。对于印度数字创新竞争力的分析，可从人才培养、研发投入以及产出三方面进行衡量。

首先，印度本国的劳动力市场无法满足数字市场的实际需求。印度的教育体

---

① 王振、惠志斌：《全球数字经济竞争力发展报告》，社会科学文献出版社2021年版，第131页。

② Speedtest, "India's Mobile and Fixed Broadband Internet Speeds," August 25，2022，https://www.speedtest.net/global-index/india＃fixed.

制注重"精英教育",为市场输送大量技术型人才,但总体教育程度不高。在 2017 年的普查中,印度 7 岁以上人群的识字率为 77.7%,并且教育程度表现出极大的城乡差异(见表 2)。然而,由于印度人口集中于农村地区,获得大学及以上教育水平的人口仅有 10.6%。同时,市场存在较大的职位匹配问题,人才流失严重。据统计,印度工程系毕业生中 93% 找不到工作。[①]对此,印度政府将 2023 年度财政预算提高 18%,并以网络化枢纽辐射模式建设数字化大学,提供一流的优质普及教育和个性化学习体验,以尽快填补人才的缺失。

表 2   2017—2018 年印度城乡教育程度一览

	城　市	农　村
不识字	13.9%	31.5%
小学及以下	14.7%	20.9%
初级/中级中学水平	14.0%	17.2%
高级中学水平	35.8%	24.9%
大学及以上	21.7%	5.7%

资料来源:National Statistical Office, *Household Social Consumption on Education in India*, New Delhi:Government of India, 2020, p.28。

在"数字印度"引导下,印度政府的投入预算正在不断增加。2021 年,政府在电子制造、数字经济人才培养、网络安全等多个领域提供约 395.8 亿卢比的预算,较上一财年增长 23%。此外,政府积极同企业携手合作,推进人才教育和技术研发。2019 年,印度电子和信息技术部同谷歌合作,为工程专业学生创建技术发展平台;2021 年,印度电子和信息技术部同亚马逊建立了量子计算应用实验室,加速量子计算驱动的研发。除此之外,印度数字革新的市场主力"小企业"正在高速成长。根据麦肯锡的调查,小企业在接受数字支付方面具有优势,并已经有超过 70% 的小企业建立了自己的网站来接触客户。[②]然而,小企业对印度 GDP 的贡献率较小,低于中国 23%,重要原因之一在于正规信贷获取困难。2018 年,中小微企业的贷款需求为 45 亿卢比,其中 40% 由超过市场利率 2 倍的非正规

① 王振、惠志斌:《全球数字经济竞争力发展报告》,社会科学文献出版社 2021 年版,第 132 页。

② McKinsey Global Institute, "Digital India:Technology to Transform a Connected Nation," August 25, 2022, https://www.mckinsey.com/business-functions/mckinsey-digital/our-insights/digital-india-technology-to-transform-a-connected-nation.

信贷满足。①在"栈堆技术"的成熟发展下,供应链生态系统和电子商务平台能够促进借贷双方的交流,贷款机构能够对不同需求的客户群体展开服务,监管机构能够推进数字化的中小企业贷款机会,助力数字化转型。

印度的投入在产出方面已初见成效。2020 年,印度申请的国际专利较 2019 年增长 4%。其中,70% 以上的技术专利关联一个及以上的新兴技术。在 PCT (Patent Cooperation Treaty)申请中,约 28% 的申请来自印度理工学院和印度科学院。印度理工学院基于"大学—政府—企业—社会"的"四重螺旋"创新生态体系,开展了内外协同的人才培养实践,聚焦于培养面向未来的、具有全球胜任力的工程人才。②

(五)数字治理竞争力

数字治理竞争力可从三个方面进行衡量:安全保障、服务管理以及市场环境。《全球数字经济竞争力发展报告》显示,印度的数字治理竞争力总体处于中下游水平,但在二级指标的表现上各有差异。

首先,印度网络安全保障面临重大挑战。2020 年,印度共发生约 116 万起网络安全事件,是 2019 年的 3 倍。频繁的网络攻击对相关数字治理立法提出了新的要求。③2022 年,印度政府发布"加强网络安全"指示,修订了 2013 年推行的信息技术法案。新法案不仅规范丰富了"网络事件"的所属范围,还提出了六小时内的报备要求。

其次,印度的数字服务管理有待提高。在联合国的电子政府发展报告中,2018 年印度位居 96 位,首次进入前 100 名,但在 2020 年再次跌到第 100 名,主要原因在于基础设施的落后。④互联网普及率低的地区,特别是农村,由于网络故障和信号接收等问题使人们使用在线服务面临困难。除此之外,人们对在线服务缺乏了解认知,需要政府进行全面的宣传推广。

---

① Boston Consulting Group, "Credit Disrupted: Digital MSME Lending in India," August 25, 2022, https://www.bcg.com/credit-disrupted-digital-msme-lending-in-india.

② 杨院、刘卫涛:《印度理工学院工程创新人才培养实践及启示——基于四重螺旋创新生态系统的视角》,《中国高校科技》2021 年第 3 期。

③ Ernst & Young, "EY Global Information Security Survey India edition 2021," August 25, 2022, https://www.ey.com/en_in/cybersecurity/ey-global-information-security-survey-india-edition-2021.

④ United Nations Department of Economic and Social Affairs, *E-Government Survey*, New York: United Nations, 2020, p.278.

最后,友好的市场环境使印度的数字经济富有竞争力。政策环境上,印度立法紧跟发展变化及需求。"数字印度"推出以来印度政府出台"电子产品政策""国家软件产品政策"等近百项措施,对数字经济的推进进行多项部署。在推出统一支付接口的第二年,政府既推出了商品和服务税,以简化商业税,增加纳税申报。一年内,920万中小微企业注册该税种,是原税制的1.5倍,有助于新兴市场的稳定和市场规范。2020年,印度政府针对电商出台《消费者保护规定》,并制定《国家网络安全战略》,维护网络的行为秩序。在市场竞争中,印度鼓励多方合作,在智慧城市项目中约21%的资金来源于公私合作。2020年,印度成为世界第八大外商直接投资接受国,与2001年相比外商直接投资流量增加20倍,助力信息技术、电信、汽车等领域的快速发展。然而,由于地缘政治紧张,印度政府对中国资金出现不同程度的限制,导致2020年和2021年中国投资大幅萎缩,以参与一些投资组合公司的轮次和可转化债券投资为主。①

二、中印数字经济合作现状

中印稳定合作的前提离不开明朗的外交关系和国际形势,但边界问题使双边发展合作屡陷困境。除此之外,双方的国际战略部署呈对峙状态,印度同美国、日本、澳大利亚保持密切关系,积极参与"印太战略"牵制中国发展。但同时,中国和印度又维持着密切的经济合作关系。基于双方复杂的往来关系,印度无论是在双边合作、区域发展还是投资中,都同中国保持着竞争中合作的谨慎态度。

(一)双边合作:加强自身地缘政治

在传统领域,印度同中国谋求产能合作,实现技术创新。数字印度包含九大支柱领域:宽带高速公路、移动连接的普遍接入、公共互联网接入计划、电子政务、电子服务交付、面向所有人的信息、电子制造、IT就业和早期收获计划,但中国近年的对印投资以交通、电力等基础设施建设为主。2019年,中国投资57 896万美元修建印度马哈拉施特拉省四车道国家361号公路。②除此之外,印度政府推出"印

---

① India Briefing, "Investment Opportunities in India's Digital Infrastructure Worth US＄23 Billion," August 25, 2022, https://www.india-briefing.com/news/indias-digital-infrastructure-investment-opportunities-worth-over-us23billion-24136.html/.

② 《投资项目信息库》,2022年8月25日,中华人民共和国商务部,https://project.mofcom.gov.cn/。

度制造"计划,寻求中国在铁路、通信、汽车等多领域的投资。2020 年,中国在印度产业园区开展的古吉拉特邦电力产业园区项目年销售收入达数亿美元。①

然而,地缘政治使印度同中国开展经济角逐。自中国提出"一带一路"倡议后,合作请求被印方拒绝,但印度周边国家的积极合作对印度产生了紧迫的战略意义。数字丝绸之路是"一带一路"倡议的目标之一,旨在改善参与国之间的通信联通。2018 年,中国同尼泊尔开通的联合光纤线路替代经由印度的因特网接入路线;同年,巴基斯坦与中国间铺设跨境光缆,并在 2020 年开始使用北斗。

(二)区域合作:推动建设新型国际秩序

第四次工业革命是金砖国家构建新时代伙伴关系的核心。2016—2018 年,金砖国家对数字经济的合作仍在摸索阶段,并没有形成具体的行动框架(见表3)。2019 年开始,金砖五国确立了优先合作领域,并通过了《金砖国家经济伙伴战略2025》,明确提出未来合作发展要顺应时代要求,加强在电子商务、信息安全等数字领域的交流合作,缩小同发达国家之间的数字鸿沟。2021 年,金砖国家拓展数字产业,打造数字公共产品平台,推动数字普惠金融的发展。至 2021 年,金砖国家新工业革命伙伴关系创新基地已经建设 7 个赋能平台,发布 39 个示范标杆项目,合作逐渐深入。

表3　2016—2018 年金砖国家数字经济合作过程

年份	会　议	主要内容
2016	金砖国家领导人第八次会晤	"数字金砖"概念形成
2017	金砖国家厦门峰会	建立未来网络研究机构,提升参与国通信技术基础设施,实现互联互通
2018	金砖国家约翰内斯堡峰会	将数字经济作为合作的主要目标,构建"金砖国家新工业革命伙伴关系"

金融服务是数字经济区域合作的另一重点。金砖国家的合作主要侧重于三个方面:普惠金融、货币结算以及金融治理。第一,数字普惠金融立足于数字交易平台等现代化基础设施,通过降低交易成本等方式向社会各群体提供有效的金融服

---

① 《对外投资合作国别指南:印度》,2022 年 8 月 26 日,"走出去"公共服务平台,http://fec.mofcom. gov.cn/article/gbdqzn/index.shtml#。

务。第二,金砖国家希望采用数字货币结算来缓解资本周期性外逃所导致的经济波动。第三,金融治理。2021 年,金砖五国制定《金融信息安全法规电子手册》,进一步探讨数字化风险的防范。除此之外,印度积极参与亚洲基础设施投资银行等金融机构,打破传统金融组织下发达国家的限制。亚洲基础设施投资银行在数字基础设施等四个领域制定了投资战略,并在《2030 企业战略》中明确"未来基础设施"的投资重点,强调绿色、互联互通以及科学赋能。2021 年,亚洲基础设施投资银行批准了 3 个数字基础设施项目,融资金额共计 2.71 亿美元,较 2019 年增长 29%。①在主权担保不断上升的大环境下,政府财务紧张并且债务负担加剧,借贷难度不断加大。而新兴金融组织在贷款项目的选择中更加具有目的性,不仅更具承担性,还注重区域经济的发展。

(三)企业投资:维护国家战略安全

尽管印度拒绝了中国"一带一路"建设倡议,但产业发展需求使市场向中国投资者打开大门。尽管印度市场具有巨大的战略价值和零售价值,但技术起步期间投资风险大,缺乏风险投资者。印度市场的风险投资者主要分为两类:风险投资基金和科技公司。风险投资基金寻求高风险下的高回报,对于市场竞争和发展具有成熟的经验。而科技公司寻求印度市场的战略地位,在技术渗透的影响下产生高价值回报。相比之下,西方投资者多以红衫、软银等风险投资基金进行,形成了腾讯、阿里巴巴等中国技术企业的市场机遇,在印度市场实施了电子商务—支付—物流的铁三角战略。截至 2020 年 3 月,中国科技投资者向印度初创企业投资约 40 亿美元,中资企业占据独角兽企业的 60%。从实际来看,中国资本的注入不仅改善了印度市场依赖美国进口产品的消费局面,还推动本土企业的数字化进程。

中国企业的投资已遍布印度电子商务、金融科技、媒体、物流等多项领域,由此引发出印度对数据安全、平台控制等争议。第一,阿里巴巴、腾讯有完整且成熟的生态系统,技术应用对印度居民的数据安全形成威胁。调查显示,中国应用程序所要求的权限数量比全球前 50 款应用多出 45%,收集的位置、号码等个人信息加剧了用户的隐私担忧。②第二,生态系统所控制的终端访问权不仅能够引导网络环

---

① Asian Infrastructure Investment Bank, "Our Projects," August 25,2022, https://www.aiib.org/en/projects/list/year/All/member/All/sector/Digital%20Infrastructure%20and%20Technology/financing_type/All/status/Approved.

② Gateway House, "Chinese Investment in India," August 25,2022, https://www.gatewayhouse.in/chinese -investments-in-india/.

境,还在一定程度上限制了初创企业的发展。比如印方称抖音会在平台中审查与中国政府相关联的敏感话题。截至 2022 年 2 月,印度政府已经禁止 273 款应用程序。①

三、中印数字经济合作的空间

中印双边的安全问题造成双方极为复杂的双边关系,并外溢到政治、经济等领域。但总体来看,虽然中印双方竞争激烈,但两国面向未来的发展目标较为一致,双方数字经济发展互补性依然较强,合作契机广泛。

(一)中印国际关系走向

边界问题、新冠肺炎疫情、经贸投资等是双边交往的主要领域。②结合印度近年来的对外战略,未来同中方保持合作关系符合当下政府态度、战略导向,有利于其产业的长期发展。

首先,中印边境问题由来已久并将长期拉锯。加勒万河谷冲突后,印度坚持双边关系基于边境争端。针对遗留问题,中印双方展现解决意向但对解决方案始终未能达成一致,未来在领土问题上也几乎不能产生让步和妥协。然而,莫迪执政期间,印度对华政策的基调是合作为主,竞争对抗为辅。③一方面,金砖国家合作机制、亚洲基础设施投资银行、金砖国家新开发银行等区域组织推动了中印关系的发展。特别是金砖组织已经机制化、正式化,取得诸多成果,不仅形成密切的利益联系,也为双方提供了新的政治交往渠道。

其次,印度谋求世界大国地位需要合作而非对抗。新冠肺炎疫情以来,印度的对外战略体现在三方面。④第一,支持多边主义,引领并倡导多边机制的改革。2018 年开始,印度总理莫迪连续三年提出该倡议,并在 2021 年借助金砖国家合作

---

① India Today, "Garena Free Fire to TikTok: All the 273 Chinese apps that Indian govt banned so far," August 25, 2022, https://www.indiatoday.in/technology/news/story/garena-free-fire-to-tiktok-all-the-273-chinese-apps-that-indian-govt-banned-so-far-1913141-2022-02-15.

② 张伟玉、陈宗华、张杭:《中印关系将延续缓慢下滑趋势》,《国际政治科学》2022 年第 7 期。

③ 唐小松、徐梦盈:《"印太战略"框架下美国对印度角色的定位研究》,《世界经济与政治论坛》2020 年第 4 期。

④ 楼春豪:《新冠肺炎疫情与印度对外战略新态势》,《外交评论》2020 年第 37 期。

机制谋求联合国安理会常任理事国席位。第二,强化印太战略。美方提出的"印太战略"是以经济和安全为支柱,牵涉美中日大国关系,涉及海洋安全和互联互通重要议题。[1]尽管印度同该战略逐渐接近,但始终强调"战略自主",即在与美国合作实现自身能力和影响力的提升的同时,保证战略自主权,又实现对中国的牵制。第三,鼓励各国产业链内移。在中美贸易摩擦不断升级的情况下,美日趁新冠疫情倡导甚至政策鼓励产业链"去中国化",印度顺势而为,但产业链和相关法律支持并不具备优势。比如印度疫情期间采取抗疫外交,但第二波疫情暴发使本国供给出现问题。对此,中国准备了相关抗疫物资和医疗设备向印度提供帮助。

最后,印度的服务外包仍具优势但发展受限。作为印度的支柱产业,外包服务在贸易保护抬头、美元贬值等多项外部冲击下,仍旧占有优势,是欧美的第一选择。然而,短期内新冠肺炎疫情迫使国际金融机构业务转移,美国选择菲律宾作为离岸中心,而英国瑞士则以波兰等地为主。同时,长远来看印度的服务外包的主要优势在于廉价的劳动力,与之相应的是低附加值的生产环节,难以掌握核心技术。除此之外,印度在硬件制造中处于来料加工或组装的下游环节,制造水平的落后同样限制软件服务业的发展,不利于信息产业的长期发展。

(二)中印数字经济合作契机

在政府的大力支持下,印度的数字经济规模稳步上升,但基础设施落后和产业发展失衡等短板也愈发明显,急需释放国内需求端潜力。

1.加强基础设施建设,缩小数字鸿沟

贫富差距是造成印度数字鸿沟的主要原因。印度的贫富差距体现在两方面:城乡差距和南北差距,这种差距不仅阻碍数字技术的普及,也导致劳动者素质的不平衡发展,区域间的数字鸿沟由此拉大。"数字印度"虽然在一定程度上通过宽带的普及性使得数字技术进入群众生活,但基础设施建设的落后在根本上限制了数字技术的使用。比如在电力方面,2020年印度仍有2.4%的家庭未通电,每天的平均供电时常为20.6小时,并且三分之二的农村家庭和五分之二的城市家庭仍然每天至少面临一次停电。[2]

---

[1] 楼春豪:《莫迪第二任期的外交政策转向及前景》,《现代国际关系》2019年第7期。

[2] Council on Energy, Environment and Water, "State of Electricity Access in India," August 25, 2022, https://www.ceew.in/publications/state-electricity-access-india.

自提出"一带一路"倡议以来,中国同沿线国家积极发展经济合作伙伴关系,同141个国家达成合作,将互联互通作为"一带一路"五大合作重点之一,基础设施作为互联互通的优先发展领域,形成了一套完整的项目管理体系,在国际合作和治理体系完善中都取得了较大突破。特别在传统基建领域中,水电项目是重点投资领域,占据项目总价值的22.5%。而在5G、特高压等新基建领域中,中国发展迅猛走在世界前列。2021年,中国的三大运营商(移动、联通、电信)推出公共5G SA网络,占全球的40%左右,建设的5G基站占比全球70%以上。在特高压方面,中国在2013年就已经编制特高压与智能电网技术标准体系和19项相关国际标准,将中国特高压技术发展成为国际标准电压。此外,中国对外基础设施建设主要以"交钥匙工程"为主,能够在保证项目快速落实的同时,把控产出质量,使项目快速投入使用,能够解决东道国的迫切需求。

2. 加强合作交流,推动产业融合

数字技术作为经济发展的新动力,需要深入各行各业共同发展。印度的数字技术推广迅速但应用较为局限,资源的倾斜使电子商务、金融、通信等领域实现了数字红利,农业以及传统工业领域仍然应用不足,当前印度企业的资源投入正在向数字市场迅速倾斜,预计在2025年达到总支出的60%。

中小微企业占据印度8%的国内生产总值,创造了8 000余个就业岗位,在印度经济社会中发挥着巨大的作用,能够迸发活力助力产业的融合。[①]然而在行业竞争中,中小企业往往由于无法形成独特的竞争优势遭遇大型企业的收购和垄断。在数字化转型过程中,中小企业也面临资金、人才短缺等困境。特别是农村产业融合项目,投资大、回收期长的特点使各主体受到强烈的资金约束,承担较大的项目风险,不利于企业的成长。[②]结合中小微企业的发展挑战,中印双方政府应当为企业构建投资交流平台,加大两国间企业的技术交流和转型经验,以此促进新兴产业和落后产业的工业化。比如印度政府表达创造全球AI中心的美好愿景,已在多地开展AI项目。2019年《全球人工智能产业数据报告》显示,全球有22.08%活跃的人工智能企业分布在中国,28%的高增长企业属于中国,双方合作有望在交流合作

---

① Dheeraj Badam, Dr.Saikat Gochhait, "Digitalization and its Impact on Indian Economy," *European Journal of Molecular & Clinical Medicine*, Vol.7, No.6, 2020, p.2136.

② Friederike Welter, David Smallbone, "Institutional Perspectives on Entrepreneurial Behavior in Challenging Environments," *Journal of Small Business Management*, Vol.42, No.2, 2014, pp.35—50.

中实现技术的突破。

3.加强数字技术服务,释放农村消费潜力

印度城乡发展不平衡的同时也形成广阔的数字消费潜力。目前,印度电子商务约有60%来自二线城市和小城镇。随着农村人口收入的增长,农村的消费潜力到2030年将增长4.3倍,二、三、四线城市将占据在线购物的88%,成为电子商务发展的主力军。[①]同时,数字金融的普惠将增强信贷、保险、基金等金融产品对农村人民的可及性,消费潜力将不断得到释放。

提高农村人口收入,离不开农业的发展。印度是世界第二大人口国家,拥有巨大的农产品需求,农业的扩张和增值仍是首要途径。中印双方农产品贸易规模不断扩大,技术合作也在不断深化。然而从双边贸易看,由于印度农业市场的贸易保护主义以及双方缺乏开放性的农业贸易合作机制,农产品在贸易中占比较低,就中印两国的市场规模而言存在极大合作空间。同时,双方农业合作领域有限,在生物技术和农业信息化建设等方面也应加强合作建设。中印双方已经合作建设作物育种中心、旱地棉花技术开发中心等合作项目,并派遣学生进行合作交流,但缺乏重大课题研究,未来中印两国应就各自的农业发展战略展开深层次的交流。

四、中印数字经济合作的路径建议

作为东亚和南亚的两大发展中国家,中印合作不仅符合两国的经济发展战略,更利于区域经济的发展。在顺应自主权的情况下,双方应以需求为导向,交流合作由多边向双边逐步深化,向投资者提供开放活跃的市场。

(一)巩固多边合作,推动金砖数字经济合作

金砖国家组织自成立以来,从一个经济概念成长为颇具国际影响力的合作机制,展现了光明的前景。当下,金砖国家处于经济转型的关键期,更应该深化伙伴关系,加强合作,促进共同发展的强大力量。

---

① Business Standard, "India's Consumer Digital Economy to Grow 10x to $800 bn by 2030: Redseer," August 25, 2022, https://www.business-standard.com/article/current-affairs/india-s-consumer-digital-economy-to-grow-10x-to-800-bn-by-2030-redseer-121063001783_1.html.

首先,在金砖机制下加强沟通交流。中印的复杂关系不仅在于边界冲突,还源于双方的国际合作。从中方角度看,印度同美日合作的不断深化,助力了美方的"印太战略",对地缘政治也有极大影响力,向中方展现了抗衡嫌疑。从印方角度看,中国的"一带一路"倡议贯穿亚欧大陆,同100多个国家和组织展开合作,损害了印度的利益。因此,要加强中印数字经济合作,双方应增信释疑,避免内耗。其次,不断巩固电子商务等成果。电子商务是金砖国家参与引领全球经贸规则的重要抓手,已经取得了阶段性的成果,但在实践中急需形成具体路径,扎实推进。最后,发挥金砖国家在全球经济治理中的引导作用。全球贸易保护主义的抬头给中印双方都造成巨大压力,应当合理利用发展中大国地位和金砖机制,抵御发达国家在全球贸易、金融秩序中的无理行为,谋求发展中国家的正当权益。

(二)深化双边合作,发挥数字丝路成熟体制

印度对于中国在南亚方向的战略布局意义重大。对于双边合作中印双方应在底线范围内表达诚意,缓解对方的安全忧虑。对于双方的进一步合作,中方应积极回应,但也要适度施压。

数字丝绸之路是"一带一路"的升级版,既继承"一带一路"建设的成熟经验,也是中国新时代参与全球经济的新尝试。尽管印度并未参与"一带一路"建设,但腾讯、阿里对印度初创企业的投资依然传播了中国的海外影响力,中方可逐渐尝试借助数字丝绸之路同印方展开合作。比如中国计算机、电子制造业在全球价值链中处于较高地位,但计算机和信息服务同印度相比处于劣势,中印可携手优势互补,助力双方的产业升级,共同推动数字丝绸之路建设。然而,面对印度在美日大国和中国之间的摇摆,中国也应提高警惕,提前做好准备,在必要时刻给予提醒。同时,中国应加强同一带一路周边国家的合作交流,有效发挥大国影响力,在"共商、共建、共享"的同时化解美方的制衡,形成稳定、牢固的朋友圈。

(三)改善投资环境,鼓励双方企业合作往来

深化双边合作不应局限于政府,更应该惠及企业。然而,印度是运用贸易规则限制并制裁中国较多的国家,使中国企业的投资成本和风险同时增加。对此,中方企业必须提前熟知当地最新法规政策,了解中方投资案例,以规避限制及制裁多的项目领域,并注重自身知识产权的维护。同时,政府也应加快双方的合作交流,落实具体细节,保障企业正当权益。

　　此外,促进双方人才交流。印度的"精英教育"培养出大量软件人才,在 AI 领域的成果也不遑多让,通过 AI 的应用金融科技公司已经能够减少高达 40％ 的欺诈交易,制药公司降低拒绝率高达 20％。[①]印度理工学院基于四重螺旋创新生态系统的人才培养实践,也向中国工程教育提出了优化政府、高校、产业以及社会协同育人的启示。中印政府可以创造机会,以丝路建设为由,加强人才流动,培养高端技术和人才的交流与合作。

　　(牛东芳:上海对外经贸大学国际经贸创新与治理研究院助理研究员;孙文慧:上海对外经贸大学国际经贸学院硕士研究生)

---

　　① The Economic Times,"AI No Longer Fringe Tech in India,Says Report,"August 25,2022,https://economictimes.indiatimes.com/tech/technology/ai-no-longer-fringe-tech-in-india-says-report/articleshow/92500018.cms?from = mdr.

南非数字经济竞争力与中南数字经济合作

黄梅波　张宇宁　拟　海

【内容摘要】　数字经济不仅在欧美、东亚等地快速发展,而且已经延伸到非洲地区,特别是伴随着非洲移动互联网逐步普及,数字经济的诸多形态逐渐被当地的政府和民众所接受①。国际金融公司的研究表明,到 2025 年,非洲的电子经济预计将为整体经济贡献 1 800 亿美元,到 2050 年将增加至 7 120 亿美元②。南非自2013 年以来保持着非洲第二大经济体的地位,是非洲经济最发达的国家之一。良好的经济基础为数字经济的产生和发展提供了沃土,南非拥有非洲最多的数据中心和云服务平台,数字基础设施完善度居非洲前列,成为非洲数字产业先行者和国际数字经济投资在非洲的主要流入国之一。因此,南非在一定程度上引领了非洲数字经济发展。然而值得注意的是,南非近几年的可持续发展差强人意,经济发展的持久性和社会发展的稳定性表现并不乐观,数字经济发展存在着硬件、软件、技术和规则制定上不可不面对的挑战。如何抓紧第四次工业革命的浪潮实现产业结构的升级改革、博得经济发展的持续动力,是南非政府不得不思考的重大问题,这也是促进中非数字合作、共建中非数字命运共同体的必要性所在。

【关键词】　南非;数字经济;中非合作

一、南非数字经济的发展现状

近年来,数字经济不断为世界经济发展增添新动能。从整体看,2021 年,全球 47

---

① 黄玉沛:《中非共建"数字丝绸之路":机遇、挑战与路径选择》,《国际问题研究》2019 年第 4 期。

② Private Banker International, "Africa Faces Huge Cybercrime Threat as the Pace of Digitalisation Increases," June 16, 2022, https://www.privatebankerinternational.com/analysis/africa-faces-huge-cyber-crime-threat-as-the-pace-of-digitalisation-increases/.

个国家数字经济增加值规模为 38.1 万亿美元,同比增长 15.6％,占 GDP 的45.0％①。同时,良好运转的数字经济将实现更快的经济增长,创造更多社会就业岗位,为公民提供更高质量的生活。然而,数字经济的发展离不开硬件、软件和人才投资以及官方政策的支持,前期投入成本较大。世界银行的一项研究总结了数字经济的五个基本要素:数字基础设施、数字平台、数字金融服务、数字创业和数字技能②。近年来,特别是疫情过后,南非拉马萨福政府格外重视数字经济,希望借助数字经济带动疫后经济复苏。总的来看,南非数字经济国际竞争力在全球范围不强,在非洲属于领先地位,吸引众多跨国企业来投资,未来发展空间巨大。

(一)数字基础设施

数字基础设施旨在提供可负担的高质量网络,帮助更多居民和企业联网上网。信息和通信技术(Information And Communication Technology,ICT)是数字经济的核心组成部分,改善信息和通信技术基础设施对整体经济活动也是至关重要,这是因为作为广泛生产过程的投入,信息和通信技术将会通过乘数效应创造更多价值,解决许多结构性经济问题。总的来看,南非的数字基础设施整体上处于不断发展和完善的过程中,但仍低于世界平均水平。

1. 国际互联互通

长期以来,国际互联互通是南非通信基础设施发展的主要瓶颈。直到 2009年,Telkom 一直垄断着连接南非和世界其他地方的海底电缆,当地互联网服务提供商的输入价格也很高。截至 2021 年 12 月,在南非东西海岸有 5 个海底电缆系统③,未来几年还计划有更多的海底电缆系统上线,推动南非与世界其他地区的互联互通。根据 ICASA 运营商调查,2015—2021 年,南非国际互联网总带宽容量由 60 000 Mbps 增长到 1 400 000 Mbps,增长率高达 2 233％。

2. 国内光纤连接

南非拥有非洲大陆最广泛的骨干基础设施。自 2005 年以来,南非国内光纤网络市场已经放开,基础设施提供商也在不断扩大。截至 2021 年,南非总共部署了

---

① 《中国信通院院长余晓晖解读〈全球数字经济白皮书(2022 年)〉》,2022 年 8 月 15 日,https://mp.weixin.qq.com/s/RhukYoL1i0kWydZ9VxNiTQ。

② World Bank, "South Africa Digital Economy Diagnostic," December 1, 2019, https://openknowledge.worldbank.org/handle/10986/33786.

③ 南非通过 5 条海底电缆与世界其他地区相连,这 5 条海底电缆分别是西非电缆系统(WACS)、东南非洲海底光缆系统(Seacom)、卫星 3 号(SAT-3)海底电缆、SAFE 海底电缆和东非海底电缆系统(Eassy)。

大约30万公里的光纤,其中10万多公里用于远程传输。根据南非ICT行业状况报告,2015—2021年,南非光纤到户数(FTTH)增长4 300%①。2020年新冠肺炎疫情暴发后,越来越多的人居家学习工作,对快速可靠的连接的需求大幅增长。为弥补光纤连接在城市和农村之间的巨大差距,南非主要的网络运营商正逐渐将网络铺设到城市郊区和大的乡镇,使南非光纤连通范围持续扩大。

3. 最后一公里

南非是非洲第一个5G商用的国家。2020年,南非电信运营商Vodacom在三座城市(约翰内斯堡、比勒陀利亚和开普敦)启用了非洲首个5G网络,拥有13亿人的非洲大陆正式开启5G时代。2021年南非3G人口覆盖率为99.9%,4G/LTE人口覆盖率为97.7%,5G人口覆盖率由0.7%增长到7.5%②。即使作为非洲的先行者,但南非的5G覆盖率仍落后于菲律宾(13.3%)和泰国(17.6%)③等国家,更落后于韩国、中国和荷兰等5G大国,主要原因是南非ICT投资不断下降。2017—2021年南非电信投资总额由476亿兰特下降到330亿兰特,这使得2015—2021年间电信投资仅增长6.2%,远远满足不了日益增长的通信行业的资金需求。在南非,人们上网的主要方式是手机。手机终端用户在逐年提升,2021年移动电话用户1.03亿人,同比增长9.57%,其中智能手机用户为6 500万人,同比增长8.33%,并且90%的移动宽带用户使用预付。

2021年,南非ICT行业创造了2 436亿兰特的价值,约占国内生产总值的5.43%④。根据世界经济论坛(World Economic Forum,WEF)的网络就绪指标,2021年南非在130个国家中排名第70,在33个中高收入国家中排名第19,但在参与指标评价的30个非洲国家中排名第1;南非在信息和通信技术治理中表现最好,位列第51,在信息和通信技术对国家促进作用上表现较弱,位列第103⑤。但是,南非的移动数据价格昂贵,低收入群体难以负担。根据2021年全球移动数据定价报告,撒哈拉以南非洲拥有世界上最昂贵的移动数据价格,南非人为每千兆字节(GB)的数据支付高达85兰特(5.29美元)的费用,这相当于赚取最低工资的人工作近四个小时

---

① ② State of the ICT Sector Report 2022. ICASA 2022,March 2022,https://www.icasa.org.za/uploads/files/State-of-ICT-Sector-Report-March-2022.pdf.

③ Ookla,"Growing and Slowing: The State of 5G Worldwide in 2021," December 20,2021,https://www.ookla.com/articles/state-of-worldwide-5g-2021.

④ Statistics South Africa,https://www.statssa.gov.za/.

⑤ World Economic Forum: Network Readiness Index 2021 South Africa,https://networkreadinessindex.org/country/south-africa/.

的成本。相比之下,根据 Ichikowitz 家庭基金会慈善机构的一项最新研究,在北非每 GB 约 1.53 美元,在西欧为 2.47 美元[①]。在未来,南非需要增加 ICT 技术对经济增长、居民生活质量和可持续发展目标的积极贡献,提升制造业和出口的技术含量、缩小收入差距和提供可负担的清洁能源,同时要完善数字基础设施,降低使用成本,让更多贫困人口也能联网上网,享受数字社会的便捷。

(二)数字平台

数字平台旨在提供支持数字交易的公共服务平台。电子商务通过提高交易效率、降低交易成本、推进物流业发展、推动中小微企业融入全球经济和提高民众特别是青年群体的就业来对一国经济发展产生正向效应,成为对外贸易新的增长点[②]。在新冠疫情大流行的背景下,南非消费者逐渐认识到在线购买产品和服务的便捷性,南非市场正慢慢转向电子商务,尤其是新冠肺炎疫情期间网上购物以创纪录的速度增长。南非第一国民银行商业服务数据显示,南非电子商务市场增长迅速,估计每年略低于 2 000 亿兰特,Takealot、Woolworths 和 Checkers 等企业都在适应新的消费者习惯,2020 年南非在线总销售额增长 55%,2021 年继续增长42%,在每年超过 10 亿笔交易的支持下,预计 2025 年南非电子商务市场将会超过4 000 亿兰特[③]。电子商务市场的繁荣也催生了各类电商平台的诞生。

南非电子商务市场日渐成熟,电商平台种类多、各具特点。南非本土最大、最领先的电商平台是"购多多"(Takealot),该在线销售平台提供各种电子商务产品,客户在 Takealot 购物时还可以享受礼券和优惠券。澳大利亚连锁零售商沃尔沃斯(Wool Worths)是南非最大的在线零售商之一,同时拥有 700 多家线下门店。阿曼波(Amanbo)南非站是来自中国的 Amanbo 根据南非现状开发的电商平台,能够为商家拓展本地业务提供从数字营销、交易平台、业务管理、金融支持、售后保障等全套解决方案。全球电子商务公司亚马逊也将于 2023 年扩展到包括南非和尼日利亚在内的非洲国家。此外,还有销售时尚服装和美容产品的 Zando,购买电子产品的首选平台 Action Gear,主要销售创新的厨房工具的 YuppieChef 和 C2C零售平台 Bidorbuy。

---

① WEF, Worldwide Mobile Data Pricing 2022, https://www.cable.co.uk/mobiles/worldwide-data-pricing/.

② 黄梅波、段秋韵:《"数字丝路"背景下的中非电子商务合作》,《西亚非洲》2021 年第 1 期。

③ 《南非电子商务市场呈现爆炸式增长》,2022 年 3 月 21 日,中华人民共和国驻南非共和国大使馆经济商务处,http://za.mofcom.gov.cn/article/jmxw/202203/20220303287488.shtml.

南非政府制定相关法律法规，出台扶持电子商务的发展。南非的电子商务环境正在迅速演变，需要明确的政策来确保市场得到支持和保护。2002年南非出台规范电子商务的核心立法《电子通信与交易法》，2008年出台《消费者保护法》，2013年出台《个人信息保护法》，在管理电子商务交易方面也发挥了关键作用。为鼓励电子商务行业发展，南非于2016年9月发布《国家综合ICT政策白皮书》，制定行业特定战略，鼓励各行业使用ICT，并促进当地电子商务的发展[①]。南非政府还引入新的法规来执行数据本地化，例如，2017年的《网络犯罪及网络安全法》。

（三）数字金融

数字金融旨在运用数字手段进行货币交易，支持普惠金融，扩大电商市场。数字金融为个人和企业提供了便捷且负担得起的支付、储蓄和借贷渠道。企业可以利用数字金融更方便地与客户和供应商进行交易、建立数字信用记录和寻求融资；政府可以利用数字金融提高各种财政支出的效率，更快、更安全地支付社会转移支付和收缴税款。数字金融发展需要前瞻性的法律和监管框架、强大的金融基础设施和低成本交付渠道。南非的金融部门已经广泛采用数字化的金融服务，包括支付、储蓄、贷款、保险和资本市场。

1. 数字支付

与世界其他地区相比，非洲在线支付使用银行卡的人均数低于世界平均水平，银行借记卡支付方式仅占非洲大陆整体支付水平的10%，几乎一半的成年人没有任何正式的银行账户，更偏好现金支付。相比之下，南非是非洲数字支付的佼佼者，现金支付仅占国内支付水平的9%，银行卡支付高达43%，银行转账和电子钱包支付分别占18%、20%[②]。从成年人使用电子商务支付的频率来看，2021年，南非有50%以上的成年人（15岁以上）进行了数字商户支付，约20%的成年人在新冠肺炎疫情暴发后首次使用了数字商户支付。南非成年人使用电子商务支付的比例显著高于撒哈拉以南非洲地区，与中等收入国家持平。与其他金砖国家相比，与巴

---

① SAIIA, "Policy Considerations for E-commerce in South Africa and Other African Countries," June 2017, https://saiia. org. za/research/policy-considerations-for-e-commerce-in-south-africa-and-other-african-countries/.

② International Trade Administration, "The Rise of eCommerce in Africa," https://www.trade.gov/rise-ecommerce-africa.

西相当,但落后于中国、印度和俄罗斯[①]。

2. 金融科技

南非拥有非洲大陆更先进的金融服务和保险生态系统,这为金融科技的产生和发展提供了优良的先天环境。但截至 2021 年,南非的金融科技行业规模相对较小,正处于高速增长期并获得国际认可。例如,开普敦占南非风险投资交易的 75%,在开普敦科技行业的 500 多家创业公司中,约有 15% 从事金融科技[②]。值得注意的是,南非绝大多数金融科技公司提供的服务与银行等传统金融服务机构重合,然而金融科技的目标是更迅速、更便宜地提供这些服务,特别是服务于过去被排除在传统金融体系之外的低收入消费者。除了金融科技,一些银行运用第三方代理来获取客户、推广产品,而一些银行使用零售商店来便捷交易。这些零售商提供的服务主要包括国内转账、从银行账户返还现金、第三方账单支付以及销售联名接入型账户。

3. 国家支付系统战略

2018 年 3 月,南非储备银行发布《国家支付系统框架和 2025 年战略愿景》,为南非的支付行业制定了目标和战略,旨在建立一个服务于南非民众和国内经济的世界级国家支付系统(National Payment System,NPS)。2025 年战略愿景提出九个目标:清晰的监管和治理框架、透明的公共问责制、金融稳定和安全、促进支付行业竞争和创新、成本高效益、互操作性、灵活性和适应性、区域一体化和金融包容性。根据战略规划,到 2025 年,南非国家支付系统将更加安全、高效、可靠,支付服务的竞争日益激烈,从而提高支付系统的效率,改善终端用户的服务质量[③]。

(四)数字创业

数字创业通常指的是创造新颖的互联网业务、产品或服务的过程,包括推出新的数字企业、提供新的商业模式和创造新的数字平台等创新性数字经济活动。充满活力的数字创业企业是数字经济的关键支柱,也是新的产品、服务、商业模式和

---

① World Bank, "The Global Findex Database 2021," https://www.worldbank.org/en/publication/globalfindex/Report.

② The Fintech Times, "Fintech Landscape of South Africa 2022," July 17, 2022, https://thefintech-times.com/fintech-landscape-of-south-africa-2022/.

③ Payments Association of South Africa, "National Payment System Framework and Strategy Vision 2025," March 12, 2018, http://www.pasa.org.za/docs/default-source/default-document-library/the-national-payment-system-framework-and-strategy-vision-2025.pdf?sfvrsn=4.

市场的强大来源。因此,追求数字化转型的国家应当创造一个支持企业家、初创公司和大型公司利用新技术和商业模式进行创新的生态系统,以助于将创新转化为生产要素,激发数字创业企业的经济活力,最终提升一个国家的财富创造能力。

南非是非洲数字创业的关键参与者,也是全球主要数字参与者在非洲的投资中心,谷歌、亚马逊和 IBM 均在南非设有分公司或研究实验室。在国际数字经济领先者的带领下,南非涌现出众多创业公司和平台,黑人持股比率也在上升。2021年全球创新指数中,南非以 32.7 分在 132 个国家中排名第 61,在撒哈拉以南非洲地区排名第 2,仅次于毛里求斯;南非市场成熟度得分最高,排名第 23①。根据 Disrupt Africa 的发布的《2022 年南非初创企业生态系统报告》,截至 2022 年 5 月,南非至少有 490 家科技初创公司在运营,雇用了超过 11 000 人;就赛道的布局而言,高达 30% 的科技初创公司选择金融科技领域,远高于排名第 2、第 3 的电商/零售科技(10.2%)和数字医疗(9%)赛道②。

1. 数字创业的支持性机构

南非有大量支持性项目和组织通过创业加速器或专项融资辅助的方式来助力创新性企业的发展,包括创新区、孵化器、加速器、创新中心、联合办公空间和创业基金会。根据 Disrupt Africa 的研究,南非全国有 340 个创新中心和联合办公空间,200 个孵化器和加速器项目,这些项目主要集中在开普敦和约翰内斯堡③。虽然只有 10%—15% 的项目专门服务于数字企业家,但数字经济行业的动态集群正在发展,一些企业吸引了大量的国内外投资,创业成功案例越来越多,如金融科技领域的 Yoco,健康领域的 HearX,教育科技领域的 GetSmarter,以及农业科技领域的 Aerobotics④。

2. 数字初创企业的资金可获得性较差

南非的数字企业在其生命周期的大部分时间都面临着融资难的问题,在中小企业难以获得信贷的背景下,南非数字企业家的融资可获得性普遍较低,排名为

① World Intellectual Property Organization, "Global Innovation Index 2021," March 18, 2021, https://www.wipo.int/edocs/pubdocs/en/wipo_pub_2000-section3.pdf.

② Disrupt Africa, "South Africa Startup Ecosystem Report 2022," Startip Ecosystem Report 2022, June 8, 2022, https://disrupt-africa.com/south-african-startup-ecosystem-report-2022/#prettyPhoto.

③ Roselake 非洲创投:《南非初创生态报告(四):创业梦想开始的地方——孵化器及创新中心》, https://mp.weixin.qq.com/s/At8mpznlRIwdrbtrbImQVg.

④ World Bank, "South Africa Digital Economy Diagnostic," December 21, 2019, https://openknowledge.worldbank.org/handle/10986/33786.

73/190,显著低于肯尼亚(第8)和尼日利亚(第12)①。尽管南非政府对早期创业者制定了各种各样的融资和激励计划,但大多数条款,例如最低交易要求、成本分担和抵押品要求等并不适用于数字初创公司。

3. 数字创业文化浓厚

由于南非数字企业经营状况良好,南非整体对数字创业持积极态度,创业社区举办社交活动、讲座和研讨会,有助于激励和培训新的创业者。尽管数字创业领域仍以白人、男性和中产阶级为主,但基于《振兴黑人经济法》(Broad-Based Black Economic Empowerment, B-BBEE)等公共项目和女性牵头的天使投资网络正开始弥合一些差距。此外,南非的女性创业率是非洲大陆中最高的,14.3%(70 家)南非科技初创公司由女性企业家创办,这一数字高于埃及的 12.5%②,这是因为失业率、贫困率和社会不平等率高等社会现实,使得大量南非女性从事小规模的街头贸易和企业经营活动,进而激发了女性创业活动。

（五）数字技能

数字技能在于培养具备先进数字技术的雇佣劳动力,促进数字技术创新。数字经济的繁荣离不开具备较强数字能力的劳动力和较高数字素养的公民,对一国而言,他们不仅可以促进数字经济发展,更能享受数字社会带来的好处,提高生活质量。联合国贸发会议推出的数字技能金字塔将数字技能分为以下三个层次:数字素养,专业数字技能和电子商务技能。数字素养是指,让所有公民都有机会发展数字技能,学到使用数字平台、软件和设备所必需的知识,进而在现代数字社会中生活、工作。专业数字技能是指,劳动力要具备生产数字软件和硬件、设计和维护系统以及进行数字技术研究所需的技能。电子商务技能是指劳动者要具备与创新商业模式、数字产品和服务营销相关的技能。

南非有大量待开发的人力资本。根据全球人力资本指数,南非在 174 个国家中排名第 135,远远低于其人均收入水平的期望值,这可以归因于教育质量差和基于种族的教育不平等③。此外,南非"啃老族"(Not in Education, Employment, or

---

① World Bank, "South Africa Digital Economy Diagnostic," December 21, 2019, https://openknowl-edge.worldbank.org/handle/10986/33786.

② Roselake 非洲创投:《南非初创生态报告(一):9 大关键数字速读南非创业生态》,June 29, 2022, https://mp.weixin.qq.com/s/iEsBb8ARCigtb9fQz7x53g。

③ World Bank, "Human Capital Project," https://www.worldbank.org/en/publication/human-capital#Index.

Training，NEET)比例超过 30%，劳动力市场参与率低(55%)，年轻人几乎占失业人口的 50%以上，劳动力素质不合格(20%的人有高等教育资格，32%的人有中等教育资格)①。因此，南非有很多未被使用的潜在劳动力。南非数字技能的劳动力供应严重不足。在《2018 年全球竞争力报告》对人口数字技能的评估中，南非在140 个国家中排名第 116，造成这一现象的因素包括使用数字设备或互联网的机会有限、信息和通信技术毕业生的产出较低和更新信息和通信技术课程的速度滞后于数字经济的迅速发展。例如，在私营部门，许多短期训练营培养了大量具备资格证书的员工，但学生仅接受了三到四个月的编程培训，知识储备和实践经验都严重缺乏②。

1. 数字素养

南非基础教育的质量低下，制约了教育培训系统和劳动力市场的全面健康发展，这也是南非数字素养不足的核心问题所在。由于缺乏基础设施和专业教师，很少有在校生能从 10 年级开始选修信息通信技术课程，这延长了学生初次接触数字技术的时间，进而导致南非庞大的人力资本潜力没有得到充分利用。此外，不具备或没有充分具备数字素养的劳动力进入工作时无法快速适应，增加了私营部门的培训成本，这原本是一笔在学校教育中可以节省的费用。南非教育特别是数字教育质量在国际基本不具备竞争力。在《2018 年全球竞争力报告》对数学教育质量的评估中，南非在 137 个国家中排名第 128③。因此，南非亟须完善基础教育来提升国民数字素养。

2. 专业数字技能

2021 年 ICT 技能调查评估了新冠肺炎疫情大流行对南非专业数字技能供需的影响，尽管南非的失业率处于创纪录水平，但在 ICT 行业有近 10 000 个难以填补的职位，最难填补的职位空缺包括软件开发人员(超过 2 400 名)、计算机网络技术人员(超过 1 900 人)和开发程序员(超过 800 名)④，这说明高等教育机构培养的毕业生数量和质量都无法满足行业的需求。在国家层面，提升专业数字技能需求的步伐缓慢。自 2002 年南非政府首次将重点放在发展数字技能上以来，已经制定

---

① World Bank，"South Africa Digital Economy Diagnostic，" December 1，2019，https://openknowledge.worldbank.org/handle/10986/33786.

②③ WEF，" The Global Competitiveness Report 2018，" https://www3. weforum. org/docs/GCR2018/05FullReport/TheGlobalCompetitivenessReport2018.pdf.

④ Fin24，"Thousands of jobs vacant in SA's IT sector，" September 30，2021，https://www.news24.com/fin24/economy/thousands-of-jobs-vacant-in-sas-it-sector-2021093.

和实施若干政策、战略、计划和举措，但由于各个部门之间缺乏连贯、统一的政策步调，错过了数字技能发展的大好时机，直到 2018 年左右才重新出现对数字技能重要性的集体认识。

然而，南非数字经济也面临着一些棘手的问题，特别是网络安全性较差，网络犯罪每年给南非造成 5.7 亿美元的损失。南非最大的网络威胁包括在线诈骗、数字勒索、商业电子邮件泄露、勒索软件和僵尸网络。网络安全公司卡巴斯基的数据显示，与 2018 年同期相比，2019 年第一季度南非的恶意软件攻击跃升 22%，也就是说每小时攻击未遂次数近 577 次；南非的安卓系统手机是仅次于俄罗斯的全球银行恶意软件的第二大目标；南非信用卡的无卡欺诈是该国总欺诈损失的主要原因，占所有损失的 79.5%；此外，南非并未加入在非盟指导下起草的《网络安全公约》，同时南非并未设立国家网络安全战略，对数字经济的安全保障措施尚不到位。

从数字经济的五个基本要素来看，南非在非洲地区处于领先地位，但在国际上竞争力较弱，特别是数字创业和数字技能。但南非政府在疫情缓解后更加重视数字经济，加大投资，制定战略计划，以期带动经济结构化转型。南非政府宣布 2021 年投资 40 亿兰特推动数字基础设施建设，2020 年底的第三届南非投资者大会上，数字经济领域吸纳了上千亿资金。2022 年 4 月，南非通信与数字技术部提交了一份加快数字与云技术发展的议案，计划建立国家数字信息技术经济特区，吸引本地和外国企业在数据和云技术基础设施及服务领域投资，进而增强国家数字服务能力，提高政府数据分析研判水平，保障南非数据主权与安全。同时，南非政府也计划出台政策，鼓励经济特区企业进行技能培训和技术交流，促进南非大数据产业发展[①]。在未来，南非应当在保证数字基础设施、数字平台和数字金融服务稳步提高的基础上，着重完善数字技能教育体系，创造有利于数字经济初创型企业生存的融资环境，缩小在性别、种族上的数字鸿沟，这将有利于数字技术更全面地服务于国民经济，创造更大的社会经济价值。

二、中南数字经济合作

2021 年 10 月 29 日，中国国家主席习近平在中非合作论坛第八届部长会议的

---

① 《南非加快数字产业发展》，《人民日报》，2021 年 4 月 15 日，http://world.people.com.cn/n1/2021/0415/c1002-32078227.html。

开幕致辞中,将"数字创新工程"列为中非共同实施的"九项工程"之一①。中南合作由来已久,南非是中国重要的贸易伙伴,中南双边贸易额约占中非贸易额的五分之一。南非凭借非洲第二大经济体的地位,成为2001—2020年中国对非投资存量第一的国家。2020年,中国数字经济规模为5.4万亿美元,位居世界第二②,中国具有强大的数字经济发展的技术实力、资金实力和人才实力,数字经济大国地位逐渐稳固。而中国和南非同为新兴发展中国家、金砖国家成员、二十国集团(G20)成员国和区域经济大国,经济互补性强,数字经济发展合作潜力大。新冠肺炎疫情更是促进了南非数字经济的发展,南非拥有后发优势。因此两国开展数字经济方面的合作,有利于实现互惠共赢、弥合"数字鸿沟"。

首先,中南合作推动南非的数字经济基础设施建设。在中国政府的政府指引和补贴支持下,中国电信、中国联通、中国移动、华为和中兴等公司积极投资南非,与南非各大电信运营商开展广泛合作,帮助当地建设通信基础设施。作为先行者的华为于1998年进入南非市场,在2012年率先将全球领先的4G技术引入南非,已经是南非各主要电信运营商和国家电信基础设施发展的重要合作伙伴,其产品和服务已经惠及该国三分之二的人口③。在2020年7月,华为在南非参建非洲首个5G独立组网商用网络,这将促进南非的信息通信技术发展创新、助力走进数字时代④。截至2020年,中国电信在10个非洲国家打造了光纤骨干网项目,在近30个非洲国家拥有技术、工程及服务团队,已为南非等国提供了10多个智慧应用项目,其中包括南非多个社区的光纤入户建设项目⑤。

其次,中南合作为南非培养更多数字化人才。中国企业在投资与合作过程中,还通过转让先进技术和对当地员工进行技能培训,为南非储备了一批高技术人才。中国电信致力于支持当地教育事业,主动捐款资助南非贫困学生完成在国际计算机学院的学业。中兴南非子公司与55所高中合作共建信息通信技术培训学习中

① 习近平:《同舟共济,继往开来,携手构建新时代中非命运共同体——在中非合作论坛第八届部长级会议开幕式上的主旨演讲》,《人民日报》,2021年11月29日。

② 中国信息通信研究院:《全球数字经济白皮书——疫情冲击下的复苏新曙光》,2021年8月,http://www.caict.ac.cn/kxyj/qwfb/bps/202108/t20210802_381484.htm。

③ 《中国帮助南非电信行业跨越式发展》,2019年4月16日,新华网,http://m.xinhuanet.com/2019-04/16/c_1124373565.htm。

④ 《南非:华为在南非参建非洲首个5G独立组网商用网络》,2020年7月29日,环球网,https://oversea.huanqiu.com/article/3zFdb2ZYJTe。

⑤ 《助力"智慧非洲"打造"信息丝路"》,2019年6月29日,中国日报网,https://cn.chinadaily.com.cn/a/201906/29/WS5d174be6a3108375f8f2d35b.html。

心,定期培训理工类专业技能学生。2016 年华为与南非邮电部联合实施"未来种子"项目,每年选拔 10 名优秀南非信息通信技术专业学生赴中国学习,该项目在 2021 年通过线上线下相结合的方式对选拔的 12 名优秀学生进行培训,在过去五年,该项目已为南非数字化发展培育了 90 余名人才[①];2008 年,华为成立"华为南非培训中心",为华为南非本地员工和南非五大运营商的员工提供培训机会,已经累计培训近两万名南非本地信息通信技术人才[②];2018 年,华为与南非大学校长组织签署了一份谅解备忘录,计划在南非所有 50 所职业技术教育机构共建信息通信技术学院[③]。新冠疫情暴发后,中国和南非两国在"数字人才"培养领域有了更多的合作。自 2020 年以来,中国企业已经和南非多所院校联合成立信息通信技术学院,帮助当地师生构建信息通信技术人才生态系统,让南非的学生能够学习与实际工作场景密切相关的理论知识和技能,通过让年轻人接触全球商业环境中的信息通讯技术专业知识和经验,培养本地人才[④]。

第三,中南合作拓展南非数字经济应用领域,发展数字服务。 智能手机在南非最常使用的功能是拨打、接听电话和上网[⑤],电子商务、远程办公和线上课程等使用频率在疫情期间才得以提升。中国在远程通信领域已具备相对成熟的技术,双方的数字经济合作有利于开发智能手机等通信设备在南非的使用潜力。同时中国在大数据、云计算、物联网、区块链和人工智能等方面也积累了较为丰富的技术经验,有利于推动南非在相关领域的发展。近年来,中国多家金融科技企业进入非洲市场。2015 年 11 月,微信在南非上线"微信钱包";2016 年,南非标准银行与微信合作,用户可以进行转账、支付等操作;2017 年,华为与相关跨境汇款平台达成合作协议,为非洲的华为手机用户提供国际转账服务;2020 年,移动运营商沃达丰南非子公司沃达康与中国的阿里巴巴集团合作开发,推出一款名为"物达支付"(Voda Pay)的超级应用,可以用来绑定来自任何一家银行的账户,为客户提供移动

---

① 中国驻南非共和国大使馆经济商务处:《驻南非大使陈晓东出席华为"未来种子"项目启动仪式并致辞》,2021 年 11 月 17 日,http://za.mofcom.gov.cn/article/ztdy/202111/20211103218382.shtml。

② 《中国帮助南非电信行业跨越式发展》,2019 年 4 月 16 日,新华网,http://m.xinhuanet.com/2019-04/16/c_1124373565.htm。

③ 《非洲搭上数字经济"顺风车",中国的机会来了》,2021 年 10 月 19 日,直通非洲,https://rmh.pdnews.cn/Pc/ArtInfoApi/article?id=24166561。

④ 《中非数字合作助力非洲经济发展|中国企业与南非高校联合培养"数字人才"》,2022 年 7 月 8 日,中国日报,https://cn.chinadaily.com.cn/a/202207/08/WS62c7ed73a3101c3ee7ade659.html。

⑤ 《低价、全功能 海信成南非最受欢迎智能手机品牌》,2019 年 7 月 25 日,环球网,https://tech.huanqiu.com/article/9CaKrnKlL8y。

支付、在线购物和贷款等服务①。

第四,中南合作促进南非发展数字技术,占据数字经济发展的关键制胜点。 南非拥有非洲最多的数据中心和云服务平台。2020 年,中国已成为非洲信息通信技术最大的投资国②。2018 年,华为云作为全球首个在非洲设立本地数据中心提供服务的公有云服务提供商,在南非约翰内斯堡本地数据中心部署大区,向南非及周边国家提供更低时延、安全可靠的云服务;2020 年 10 月,设立"华为-Rain-金山大学 5G 实验室",这是中南两国科技和数字经济领域合作最新成果,是中南通信基础设施合作向产业链上游延伸的成功例证③。作为仅次于华为的中国第二大电信设备制造商,中兴通讯已与南非移动通信公司(MEA)区域跨国运营商及非洲各国运营商建立了全方位的战略合作伙伴关系,提供全系列产品及方案(包括无线、核心网、传输、微波等),同时也展开物联网(Internet of Things,IOT)、人工智能(Artificial Intelligence,AI)运行维护方面的多项项目合作;在"5G"方面,中兴已和南非电信公司(MTN)签署"5G"商用合同,努力推进"5G"规模部署和垂直应用,赋能非洲产业数字化发展④。同时,欧美数字企业正在南非数字基础设施领域快速布局,或对中方形成较大竞争。2019 年,微软在南非推出两个 Azure 云数据中心,以满足该地区对超大规模云基础设施和服务日益增长的需求。甲骨文于 2019 年 9 月宣布,计划在南非建立数据中心⑤。2022 年 4 月,全球最大的企业云计算服务商亚马逊推出开普敦数据中心,这是亚马逊在非洲大陆的第一个数据中心。

三、推进中南数字经济合作的政策建议

在数字经济领域,南非已经取得一定成就,是非洲大陆在电信基础设施、电子商务和数字金融领域最先进的国家之一。尽管新冠肺炎疫情给南非经济带来沉重

---

① 《中非企业加强移动支付合作》,2021 年 11 月 16 日,人民日报,http://world.people.com.cn/n1/2021/1116/c1002-32283031.html.

② Amy T, "China's ICT Engagement in Africa: A Comparative Analysis," *The Yale Review of International Studies*, Vol.2, No.3, 2021, pp.4—18.

③ 中国驻南非共和国大使馆经济商务处:《陈晓东大使在"华为-Rain-金山大学 5G 实验室"揭牌仪式上发表视频致辞》,2020 年 11 月 20 日;http://www.mofcom.gov.cn/article/i/dxfw/gzzd/202011/20201103017172.shtml.

④ 牛东芳、沈昭利、黄梅波:《中非共建"数字非洲"的动力与发展路向》,《西亚非洲》2022 年第 3 期.

⑤ Techcentral, "Amazon Launches Data Centre Operations in South Africa," April 22, 2020, https://techcentral.co.za/amazon-web-services-launches-cape-town-data-centre-region/175818/.

打击，但也在一定程度上激发了南非发展数字经济的潜力。作为南非的友好合作伙伴国，中国在"一带一路"倡议的政策背景下，抓住南非在疫情后数字化转型的机遇，积极开展数字经济方面的合作，有利于促进中南合作的数字化、普惠化和可持续化。

第一，建设更加快速、优质、实惠的宽带网络是数字经济的重要基础设施。南非应持续与中国开展数字基础设施合作，在南非各地共同建设价格合理的宽带连接。南非虽然拥有非洲大陆上最广泛的光纤网络，但与发达国家相比，通信技术仍处于落后地位，通信基础设施投资缺口大，并且数据价格很难被中低收入群体所接受。从长远来看，南非未来的数字基础设施建设应当注重普及互联网接入，塑造竞争性的宽带市场，提高网络安全性能，更要促进农村和城镇地区采用网络连接和固定电话。为达成这一目标，一是南非政府应当制定一个与时俱进的国家宽带连接政策，旨在未来 10 年实现更普遍快速的互联网接入，这一政策可以与非洲数字经济倡议①保持一致，同时为来南非投资的企业提供税收减免等优惠措施。二是中南数字经济基础设施的合作重点要转移到移动 5G 基础设施、连接非洲与亚洲的海底电缆、共享卫星应用技术和南非数据中心上来，确保基础设施建设地区的选择具有包容性，确保基础设施建设资金的分配具有公平性，最大限度地降低数据成本和漫游费用，解决日益扩大的"数字鸿沟"问题。

第二，营造更加普遍的数字创业氛围，促进教育资源合理分配。南非应持续与中国联合培养数字人才，激发自身的数字创新活力。打铁还需自身硬，南非政府应当促进教育高质量发展，对教师进行正规培训，使其具备基础的专业数字技术知识；设置与数字技能相关的资格证书课程，从而加快满足数字经济的劳动力市场需求；此外，可以尝试将信息通信技术科目纳入商学院或将商务科目纳入通信学院，培养复合型数字经济人才。在未来，中国和南非可以在现有的数字技能学院、mLabs②等政府和社会资本合作项目之上，通过设立数字创业基金、增加对数字技术的研究经费支持和建设中南数字经济创业孵化中心等合作形式，弥合南非的数字人才缺口。从长期来看，在疫情好转后，南非通过放开对中国的技术签证，促进中国高技能的数字企业家入境，实地指导南非数字创业；同时南非大学应加快中国

---

①　非洲数字经济倡议旨在确保到 2030 年，非洲的个人、企业和政府都将实现数字化，以支持非洲联盟的"非洲数字化转型战略"。

②　mLabs 是南非的一个科创社会项目，目标在于通过社区、代码、精益创新和初创实验室建立非洲最具活力的科技创新生态系统。

研究人员的交流来访,开展数字技术研发和创新合作。

第三,加快中南跨境电商合作,促进贸易方式数字化。新冠肺炎疫情对国际物流造成一定冲击,但随着全球供应链的重构和南非经济的逐渐恢复,中南贸易迎来新的发展阶段,南非应当借电子商务蓬勃兴盛的东风,将高端、高质量产品通过跨境电商的形式带到中国市场。一是中国和南非的地方政府要通过激励性政策,促进国内外贸企业,特别是中小微外贸企业运用跨境电商平台销售产品,帮助企业对接跨境物流公司,形成从销售到运输的一条龙服务体系;二是南非本土电商和中国在南非的电商应当指导企业上线本地产品,提高第三方监管服务水平,保障消费者的切身利益;三是中南双方要加强跨境结算和数字监管合作,建立跨境结算的国家级平台,探索人民币和兰特直接汇兑的交易形式,设立专有部门,监管与其他国家的数字贸易往来。

(黄梅波:上海对外经贸大学国际发展合作研究院教授;张宇宁:上海对外经贸大学国际经贸学院研究生;拟海:南非中国商会会长)

俄罗斯国家发展动力探究

赵　宸　郝津锐

【内容摘要】　现代社会中的国家似乎失去了往日的荣光,去国家化一时成为一种潮流。但在百年未有之大变局及全球性新冠疫情影响下,国家再次成为研究的主流,那么国家的发展动力从何而来? 发展动力的起源、变化的趋势是什么? 本文尝试以俄罗斯的国家发展动力入手,分析并解答上述问题。

【关键词】　国家能力;国家发展动力;俄罗斯经济模式

当今世界格局呈现出政治多极化、经济全球化,更映衬出不同国家的文明多元化。只有研究不同国家的制度和治理方式中所蕴含的国家能力底蕴以及内在的逻辑和动力机制,才能更好地帮助我们理解国家发展的进程。苏联解体后,俄罗斯失去了超级大国的地位,但仍然是当今波诡云谲的国际政治局面中不可或缺的重要力量。弗拉基米尔·普京(Vladimir Putin)在鲍里斯·叶利钦(Boris Yeltsin)辞去俄罗斯联邦总统职务的前夕强调,加强国家权力是俄罗斯复苏和增长的核心。同时强调国家强弱是一个国家发展好与否的关键问题,并宣布国家能力建设将成为其总统任期的核心。

自 2000 年以来,俄罗斯在普京的领导下对经济体系不断进行探索,经济状况有所好转,政治体制不断改革完善,强硬的外交手段更是给各国留下深刻印象。然而我们也看到俄罗斯发展道路上的许多矛盾,人口资源稀缺,能源产业一家独大,给经济改革带来许多困难,俄罗斯人民对欧美自由民主的向往与俄政府施行的权利垂直的集权制度也有一定的对冲。

那么俄罗斯国家发展动力何在? 这一动力的来源、表现和演进是何种情况? 俄罗斯将以何种手段解决自身发展的问题? 本文将基于复旦发展研究院对于国家发展动力的定义对俄罗斯国家发展情况进行探究,试图对俄罗斯国家发展情况、发展动力、发展类型进行分析阐述。

一、国家能力与国家发展动力

（一）国家能力的含义

国家能力是分析各国经济实力和结构、政治文明程度、社会进步情况的重要尺度。同时，国家能力的高低也是国家政策以及国家发起活动成败与否的关键所在。学术界对于国家能力的概念定义有较大的分歧。具有代表性的国家能力观分别以国家、社会以及国际体系为中心。国家主义学派学者斯科克波尔认为，国家能力指的是国家执行其政策目标的能力，这一能力可以抵抗社会组织或某利益团体的反对和干扰，坚定实施国家的政策目标。[①]马克思主义学派的代表学者则认为，国家的存在和发展根本上应该从社会的经济生活条件中得到解释。以华尔兹等为代表的国际现实主义政治学者认为，在国际体系中，国家能力是国家依据国家间相对能力的大小在国际体系中占据不同位置的能力。国家能力的最集中的体现是国家权力，而武力则是国家权力的核心。[②]

不难看出，无论何种定义都离不开国家对于实现其基本目标能力的考量，为了做到针对性，本文认为国家能力是指实现国家国内外既定目标，高效治理社会，维护自身稳定的，并在此过程中有足够动员能力发现并利用国家发展动力促进国家发展的能力。

（二）国家发展动力

整个世界都在不断地进步和发展，国家亦然。国家未来的兴衰取决于当下的发展。如今，我们观察到传统的发展动力，比如土地、能源等在整个国家发展中所占比重在逐步下降，而创新实践活动仍是人类认识世界的渠道和方法，推动国家和社会发展的动力源泉。

在复旦发展研究院研究团队关于"国家发展动力"专题研究报告中，"国家发展动力"被定义为基于生产力与生产关系的矛盾运动所形成的，确保国家存续、促进

---

① Skocpol, *Bringing the State Back In：Strategies of Analysis in Current Research*，Cambridge：Cambridge University Press，1985，p.9.

② 马东颖：《国家能力视域的边疆民族地区政治稳定研究》，西南政法大学 2016 年版。

国家发展、增强国家实力的推动力量，并将之分为持续性动力和驱动性动力两大类。其中，持续性动力包含持续力和活跃力；驱动性动力包含生产力、发展力和创新力。上述动力要素的强弱及相互关系决定了国家发展的不同形态；而根据三种驱动性动力在国家发展不同阶段所发挥的作用，可以将国家划分为"生产驱动型"国家、"发展驱动型"国家以及"创新驱动型"国家等三种类型。国家的发展离不开三个阶段的持续积累。

持续力是指国家能够兼顾当前与长远、现实与未来、硬实力与软实力，推动国家有序、稳健、协调、持续进步的能力，主要包括经济、法律与政治制度，以及生态的可持续发展。

活跃力主要是一个国家的生命活跃力、文化活跃力以及教育科创活跃力，具体是指一个国家对于自身人口政策的把握，对于青年一代的赋能，对于文化的自信以及对教育、科技创新的支持力度。

国家发展动力中，生产力是决定收入和财富的重要因素。任何希望提高民众生活标准的国家都需要提高员工的生产力。国家生产力的发展依赖诸多因素。

二、俄罗斯持续力现状探究

国家持续力不仅仅是政治制度或者经济政策结果持续时间的长短，国家发展动力持续性问题，更是聚焦于国家持续发展何以成为可能的因素分析。持续力是国家创新结果得以维持，并且向制度化方向进展的结构性力量。持续力的构成研究，是对国家发展的规模和绩效等各个方面的长时段研究。

（一）经济持续力

从经济持续力来看，普京上任以来，俄罗斯经济状况百废待兴，国家的经济命脉并不掌握在俄罗斯政府手中，而是被极少数寡头掌控，并且寡头们利用资本寻找政治代理人，寻租行为屡屡发生。普京认为俄罗斯既不能遵循之前叶利钦的经济政策，也不能照搬西方的经济政策，而是应该依据俄罗斯实际情况进行改革，将市场经济与俄罗斯的现实相结合，探索符合俄罗斯本国国情的改革道路和发展模式。

其中最重要的一点就是加强国家宏观经济调控体系。普京主张建立国家干预的市场经济体制，强调俄罗斯必须在经济和社会领域建立完整的国家调控体系。

这就需要进行中央集权来达到强化国家管理职能、落实国家对经济的宏观调控的目标。而对于国家而言,资本可以说是不负责任的,因为资本关心的不是国家发展好坏,资本最关心的是利润。想要振兴国家,就必须摆脱利益集团的控制。

2003年10月25日,俄罗斯石油大亨、尤科斯石油公司总裁霍多尔科夫斯基被捕;当天,俄总统办公厅主任沃洛申向总统递交辞呈;30日,检察院冻结尤科斯公司部分股票。这标志着普京束缚寡头经济的开始。首战告捷,普京又通过政治和经济手段逐渐对国家财富进行重组,强化国家的作用,规范利益集团的行为,完善国家金融体制,调整国家产业结构。在国际石油市场价格连年攀升的形势下,俄罗斯借此机会也掌握了大量的物质和货币财富,依靠发达的能源产业解决了一部分困扰多年的外债和国内社会问题,国内社会政治形势趋于稳定。[1]同时俄罗斯还大力发展数字经济,在新工业革命和技术革命的浪潮下,俄罗斯政府启动了一项名为"数字经济"的国家计划。加快数字化转型,推动政府,公共服务业交通能源等行业的发展。

尽管俄罗斯试图从投资、服务、高新科技等行业作为推动俄罗斯经济发展的催化剂,但是仍然有诸多因素阻碍俄罗斯经济发展。首先石油天然气带来巨大的财富,高额的回报掩盖了俄罗斯经济结构固有的问题,造成对能源产业的严重依赖。其次,制造业较为落后,俄罗斯90年代的经济转型产生了一个消极的后果:制造业的落后。从1991年到1999年,俄罗斯制造业的产值下降率达到54%,年均下降8%。普京的经济改革开始后,制造业开始恢复增长,但相对于能源部门,制造业发展依旧缓慢。到2003年,俄罗斯的能源工业已恢复到1991年的水平,但到2019年底,制造业总体上尚未达到1990年的水平。[2]俄罗斯已经将加快制造业发展提上日程,未来制造业发展效果仍有待观察。第三,国家经济发展呈现低效率的特点。俄罗斯大力发展国有企业,利益集团对于国有企业的把控导致企业效率低下,扰乱了市场,阻碍了改革,导致营商环境下降。最后,西方国家的制裁也是阻碍俄罗斯国家发展的重要因素,自2013年4月美国已经对俄罗斯实施了长达八年的全面制裁,制裁具有长期性、全面性、力度大的特点。特别是在新冠肺炎疫情和俄乌冲突的双重冲击下,俄罗斯的经济模式改革和经济发展任重而道远。

---

① 李永全:《加强中央集权的普京经验》,《理论导报》2008年第5期。

② Li Jianmin, Contemporary Russia's Economic Transition and Development and China-Russia Economic and Trade Cooperation, *Social Sciences in China*, Vol.42, No.04, 2021, pp.158—178.

（二）政治持续力

权威政治是当今俄罗斯的政治结构模式。普京上任以来,通过一系列有力的措施扩大总统权力,加强中央权力和维护国家权威,通过建立和巩固国家垂直权力体系的手段,一定程度上完善了俄罗斯的国家权力体系,推动俄罗斯走向"可控民主"。普京总统的威望在民众中不断升高。

宪法也是俄罗斯政治持续力的重要源泉,宪法具有最高的法律效力,是国家和社会发展的重要依据,是决定未来法律秩序的源泉。宪法也规定了国家宪法法律和社会经济发展的范围。根据《俄罗斯联邦宪法》第 1 条,俄罗斯联邦是具有共和制政体的民主的、联邦制的法治国家。这也就意味着俄罗斯坚持法治;拥有三权分立的原则;遵守和保护个人和公民的自由和合法权利;国家与公民之间相互赋有权利与义务;国家机关权力运行受宪法监督。《俄罗斯联邦宪法》修正案确定了公共行政体系发展的主要方向,以保护人和公民的权利和自由,确保国家的可持续发展。

但是在具体实践中,由于国家政治朝着集权化方向发展,宪法文本与具体情况存在着落差,以联邦制为例,《俄罗斯联邦宪法》规定,各联邦主体除能拥有自己所属合法职权外,还可行使联邦规定或转让的其他国家权力。出于加强国家权力和巩固统治地位的需要,普京对于联邦制的改革措施会在执行过程中与宪法规定有所出入。

一些西方学者认为俄罗斯的民主政治是不完整的,有严重问题的民主政治。在当今俄罗斯社会自由民主的价值观已得到民众的普遍认同。俄罗斯按照西方的三权分立原则初步构建起资产阶级民主政治制度。[①]议会和法院对高度集中的总统权力有制约和监督作用。

（三）生态持续力

生态环境一个国家人民的生存空间和国家的整体发展,《俄罗斯联邦宪法》第 58 条规定:每个人都必须爱护自然和环境,珍惜自然财富。俄罗斯对自身生态安全十分注重,俄罗斯自身也面临较为严重的生态安全问题。

2008 年俄罗斯总统梅德韦杰夫认为,当前俄罗斯的生态政策执行部门没有履

---

① 邱芝:《俄罗斯政治发展的动力机制分析》,《学术探索》2010 年第 6 期。

行好监督、控制等职能,政府应该提高在环境生态安全方面的效率。在新冠肺炎疫情的背景下,国际油价持续下降、全球能源转型势在必行、减少对石油依赖、转变经济发展方式等因素多次提上俄罗斯的发展议程。俄罗斯认为,对传统能源的需求下降是无法避免的,俄罗斯必须为碳氢化合物需求下降的未来做好准备,在兼顾国家利益的同时要大力发展绿色能源和绿色科技。为此,俄罗斯政府专门成立了一个由第一副总理安德烈·别洛乌索夫(Andrei Belousov)领导的"俄罗斯适应全球能源转型"工作组,来评估俄罗斯在能源转型期间会遇到的多种情况,并寻求解决措施。2020年,普京宣布:到2030年,俄罗斯将把温室气体排放量减少到1990年水平的70%。2021年4月,普京强调俄罗斯的温室气体净排放量将在30年内低于欧盟。俄罗斯经济发展部起草的《到2050年低碳发展战略》已提交有关部门审议。

俄罗斯还大力发展有利于环境保护和生态安全的高新技术和产业,生态新技术不仅对环境友好,更重要的是可以为俄罗斯带来新经济利益并促进产业结构的升级,例如俄罗斯大力发展氢能产业。俄罗斯的目标是到2030年通过发展氢气生产、应用和出口来实现占全球氢气市场份额的20%,使俄罗斯成为全球氢能行业的领导者之一。废品回收加工产业也是俄罗斯大力发展的产业之一,对于工业、农业以及城市废料的回收加工对于俄罗斯的环境保护也尤为重要。俄罗斯非常重视生态环境保护等问题,并且已经将生态安全确立为国家安全战略目标,并构建了较完备的生态政策体系。

三、俄罗斯活跃力现状探究

对于一个国家来说,资源和经济安全能够保证国家正常发展的物质基础,这是构成国家竞争力和国家发展动力的重要方面,维持这种竞争力就需要国家活跃力源源不断的支持。国家活跃力不仅见证国家综合实力的底蕴,也对国家未来发展的走向有决定作用。

(一)人口活跃力

保持一定的人口规模,塑造合理的人口结构,提高人口整体素质,这是保持人口活跃力的根本,人口活跃力中除了人口出生率和人口结构外,更重要的是青年人在国家总人口中的比重和发挥作用的空间。人口危机是俄罗斯重要的安全问题,普京曾表达俄罗斯的前途命运取决于俄罗斯的人口规模、家庭生育情况以及青年人对于国家的远大抱负。2017 年,俄罗斯经济开始好转,但人口状况却再次恶化。生育率经历短暂提振后,又进入低迷状态,人口数量总体呈现下滑趋势。俄联邦国家统计局数据显示,俄罗斯生育率比上年下降 10.7%,属此前十年首次大跌落。俄罗斯自然人口减损 13 万,其中新出生人口数降至 169 万,降幅高达 13%,跌至 2007 年的最低水平,死亡人口高达 182 万。①

俄罗斯政府颁布了一系列生育福利政策刺激生育,挽救俄罗斯的人口新生情况,摆脱低生育率陷阱。为此,俄罗斯不仅从政治和经济领域鼓励生育,还贯彻落实到社会层面。2006 年 12 月,联邦政府出台第 256-03 号联邦法《关于国家支持有孩子家庭的补充措施》,规定从 2007 年起开始为养育(包括领养)第 2 个子女或 2 个以上子女的家庭提供名为"母亲基金"的额外物质补贴,②除此之外还升高育儿补贴,孕产补贴等额度,以此鼓励生育,扭转生育率下降趋势。并且俄罗斯政府相当重视女性的生殖健康和儿童身心健康,大力在社会层面推动妇幼保健医疗水平的发展。从俄罗斯人口数量上来看,人口总量呈现上升趋势,俄罗斯的出生率开始缓慢持续的增长,也证明了俄罗斯的人口生育福利政策的有效性。但俄罗斯的人口政策需要大量的财政支持,俄罗斯的人口危机依旧存在,仍需政府进行全面的政策支持。

青年是国家的未来,青年群体对国家的发展有着不可磨灭的作用,青年群体的政治参与不仅体现出国家青年政策有用与否,还对国家未来发展有着重要作用。政治参与意愿是考察青年政治参与的重要维度之一。俄罗斯青年群体的政治意愿在主要特征为:无政治意愿水平较高且保持动态稳定,阶段内可能出现青年政治意愿提高的现象,但无法长久保持这一趋势。③

俄罗斯联邦政府通过实行青年政策"五年规划"。努力树立青年的良好价值观念,用正确的价值观规范与引导青年。其中最重要的是对爱国主义的核心教育,以及对俄罗斯传统文化的不断弘扬,对俄罗斯强国意识的持续丰富。但是由于传统的集权方式,青年群体的呼声往往容易被忽视。由于受教育水平的普遍提高,新一代的青年人对自身权利诉求愈发重视,也更加希望自身的政治诉求得到重视。这也是新形势下俄罗斯政府需要努力的方向。

① 王晓菊:《俄罗斯独立三十年:人口危机如影随形》,《俄罗斯东欧中亚研究》2020 年第 5 期
② 范维:《俄罗斯生育福利政策研究》,沈阳师范大学 2021 年。
③ 朱文悦:《俄罗斯青年政策与国家政治稳定:2000—2019》,上海外国语大学 2020 年。

（二）文化活跃力

俄罗斯是一个文化大国，文化自信是一个国家对于自身文化价值的充分肯定以及积极践行，文化自信对一个国家经济社会的重要支撑，也是一个国家综合国力的象征。文化自信不仅是爱国的一种方式，也是文化创新的源泉之一。

以文学、芭蕾舞、古典音乐、民族绘画、造型艺术、戏剧艺术、马戏等为代表的俄罗斯经典文艺成了整个俄罗斯民族在现代化进程中的精神承载，普希金、陀思妥耶夫斯基、托尔斯泰、斯坦尼斯拉夫、柴可夫斯基、康定斯基、乌兰诺娃等享誉世界的文艺大师及其经典的文艺创作成为俄罗斯国民自我认同的显性标志和国家形象传播的独特符号甚至代名词。①俄罗斯人民对于本国的文学巨匠充满尊崇与文化自信。苏联解体后，原先的社会主义政治文化也逐渐没落，西方的消费主义、娱乐文化开始入侵俄罗斯，对俄罗斯的民族文化纽带造成冲击。普京对西方的文化入侵具有相当清醒的认识，执政初期便以俄罗斯传统文化及大国意识为根基，对俄罗斯的文化理念进行推陈出新，形成以"爱国主义""强国意识""国家观念"及"社会团结"为要点的"新俄罗斯理念"。这也体现了俄罗斯的文化政策最重要的任务和核心理念：增强人民的文化认同和文化自信，保障俄罗斯联邦文化安全，并保持其民族特色，推动文化现代化发展和推动俄罗斯文化国际推广，增强国家软实力。

2014 年 12 月 24 日俄政府正式实行《俄罗斯国家文化政策基础》，以立法保障的形式为文艺、教育保障国家文化安全奠定坚实基础。俄联邦政府也不断推动俄罗斯文化国际化做出努力。通过把握传统媒体渠道，借力新兴网络传媒，并利用举办大型国际活动的机会来传播俄罗斯文化，彰显俄罗斯国力，增强俄罗斯国家软实力。但是俄罗斯对软实力的重视程度不如硬实力。俄罗斯不仅要面对国内经济、社会等方面的各种问题，同时还要应对来自西方社会的强力且全面的制裁，当下俄罗斯还不具备同西方抗衡的"软实力"，在国际舆论中仍处于弱势。俄罗斯必须根植于俄罗斯本土文化，创造出俄罗斯自身的软实力话语体系以及一套适合国家行动的行之有效的国家软实力战略体系。②

（三）教育科创活跃力

高等教育是衡量国家创新能力的维度之一，也是国家竞争力的重要保证。

---

① 田刚健：《当代俄罗斯国家文艺奖的评选机制与价值导向》，《中国社会科学评价》2018 年第 2 期。
② 郭金峰：《俄罗斯软实力建设：理论、工具及绩效》，《俄罗斯东欧中亚研究》2020 年第 5 期。

2009 年 2 月,俄联邦颁布《关于确立国家统一考试程序的实施方案》,不再实行各高校的招生考试制度,正式确立统考制度为俄罗斯官方制度,并于 2009 年在俄罗斯全境实行。统考制度使各阶层的学生都有机会进入高校就读,也使各联邦教育资源共享,考试更加公平公正,组织效率也得以提升。自 2006 年起俄罗斯就开始着手构建本国的重点大学网络。为优化教育结构,整合教育资源,俄罗斯着手创立联邦大学,为构建世界一流大学打下基础。2008 年为了促进俄罗斯科技与经济的快速发展,政府启动《国家研究型大学计划》。国家研究型大学是为发展高等学校科研而建立的重点大学,截至 2011 年,共有 29 所大学被评为国家研究型大学。国家研究型大学的发展重点是促进科学研究发展,着力培养科学技术高精尖人才。①俄罗斯还大力发展学前教育、职业教育及继续教育等,力求做到教育现代化。

俄罗斯将科技创新体系与国家的发展路径相结合,力图构建出将科学技术与高等教育以及产业相互融合的发展之道。2018 年 5 月,普京提出要在 2024 年使俄罗斯跻身世界五大科研强国行列。在未来俄罗斯将提升科研机构和高校的创新积极性,加速科研机构和高校科研成果的商业化,加快技术发展,使产业界和科研界快速融合。升级科研基础设施,对科研高级人才加大投入力度等,通过持续的科技进步加速国家创新进程。

四、俄罗斯驱动性动力现状及迫切的创新转型需求

（一）驱动性发展动力

驱动性发展动力的第一个要素是技术,但技术并不仅代表技术水平,而是生产力因素的综合。在国家层面,公共政策也会通过各种刺激来影响生产力。第二个因素是人力资本,劳动力素质的差别直接影响了国家在世界供应链的地位。第三个因素是资源的再分配,在发展中国家资源再分配的作用是无可取代的。如中国经济的飞速增长的原因之一就是数亿劳动力从农业转为现代工业,这样的劳动力再分配还在继续。第四个因素是公共政策。根据本国国情制定的法律法规对本国不同行业生产力有重大作用。

由此可见,国家希望保持良好的发展速度,就需要及时根据本国及世界产业变

① 刘淑华:《俄罗斯教育战略研究》,浙江教育出版社 2013 年版。

化,灵活运用企业市场活力及政府政策引导,调整产业结构,创新运用新技术,在全球化产业结构中保持竞争活力。

(二)俄罗斯驱动性发展动力现状

俄罗斯经济已从计划经济逐步转变为市场经济。它拥有巨大的自然资源,特别是石油和天然气。截至 2021 年底,它是欧洲第五大经济体,按名义 GDP 计算,它是世界第十一大经济体。按购买力平价计算,它的购买力排名第六。①俄罗斯广阔的国土面积是其经济活动的重要决定因素,该国拥有丰厚的自然资源。是名副其实的能源超级大国;拥有世界上最大的天然气储量,第二大煤炭储量,第八大石油储量,和欧洲最大的油页岩储量。同时也是世界领先的天然气出口国,第二大天然气生产国,和第二大石油出口国和生产国。俄罗斯拥有庞大而复杂的武器工业,能够设计和制造高科技军事装备,是世界第二大武器出口国。2019 年,石油和天然气部门占俄罗斯联邦预算收入的 40% 左右,占俄罗斯出口的 60%。2019 年自然资源和环境部估计,自然资源价值占俄罗斯 GDP 的 60%。俄罗斯是主要经济体中外债最低的国家之一。②

纵观历史,俄罗斯发展力总体来看可以表述为"动员型发展模式",一些俄罗斯学者对"动员型发展模式"进行了定义。弗诺托夫将政治权力有意识地干涉社会运行进而发展作为第一个特征,巴卡诺夫则对"动员"这一概念在经济发展领域作出新的概述:一种为特定目标提供集中的人力、物力资源保障的管理组织模式。沃隆佐夫在前人的基础上,给出了自己对"动员型发展模式"的解释:是针对极端外部负面影响的一种主观反应,政府通过社会运行机制进行明确的指令性干预,以确保国家安全,加速国家发展或摆脱停滞状态。③

动员这一概念来自军事组织。而军事组织的运行模式是无条件强制执行上司命令。因此,俄罗斯动员型发展模式本质上可以归纳为由官僚组织领导的、知识分子组成的、军事化管理的发展模式。

行政组织管理模式带来管理效益的低效。苏联时期,该体制建立了集国家科

---

① Rosefielde, Steven, Natalia Vennikova, "Fiscal Federalism in Russia: A Critique of the OECD Proposals," *Cambridge Journal of Economics*, Vol.28, No.2, March 2004, pp.307—318.

② The Moscow Times, "Russia's Natural Resources Make Up 60% of GDP," March 14, 2019, https://www.themoscowtimes.com/2019/03/14/russias-natural-resources-valued-at-60-of-gdp-a64800.

③ Баканов С.А. "Мобилизационная модель развития советского общества: проблемы теории и историографии," Вестник Томского государственного университета, Vol.18, 2013, pp.87—92.

学院、高校、企业科研机构在内的超 5 000 家单位,人数逾 90 万人的巨型发展机构。在国家经济发展过程中起到无可替代的作用。但巨大冗杂的体量也不可避免地带来诸多不利因素。首先,动员型发展模式衡量成功的标准具有功利性,只关注眼前得到的利益,忽视了发展需要长期循序渐进的客观规律,给俄罗斯可持续发展蒙上了阴影。其次,功利性的标准忽视社会普通人民急需解决的问题,只为国家发展的高端科技服务。加剧了社会阶层不平等,不同阶层之间矛盾加深。最后,该模式造就的部门本位主义抑制了俄罗斯创新发展,因各部门之间权力利益关系平等且错综复杂,并无统一的上级领导整体运行发展,因而导致部门利益大于国家利益的案例比比皆是,俄罗斯牺牲了未来换取眼前利益。

动员型发展模式一方面给俄罗斯带来突飞猛进的高科技进步,另一方面则拖住了可持续发展的步伐。近年来,俄罗斯试图摆脱传统发展模式的束缚,通过对经济政治体制改革,转为创新型发展模式。而如何转变,如何定义转型成功,中国已经给出了自己的答案,表明转型成功应通过改革制度提升国家在全球化时代国际价值链中的地位,通过鼓励私人企业培育国际化公司,提升完善国家产业链,对抗全球化带来的风险。

那么以俄罗斯的现状来看,其在全球价值链中的地位、高科技企业、抗制裁风险能力与全球发达国家还存在着一定的差距。自 2022 年俄乌冲突以来,俄罗斯遭到西方国家的全面制裁,如何适应并调整经济结构,在长期制裁中保持发展力,成为俄罗斯亟待解决的问题。俄罗斯经济中起支撑作用的是对外贸易,是其换取外汇及必要工业产品的来源。2014 年克里米亚事件前,俄罗斯对外贸易发展迅猛,外贸顺差逐年升高,在近年特别是 2022 年俄乌冲突后,被西方制裁后下降明显,但仍保持顺差态势。因此,俄罗斯经济形态仍保持传统资源出口型经济,投资驱动型与消费驱动型未有大的发展。从俄长期践行"动员型发展模式"可知,其国内工业发展不平衡,创新能力较弱,除少数高端工业如航天、军工产业外,均落后于世界主要国家。

(三)创新转型

俄罗斯虽然立志于改变其发展模式,但近年产业结构变化并不明显。2010 年至 2020 年,俄罗斯第一产业、第二产业、第三产业分别占 GDP 的 4%、45%、50%,①变化幅度非常小。不过,在产业比重未发生大的变化前提下,近年,俄农业

---

① World Economic Outlook Database,October 2020,https://www.imf.org/en/Publications/SPROLLs/world-economic-outlook-databases♯sort=%40imfdate%20descending.

取得长足发展。2017年,俄超过乌克兰成为全球最大谷物出口国。小麦、玉米、大麦、荞麦、猪肉、禽肉及乳制品不断发展,农业进入"黄金时代"。对于经历过农业集体化、苏联解体的俄罗斯而言,这一成绩的取得实属不易。2014年,俄禁止自欧洲进口食品和农产品,为促进俄本国农业生产提供了动力。①

对欧盟反制为俄农业发展提供发展契机,俄罗斯本国产品填补了市场空缺。近五年来,俄猪肉产量增长30%。除大力发展生产外,俄政府还投入大量资金用于农业现代化,2021年投入770亿卢布用于实施农业发展计划,并提供物流专项补贴支持出口。俄农工控股企业在对设备更新和选用优质种子进行大量投资后,已选用自主收割机、利用无人机和卫星进行土地观测、广泛使用联网传感器等新技术。俄政府关注农业领域技术投入,于2019年启动"数字农业"国家项目,并为上述技术成本支出提供高达50%的融资。由此可见,俄罗斯成功地推动了农业产业的创新发展,成为世界重要的农业出口国,为抵御西方制裁提供了底气。②

在新兴产业领域,普京在2017年9月指出"人工智能是未来的趋势,不仅是对俄罗斯,也是全人类的未来。谁成为这个领域的领导者,将成为世界的统治者。"尽管普京展示了雄心勃勃的计划,但是美国和中国都拥有比俄罗斯更大、更复杂、更快速发展的数字科技产业。2019年10月,《2030年前俄罗斯人工智能国家发展战略》获通过。该战略界定了未来俄罗斯人工智能技术具体着力方向,包括计算机视觉、自然语言处理、语音识别和合成、智能决策支持、机器人技术和无人驾驶控制。其他应用目标还包括预防性服务,优化供应规划、生产流程和财务决策,智能物流管理系统的使用,生命和健康风险的管理,医学中最佳药剂量的确定,手术自动化,早期发现有天赋的儿童,优化人力资源和培训,编制最佳时间表,创建图书馆使用的人工智能软件等。

转型不利因素在于不断加剧的国际制裁和企业外逃,俄罗斯长期面临"经济遗忘"。国际货币基金组织(IMF)在2022年7月给出一个很重要的数据,他们将俄罗斯2022年的国内生产总值预估上调2.5个百分点,这意味着今年经济将收缩6%。国际货币基金组织表示,经济似乎比预期更好地经受住了制裁的冲击。俄罗斯中央银行在7月下旬将其关键利率下调至低于战前水平的8%,这让全球市场都感到相当意外,理由是通胀降温、货币走强和经济衰退的风险。卢布从乌克兰危机后的历史性早期损失中恢复过来,成为今年全球外汇市场上表现最好的货币,使得

---

① Роскомстат. Динамика реального объёма произведённого ВВП. 2015.
② 《中亚速览》,《中亚信息》2021年第4期。

普京得以宣布西方制裁失败。①

与此同时,俄罗斯继续出口能源和其他商品,同时利用欧洲对其天然气供应的依赖。俄罗斯经济的明显恢复力和卢布的复苏在很大程度上归因于能源价格的飙升和严格的资本管制措施,克里姆林宫为限制外汇流出该国而实施的措施,以及限制其进口能力的制裁措施。俄罗斯是世界上最大的天然气出口国和第二大石油出口国,因此,由于大宗商品价格高企以及欧洲暂时对俄罗斯能源的持续依赖,战争和相关制裁对国内生产总值的影响有所缓解。另外值得关注的是,俄罗斯现在已经放松一些资本管制并降低了利率,以压低货币并支撑其财政账户。普京正在采取财政和货币干预措施来消除结构性经济弱点。因此俄罗斯经济结构能否快速有效地转型,成为抵御西方制裁的关键。俄罗斯的创新能力既是其由"资源发展驱动型国家"转为"创新驱动型国家"的关键,也是俄罗斯经济结构能否成功转型的关键。普京近年以来,从国家战略角度高度重视俄罗斯创新能力的发展,在俄原有雄厚的科技实力的基础上,以创新体制改革及科技型经济发展等方面,进行了尝试性改革。

五、中国转型经验对俄借鉴意义

为努力推动教育改革,俄罗斯大幅增加对研发领域的投入。然而,高等教育却一直难以发展必要的人力资本和环境以在日益全球化的市场中赢得竞争。另一方面,中国正迅速成为一个拥有动态研究基础的、领先的知识经济体。中国吸收了国际教育的发展成果,并显著提高了经济的多样性和现代化。俄罗斯可从中国的做法中汲取哪些经验呢? 中国的经验是否可为俄罗斯提供指导,帮助推动其目前的商品依赖性经济朝着多样化方向发展?

国际一体化。俄罗斯科技环境恶化的主要原因在于其参与全球经济的质量不高。中国接受全球化,将其视为赶超他国的良机,而俄罗斯对全球化持怀疑态度。

教育全球化。人口结构的变化正使得俄罗斯大众高等教育难以为继。中国的教育机构正日益迈向国际化,并从教育投资中获得高额回报,而俄罗斯在吸引学生和师资的竞争中丧失优势。鲍尔泽说,尽管两国都存在国民移居问题,但俄罗斯的

---

① 国际货币基金组织:《世界经济展望》,2022 年 7 月,https://www.imf.org/zh/Publications/WEO/Issues/2022/07/26/world-economic-outlook-update-july-2022。

出境移民往往不愿返回这个在他们看来生活质量较低、机会更少的祖国。与此不同的是,中国的地方政府正竞相吸引留学海外的中国人回国。

体制缺陷。俄罗斯知识经济发展的根本问题在于结构和竞争激励机制较弱、社区封闭、机制不活。

出口投资。中国和俄罗斯存在诸多相似之处——同为转型经济体,两国的贸易盈余、出口及劳动生产力水平相近。然而,一些关键差异使得中国的经济增长率超过了俄罗斯。在中国,高水平的出口导向型投资主要集中在沿海地区,这就促进了劳动生产力的大幅提高。

生产共享。中国在东亚加工贸易网的中心地位对于其实现高增长率至关重要。经济活动的空间集聚性导致每个亚洲国家都专注于生产个别零部件,进而从集聚和规模经济中受益。但俄罗斯没有这种机会,因为欧盟不存在这样一个可与之匹敌的生产共享网络。

采用技术。中国的高速发展带来了寻租机会。让创新成为中国未来发展的驱动力,因为中国的生产结构在技术上仍不够先进。中国正努力开发更多的本土技术,但在此期间也会从其极高的技术采用率中受益。

六、俄罗斯科技创新发展的制度体系建设

在苏联解体后,俄罗斯科学创新战略受到经济下滑和制度落后等因素的影响,发展举步维艰。俄罗斯政府对俄罗斯科学创新体制提出四点新要求:一是国家科技政策的制定权由俄罗斯总统掌握,并建立相应机制;二是大力推动原有科学城的创新活动,带动局部机构科技创新系统建设;三是充分保护并发展俄罗斯科学院原有基础科学的研究潜力,并以此为龙头与高校科研机构及市场需求相结合,加快构建新形势下的国家科技创新体系;四是进一步与国际接轨,积极参与国际市场竞争,与其他国家一同共建国家科技创新系统。[①]由此可见,俄罗斯国家创新政策总体可以归纳为,在俄罗斯总统领导下,由政府统一规划并制定相关政策体制,提高科学技术资源配置及利用率,从上至下发掘各单位技术潜能,将创新成果视为国家经济、国家能力提升的关键手段。俄罗斯政府在此基础上详细制定了一套促进国家创新能力发展的政策制度。

---

① 鲍鸥、周宇、王芳:《科技革命与俄罗斯(苏联)现代化》,山东教育出版社 2017 年版,第 154 页。

第一，从国家层面出台政策法规，为创新发展奠定基础。叶利钦总统于 1996 年推出俄罗斯第一部科学创新政策的法律——《俄联邦关于科学与国家科技政策法》，其后又多次针对不断变化的国际、国内形势进行修订，旨在与经济发展相配套、提高科技创新成果的利用效率、加大知识产权保护，如 2011 年梅德韦杰夫总统对新世纪发展作出新规划，签署颁布《关于修改科学和与国家科技政策法》，从政策法规上促进俄罗斯科学创新活动。

第二，与时俱进，加快经济与科技创新结合的政策制定。1996 年至 2020 年，俄罗斯政府先后通过《俄罗斯国家科技发展优先领域计划》《2002—2006 俄联邦科技优先发展方向研发专项纲要》《2010 年前俄罗斯科技和创新发展战略》《2015 年前俄罗斯联邦科技和创新发展战略》《2020 年前俄罗斯联邦经济社会长期发展战略》《创新俄罗斯 2020》《关于批准 2013—2020 年俄罗斯联邦科技发展国家计划纲要》《俄罗斯联邦科技发展战略》《关于俄罗斯联邦经济发展的国家目标和战略目标》《2024 年前俄罗斯联邦创新发展战略》《国家科学技术发展计划》《第 773 号法令关于将商品、劳动、服务归为创新产品和（或）高科技产品的标准》《俄联邦创新发展战略》，有效提升俄罗斯科学技术能力，促进经济转型发展。

第三，建立并完善创新能力，加大对科技创新的投入。俄罗斯政府对创新企业及单位提供了优越的政策条件，例如减免税费，提供优惠贷款、加强知识产权的保护等。对企业提供专门的产业园区，为其生产研发提供便利。对高校等科研机构加大投入，对专业型人才落户提供奖励。

俄罗斯进一步加快向创新型经济发展转型的步伐，从国家层面出台创新发展战略和科技发展计划，加大国家对支撑科技创新发展关键要素方面的投入。努力营造科技创新发展的内外部环境，激发企业科技创新活力，力争实现国家科学技术和经济社会领域的突破性发展，在 2024 年前跻身全球科学技术创新和经济发展强国之列。①

总　　结

国家发展动力并不存在标准答案，各国均可以根据自身国情不同形成具有自身特色的发展模式，但国家发展动力各方面的均衡发展水平，决定了该国国家发展

---

① 蒋菁：《俄罗斯科技创新体系的构建与发展》，《俄罗斯东欧中亚研究》2021 年第 5 期。

动力的提升能力,成为影响该国发展稳健程度与速度的重要因素。国家发展两大类型动力之间彼此影响,相互作用,是国家发展动力趋势及其来源所在。俄罗斯在国际舞台上扮演着独一无二的角色,横跨欧亚大陆,俄罗斯经济在 2009 年之后始终低速徘徊,西方制裁、油价下跌、经济结构不合理、人力资源匮乏等都是俄罗斯发展需要解决的重要问题。作为典型的能源外向型国家,能源行业的兴衰牵动着俄罗斯的发展动力。伴随着西方国家的严厉制裁,俄罗斯必须走出对于能源的路径依赖,寻找出路,积极探索适合俄罗斯的发展路径,在保持原有发展动力的基础上,融合创新因素,发展能源之外的生产力,努力实现国家可持续发展。

(赵宸:山西大学政治与公共管理学院国际政治方向研究生;郝津锐:山西大学政治与公共管理学院国际政治方向研究生)

全球能源绿色转型背景下的政府漂绿

——基于沙特能源转型政策的案例研究

房宇馨　戚　凯

【内容摘要】 由于环境风险的凸显与公众环保意识的觉醒,漂绿不仅成为企业界的一种时尚,一些国家政府也开始凸显出漂绿的政策异化倾向。在此背景下,多国政府出现经济宣传活动的"绿色转向",夸大其对环境保护的承诺以及为环境保护事业做出的贡献,以便以低成本的方式捞取政治及经济利益。总体来看,在趋利心态的作用下,漂绿政府为了迎合外部的绿色热潮会选择进行许多投机的象征性活动,但其在"能源转型"中的实质性绿色行为相较象征性绿色行为存在极大偏差或完全背离,只为对外营造和展现一种负责任的履责假象。漂绿必然的违诺结果不仅将导致能源转型走入困境与死局,也会最终对政府带来反噬效应。在国内层面,政府在能源转型中漂绿将直接导致"环境—能源—经济"矛盾愈益反损,进而销蚀公众的支持度,危及政府威信以致更多政策失败。在国际层面,漂绿政府空谈能源转型的"伪君子"形象将导致国际声誉降低,挫伤外部投资者的积极性,并在国内外引发短期内难以消解的不良示范效应。

【关键词】 能源转型;"2030 愿景";漂绿;萨勒曼新政

引　言

近年来,在应对全球气候变化成为国际主流议题的大背景下,以大力发展可再生能源替代化石能源为主要内容的能源转型已成为多国政府能源政策的重要内容,各国纷纷推出野心勃勃的可再生能源愿景。2021 年底,全球已有 140 余个国家作出"碳中和"承诺,几乎所有国家都设定了一系列可再生能源目标。然而,现实情况并不乐观。部分政府调整自身的能源转型战略很大程度上是为希望借转型带来短期的机会主义收益以缓解国内外的政治和经济压力,此类政府乐于将自身包装为绿色转型的代名词,极力宣传其转型主张和环保口号,又不愿真正付出实践来参与环保行动,表现出了高度的漂绿倾向。

漂绿已成为颇受政府青睐的投机战略,特别是在全球能源转型中受到巨大冲击的油气生产国(如严重依赖油气收入的沙特、卡塔尔)。一旦政府选择在能源转型中漂绿将产生极为负面的影响,这是由政府在社会系统中的重要地位和作用决定的。政府的漂绿行为可能进一步引发更多国家的模仿与示范,导致漂绿泛滥,对全球应对气候变化行动的稳步推进构成极大掣肘,因此国际社会亟须警惕政府漂绿现象的蔓延。然而令人遗憾的是,鲜有研究关注政府可能存在的漂绿问题,系统性的深入研究可以说尚处于空白。所以,本文尝试将原属商业批判语境的企业漂绿行为扩展到政府层面,运用政治学原理对政府漂绿进行系统全面的研究。由此,本文的核心研究问题可以具体表述为:如何确认和甄别一国政府在能源转型中的漂绿趋向?为何政府在能源绿色转型过程中选择了漂绿政策,其有何表现又将会产生何种影响?以期寻找政府漂绿行为的内在规律和有效约束政府漂绿的治理策略,使世界朝着正确的方向平稳渡过能源转型期。

一、理论基础与文献回顾:商业批判语境下的漂绿研究

绿色经济与可持续发展已经成为热门话题,国际社会对于降低碳排放重要性的认识也在不断提升。随着对绿色产品、绿色服务和可持续发展的需求不断增加,①公司、组织,甚至一国政府,都开始了经济宣传活动的"绿色转向",夸大其对环境保护的承诺以及为环境保护事业做出的贡献,以便以低成本的方式从不断扩大的绿色市场中获得高效益,学术界将这一趋势称为漂绿。②随着该现象在世界范

---

① Global Sustainable Investment Alliance, "Global Sustainable Investment Review 2018 Report," March 2019, http://www.gsi-alliance.org/wp-content/uploads/2019/03/GSIR_Review2018.3.28.pdf; Magali A. Delmas and Vanessa Cuerel Burbano, "The Drivers of Greenwashing," *California Management Review*, Vol.54, No.1, 2011, p.64; Horiuchi et al., "Understanding and Preventing Greenwash: A Business Guide," Business for Social Responsibility, 2009, pp.9—10.

② 王菲、童桐:《从西方到本土:企业"漂绿"行为的语境、实践与边界》,《国际新闻界》2020 年第 7 期; Magali A. Delmas and Vanessa Cuerel Burbano, "The Drivers of Greenwashing," *California Management Review*, Vol.54, No.1, 2011, p.64。

围大行其道,漂绿治理日益成为国内外学者关注的热点。

漂绿一词是西方舶来品,由"漂白"(whitewash)和"绿色"(green)两词复合而成,最早由美国环保主义者杰伊·韦斯特维尔德(Jay Westerveld)在 1986 年根据虚假环保诉讼案件而创。①有鉴于此,学术界关于漂绿行为的研究始于对企业进行虚假市场营销的关注,迄今为止主要的研究也基本围绕企业管理、企业传播和企业社会责任展开,将漂绿定位为企业大肆宣传其绿色贡献却未采取实质行动的营销行为,②其核心是通过混淆(confusion)、掩饰(fronting)和故作姿态(posturing)等方式对环境信息加以粉饰和误导,③旨在对外展示一种良好的绿色形象。

不可否认,在公众环保意识不断提升的背景下,漂绿在本质上是对全球环境政治发展的一种公共性回应。但深究其动因,漂绿的选择主要还需归因于行为体自身的自利性。新古典经济学视企业为纯理性的"经济人",在面临较大的行业压力时,漂绿能以相对较低的商业营销成本来激发消费者的兴趣,以实现利润最大化。④印象管理理论认为,环境绩效是企业获得经营合法性的一个重要指标,所以漂绿是企业通过追求环境"政治正确"以满足合法性需求的一种手段。⑤此外,还有学者指出,宽松的市场监管环境、绿色市场的信息不对称性、企业内部的道德氛围和决策惰性,以及决策者个体层面对环境声誉的追求等因素都纵容了漂绿这种投机现象的蔓延。⑥鉴于当前关于"漂绿"现象的研究主要以企业为对象,所以学术界对

---

① 王积龙、刘传红:《环保类虚假广告的破解与治理研究》,《新闻大学》2013 年第 1 期;周培勤、薛飞:《绿色广告的灰色地带——广告的环保诉求内容分析》,《新闻与传播研究》2010 年第 1 期。

② Michael Jay Polonsky, Les Carlson, Stephen Grove and Norman Kangun, "International Environmental Marketing Claims: Real Changes or Simple Posturing?" *International Marketing Review*, Vol. 14, No. 4, 1997, p.219.

③ William S. Laufer, "Social Accountability and Corporate Greenwashing," *Journal of Business Ethics*, Vol. 43, No. 3, 2003, pp.253—261.

④ Remi Bazillier and Julien Vauday, "The Greenwashing Machine: Is CSR more than Communication," Laboratoire d'Economie d'Orleans(LEO) Document de Recherche, 2009—2010, p.4; Horiuchi et al., "Understanding and Preventing Greenwash: A business Guide," Business for Social Responsibility, 2009, pp.9—10.

⑤ Craig Deegan and Michaela Rankin, "Do Australian Companies Report Environmental News Objectively? An Analysis of Environmental Disclosures by Firms Prosecuted Successfully by the Environmental Protection Authority," *Accounting, Auditing and Accountability Journal*, Vol.9, No.2, 1996, p.53; Dean Neu, Hussein A. Warsame, Kathryn Pedwell, "Managing Public Impressions: Environmental Disclosures in Annual Reports," *Accounting, Organizations and Society*, Vol.23, No.3, 1998, pp.265—272;黄溶冰、赵谦:《演化视角下的企业漂绿问题研究:基于中国漂绿榜的案例分析》,《会计研究》2018 年第 4 期。

⑥ 参见 Magali A. Delmas and Vanessa Cuerel Burbano, "The Drivers of Greenwashing," *California Management Review*, Vol. 54, No. 1, 2011, pp.64—87; Magali A. Delmas and Maria J. Montes-Sancho, "Voluntary Agreements to improve Environmental Quality: Symbolic and substantive Cooperation,"(转下页)

漂绿行为的影响和规制手段的探讨也主要围绕企业展开。对企业而言,漂绿只能带来暂时性收益,一旦被媒体曝光便会直接打击消费者的绿色信任(green trust),进而会影响企业声誉、员工信心、财务绩效、股票表现与外部投资。①在市场层面,漂绿商品会通过价格机制淘汰真正的绿色商品,使真正希望进行环境保护的绿色企业失去市场竞争优势。当漂绿现象未受到有效规制而泛滥,便会在企业之间形

(接上页)*Strategic Management Journal*, Vol.31, No.6, 2010, pp.575—601; Thomas P. Lyon and John W. Maxwell, "Greenwash: Corporate Environmental Disclosure under Threat of Audit," Working paper, Ross School of Business, University of Michigan, 2008; Eun-Hee Kim and Thomas P. Lyon, "Strategic Environmental Disclosure: Evidence from the DOE's voluntary Greenhouse Gas Registry," *Journal of Environmental Economics and Management*, Vol.61, No.3, 2011, pp.311—326; Kelly Kollman and Aseem Prakash, "Green by Choice? Cross-National Variations in Firms' Responses to EMS-Based Environmental Regimes," *World Politics*, Vol.53, No.3, 2001, pp.399—430; Christopher Marquis and Michael W. Toffel, "When Do Firms Greenwash? Corporate Visibility, Civil Society Scrutiny, and Environmental Disclosure," Working Paper, Harvard Environmental Economics Program, 2012; Gabriel Szulanski, "Exploring Internal Stickiness: Impediments to the Transfer of Best Practice within the Firm," *Strategic Management Journal*, Vol.17, No.S2, pp.27—43; Wimbush et al., "An Empirical Examination of the Relationship between Ethical Climate and Ethical Behavior from Multiple Levels of Analysis," *Journal of Business Ethics*, Vol.16, No.16, 1997, pp.1705—1716; Michael R. Darby and Edi Karni, "Free Competition and the Optimal Amount of Fraud," *The Journal of Law and Economics*, Vol.16, No.1, 1973, pp.67—88。

① 参见 Magali A. Delmas and Maria J. Montes-Sancho, "Voluntary Agreements to improve Environmental Quality: Symbolic and substantive Cooperation," *Strategic Management Journal*, Vol.31, No.6, 2010, pp.575—601; Kent Walker and Fang Wan, "The Harm of Symbolic Actions and Greenwashing: Corporate Actions and Communications on Environmental Performance and their Financial Implications," *Journal of Business Ethics*, Vol.109, No.2, 2012, pp.227—242; Meng-Wen Wu and Chung-Hua Shen, "Corporate Social Responsibility in the Banking Industry: Motives and Financial Performance," *Journal of Banking & Finance*, Vol.37, No.9, 2013, pp.3529—3547; Christopher Marquis and Michael W. Toffel, "When Do Firms Greenwash? Corporate Visibility, Civil Society Scrutiny, and Environmental Disclosure," Working Paper, Harvard Environmental Economics Program, 2012; Yu-Shan Chen and Ching-Hsun Chang, "Greenwash and Green Trust: The Mediation Effects of Green Consumer Confusion and Green Perceived Risk," *Journal of Business Ethics*, Vol.114, No.3, 2013, pp.489—500; Thomas P. Lyon and A. Wren Montgomery, "The Means and End of Greenwash," *Organization and Environment*, Vol.28, No.2, 2015, pp.223—249; Wallace N. Davidson III and Dan L. Worrell, "The Impact of Announcements of Corporate Illegalities on Shareholder Returns," *The Academy of Management Journal*, Vol.31, No.1, 1988, pp.195—200; Li Cai and Chaohua He, "Corporate Environmental Responsibility and Equity Prices," *Journal of Business Ethics*, Vol.25, No.4, 2014, pp.617—635; Khosro S. Jahdi and Gaye Acikdilli, "Marketing Communications and Corporate Social Responsibility(CSR): Marriage of Convenience or Shotgun Wedding?" *Journal of Business Ethics*, Vol.88, No.1, 2009, pp.103—113; Parguel et al., "How Sustainability Ratings Might Deter 'Greenwashing': A Closer Look at Ethical Corporate Communication," *Journal of Business Ethics*, Vol.102, No.1, 2011, pp.15—28; Alan Pomering and Lester W. Johnson, "Advertising Corporate Social Responsibility Initiatives to Communicate Corporate Image: Inhibiting Scepticism to Enhance Persuasion," *Corporate Communications: An International Journal*, Vol.14, No.4, 2009, pp.420—439。

成竞相模仿的"涟漪效应",消弭整个行业发展环保事业的风气,最终会对整个社会带来巨大的负面影响。①鉴于漂绿行为造成的恶劣影响,学术界也从加强政府监管与立法、设立绿色认证、促进消费者和社交媒体等主体的社会监督、公布环境绩效排名等方面对规制经济领域的漂绿现象提供建议。②但实践表明,尽管许多国家已出台相关措施,但仅起到基础性的作用,总体上对于抑制漂绿现象收效甚微。③总体来看,理论界尚未探寻到抑制漂绿的有效机制。

纵观学者对"漂绿"现象的研究,已基本涵盖漂绿行为的实质、动因、影响及治理措施,不过现有定义对漂绿主体的把握尚不全面。绝大多数文献将企业视为实施漂绿的直接行为主体,认为"漂绿"一词仅属于商业批判研究领域。正如弗朗西斯·鲍恩(Frances Bowen)和阿拉贡·科雷亚(Aragon Correa)所言,当前关于漂绿的文献研究视角过于狭隘。④随着研究的进一步拓展,漂绿的内涵也在不断外延。在牛津大辞典(*Concise Oxford English Dictionary*)第 10 版中,漂绿被定义为:"一个组织传播虚假信息以呈现该组织为'环境保护者'的公众形象,而实际上该组织尚未建立此类形象"。⑤从这一定义中可以知晓,实施漂绿的行为体不仅仅局限于企业。当前,已有研究将"漂绿"的研究对象延伸至政客、专家、研究机构和

---

① George A. Akerlof, "The Market for 'Lemons': Quality Uncertainty and the Market Mechanism," *The Quarterly Journal of Economics*, Vol.84, No.3, 1970, p.78;王菲、童桐:《从西方到本土:企业"漂绿"行为的语境、实践与边界》,《国际新闻界》2020 年第 7 期;肖红军、张俊生、李伟阳:《企业伪社会责任行为研究》,《中国工业经济》2013 年第 6 期。

② 参见 Alice M.M. Miller and Simon R. Bush, "Authority without Credibility? Competition and Conflict between Ecolabels in Tuna Fisheries," *Journal of Cleaner Production*, Vol.107, No.16, 2015, pp.137—145;Parguel et al., "How Sustainability Ratings Might Deter 'Greenwashing': A Closer Look at Ethical Corporate Communication," *Journal of Business Ethics*, Vol.102, No.1, 2011, pp.15—28;Tad Mutersbaugh and Daniel Klooster, "Certifying Rural Spaces: Quality-Certified Products and Rural Governance," *Journal of Rural Studies*, Vol.21, No.4, 2005, pp.381—388;Martin Grimmer and Timothy Bingham, "Company Environmental Performance and Consumer Purchase Intentions," *Journal of Business Research*, Vol.66, No.10, 2013, pp.1945—1953;毕思勇、张龙军:《企业漂绿行为分析》,《财经问题研究》2010 年第 10 期;郭锐、李伟、严良:《漂绿后绿色品牌信任重建战略研究:基于 CBBE 模型和合理性视角》,《中国地质大学学报》(社会科学版)2015 年第 3 期。

③ 杨波:《大型零售商漂绿行为的危害、成因与治理》,《广东商学院学报》2010 年第 2 期。

④ Frances Bowen and J. Alberto Aragon-Correa, "Greenwashing in Corporate Environmentalism Research and Practice: The Importance of What We Say and Do," *Organization and Environment*, Vol.27, No.2, 2014, p.110.

⑤ Catherine A. Ramus and Ivan Montiel, "When Are Corporate Environmental Policies a Form of Greenwashing?" *Business and Society*, Vol.44, No.4, 2005, p.110;Lorianne Mitchell and Wesley Ramey, "Look How Green I am! An Individual-level Explanation for Greenwashing," *Journal of Applied Business and Economics*, Vol.12, No.6, 2011, p.11.

国际组织。①例如,有研究指出,政治人物有时也会卷入漂绿丑闻,乔治·布什、托尼·布莱尔等都曾涉嫌漂绿指控,而艾伯特·戈尔(Albert Arnold Gore)等环保主义者的宣传动员活动也被指仅在美化现有的企业组织和专家技术官员网络,使其具有新的制度合法性。②更加深入的研究指出,包括联合国、世界银行和经合组织在内的政府间国际组织和非政府间国际组织在推动和参与一系列绿色经济倡议中也存在漂绿嫌疑。③

作为规模最大的公共事务代理人,政府在漂绿行为中的角色也不可忽视。在既有文献中,政府多以规避漂绿现象的制度设计者、标准制定者和规范监督者的角色出现。例如,斯蒂芬妮·柯克霍夫指出,许多企业试图游说政府,希望能对其竞争对手采取的漂绿行为加强管制。④比阿特丽斯·帕格尔(Béatrice Parguel)等人也认为,虽然环保标签和环境排名等措施有助于抑制漂绿,但是仍需要政府监管来保持渠道畅通、规范对漂绿的治理。⑤然而,根据学者的研究,原本在监督和治理漂

① 参见 Sonja A. Boehmer-Christiansen, "Britain and the Intergovernmental Panel on Climate Change: Promoting Research or Managing Change?" *Environmental Management and Health*, Vol.6, No.5, 1995, pp.14—25; Sonja A. Boehmer-Christiansen, "Reflections on Scientific Advice and EC Transboundary Pollution Policy," *Science and Public Policy*, Vol.22, No.3, 1995, pp.195—203; Andrew Nelson, Andrew Earle, Jennifer Howard-Grenville, Julie Haack and Doug Young, "Do Innovation Measures Actually Measure Innovation? Obliteration, Symbolic Adoption, and Other Finicky Challenges in Tracking Innovation Diffusion," *Research Policy*, Vol.43, No.6, 2014, pp.927—940; Simon Lightfoot and Jon Burchell, "Green Hope or Greenwash? the Actions of the European Union at the World Summit on Sustainable Development," *Global Environmental Change*, Vol.14, No.4, 2004, pp.337—344; Eleanor Stephenson, Alexander Doukas and Karena Shaw, "Greenwashing Gas: Might a 'Transition Fuel' Label Legitimize Carbon-Intensive Natural Gas Development?" *Energy Policy*, Vol.46, 2012, pp.452—459; Gertrude Szili and Matthew W Rofe, "Greening Port Misery: Marketing the Green Face of Waterfront Redevelopment in Port Adelaide, South Australia," *Urban Policy and Research*, Vol.25, No.3, 2007, pp.363—384。

② Timothy W. Luke, "The Politics of True Convenience or Inconvenient Truth: Struggles over How to Sustain Capitalism, Democracy, and Ecology in the 21st Century," *Environment and Planning A: Economy and Space*, Vol.40, No.8, 2008, p.1813.

③ 参见 Zoe Young, "NGOs and the Global Environmental Facility: Friendly Foes?" *Environmental Politics*, Vol.8, No.1, 1999, pp.243—267; Jacqueline Madeleine Borel-Saladin and Ivan Nicholas Turok, "The Green Economy: Incremental Change or Transformation?" *Environmental Policy and Governance*, Vol.23, No.4, 2013, pp.209—220; Nancy E. Furlow, "Greenwashing in the New Millennium," *Journal of Applied Business and Economics*, Vol.10, No.6, 2010, pp.22—25; Eitan Goldman, Jörg Rocholl and Jongil So, "Politically Connected Boards of Directors and the Allocation of Procurement Contracts," *Review of Finance*, Vol.17, No.5, 2013, pp.1617—1648。

④ Stefanie Kirchhoff, "Green Business and Blue Angels," *Environmental and Resource Economics*, Vol.15, No.4, 2000, p.403.

⑤ Parguel et al., "How Sustainability Ratings Might Deter 'Greenwashing': A Closer Look at Ethical Corporate Communication," *Journal of Business Ethics*, Vol.102, No.1, 2011, pp.16—18.

绿现象方面被寄予厚望的政府,不仅可能成为企业漂绿的帮凶,甚至有可能成为漂绿的罪魁祸首。在西蒙·莱特富特(Simon Lightfoot)和乔恩·伯切尔(Jon Burchell)的研究中,作者以 2002 年的可持续发展问题峰会为例,指出欧盟在谈判中看似为可持续发展问题据理力争,但实际上是在与对气候影响权重较低的发展中国家就利益问题锱铢必较,被疑有漂绿之嫌。[1]还有学者研究了政府在工业城市复兴中的漂绿现象。例如,在南澳大利亚州阿德莱德港的再开发过程中,政府和承包企业在改造推销计划和营销材料中加入了大量体现环保主义的绿色图像和标语(greenspeak)[2],渲染开发活动带来的环境效益,意图以"一种干净、绿色的企业形象替代港口工业遗产中肮脏的棕色景象",为开发合法化和吸引投资提供一种环保主义的幌子。但实际上改造工程并未兑现环保承诺,从而引起强烈抗议。[3]加拿大不列颠哥伦比亚省也曾使用"清洁过渡燃料"和"气候解决方案"标签策略为页岩气与液化天然气开发提供合法化框架。[4]然而,与针对企业漂绿的研究相比,国内外学术界对政府漂绿的研究多以单一的案例研究为主,而其关于政府漂绿行为的逻辑理论性框架却鲜有涉及。总体来看,漂绿行为作为政府政治的一种现象特征,学术界似乎没有对这种现象的发展趋势做出比较完整的阐述与解释。实际上,政府漂绿现象非常普遍,危害不亚于企业漂绿,可能会导致公众对政府环境保护失去信心,造成负面社会影响。鉴于全球正在经历深刻的能源转型,科学地甄别和预防政府的漂绿行为显得尤为重要。

二、概念移植:政府漂绿的基础意涵与原因剖析

随着环境风险的凸显与公众环保意识的觉醒,漂绿不仅成为企业界的一种"风

---

① Simon Lightfoot and Jon Burchell, "Green Hope or Greenwash? The Actions of the European Union at the World Summit on Sustainable Development," *Global Environmental Change*, Vol. 14, No. 4, 2004, p.337.

② 关于"绿色话语"(greenspeak)的解释,详见 Sharon Beder, "Greenwash," in John Barry and E. Gene Frankland, eds., *International Encyclopedia of Environmental Politics*, London: Routledge, 2014, p.45。

③ Gertrude Szili and Matthew W. Rofe, "Greening Port Misery: Marketing the Green Face of Waterfront Redevelopment in Port Adelaide, South Australia," *Urban Policy and Research*, Vol.25, No.3, 2007, p.363.

④ Eleanor Stephenson, Alexander Doukas and Karena Shaw, "Greenwashing Gas: Might a 'Transition Fuel' Label Legitimize Carbon-Intensive Natural Gas Development?," *Energy Policy*, Vol.46, 2012, p.452.

尚",各国政府也开始凸显漂绿的政策异化倾向——政府乐于将自身品牌包装为绿色转型的代名词,极力宣传其转型主张和环保口号,又不愿真正付出实践来参与环保行动。所以,本文尝试将原属商业批判语境的企业漂绿行为扩展到政府层面,运用政治学原理对其进行论证。

(一)将漂绿引入政府层面

能源转型事涉复杂,不仅关乎主导能源清洁化的结构性变革,更是一场牵涉社会、技术、政治、经济各方调整的综合演化和革新,①因此需要一个公正理智的中央政府进行全局性协调。②然而,在各国追求低碳化的当下,却有个别政府将能源转型视作收割政治和经济利益的工具。正如之前提及的澳大利亚阿德莱德港再开发工程案例,政府在建设过程中对外宣传的环境主张大多是不具备真实性和可靠性的,很大程度上就是一种"没有内容的愿景,没有信息的广告"。③

在外界看来,政府尽管强调自身在能源转型上的承诺与目标,不断进行夸大的环保宣传,但其转型政策的实际操作可能无法充分匹配其宣传。据此,本文认为,政府漂绿是指其在"能源转型"中的实质性实践行为相较象征性实践行为存在偏差或完全背离,旨在以较低的粉饰性绿色行为成本获取同真实绿色行为相同或相似的经济收益与国家形象的自利行为。其中,当实质性转型实践行为与象征性转型实践行为之间仅存偏离,便可视为"适度漂绿";若两者完全背离,则可谓"全盘漂绿"。

(二)政府漂绿的利益考量与原因透析

鉴于一国政府往往是设计和执行能源转型政策的主导力量,因此政府内部重要政治人物、行政官僚的利益导向对于能源转型的走向影响巨大。在利益考量上,政府施策不同于企业的商业行为完全由经济利益驱使,而是具有明显的自利性和公共性的双重属性。

---

① 张锐:《非洲能源转型的内涵、进展与挑战》,《西亚非洲》2022年第1期。
② 本文所指的可再生能源包括水能、太阳能、风能、地热能、波浪能和潮汐能以及生物能。核能虽属低碳能源但来源于不可再生的矿物质,因此不包含在可再生能源的范畴之中。
③ Gertrude Szili and Matthew W. Rofe, "Greening Port Misery: Marketing the Green Face of Waterfront Redevelopment in Port Adelaide, South Australia," *Urban Policy and Research*, Vol.25, No.3, 2007, p.367.

公共选择理论①把经济学上的"理性经济人"假设引入对政府行为的政治学分析，认为政府（包括政府组织或政府官僚）除了具有公共性外，也具有追求自身利益（非公共利益）最大化的需求与冲动，即政府自利性。②研究普遍认为，政府自利性有其合理性和客观性，合理范围内的政府自利性往往能够成为促使政府提供公共服务的诱发因素之一。所以，政府的自利性与公共性并非互斥而是相互交织的，能否推动政策达成实效，需看两者在政府利益天平上的权重。当政府自利性与公共性基本契合时，两者便可相互促进；但是当政府的自利性过分扩张时，政府便会重视因自身利益而忽视公共利益，使政府政策走向低效、失效乃至负效。③在政府漂绿的研究中，政府主导的能源转型便同时具有追求公共利益与谋求自身私利这两种动机，而漂绿本质上也是政府在其公共性和自利性之间进行考量和权衡后做出的选择。

能源转型涉及缓解气候危机与实现经济多样化等重要的公共利益，但发展可再生能源投资成本过高且回报周期过长，难以激励政府切实履行能源转型的公共责任。因此，政府在能源转型中附加利己性的经济和政治考量不可避免。当自利性属性融入能源转型的动机之中，那么能源转型政策便具有了实用主义的特征。当"公利"与"私利"之间实现平衡，两者便可同时形成正向激励，使政府更愿意投入资源、精力去加速能源转型事业。而当趋利心理超过了平衡的"红线"，在能源转型的驱动因素中更占据上风，政府便会在行为上选择一种机会主义路径——漂绿。换言之，政府选择在能源转型的问题上漂绿，只是一种为回应全球环境运动的发展和公众对政府责任担当的呼吁而采取的适应性战略调整，其根本目标不在于寻求能源体系与经济、环境的可持续发展，而是追逐依附在生态环境保护这一显性诉求之下的隐性政治和经济盘算。漂绿政府的自利性动机可分为以下三点：

一是借漂绿塑造的环境声誉树立良好国家形象，缓解国际政治压力。环境治理已成为当今国际社会普遍关注的重大共通性议题，一国行为是否有益于改善全球生态已经成为评价国家形象的重要标准，环境友好型国家天然能够获得较高的国际政治认同感、全球影响力和优良的国际形象。基于这一"政治正确"的前提，漂

① 公共选择理论，又称新政治经济学，是一门介于经济学和政治学之间的新的交叉学科，参见方福前：《当代西方公共选择理论及其三个学派》，《教学与研究》1997年第10期。
② 陈国权、李院林：《政府自利性：问题与对策》，《浙江大学学报》（人文社会科学版）2004年第1期。
③ 董泽文：《转型时期我国政府自利性问题研究综述》，《燕山大学学报》（哲学社会科学版）2008年第2期。

绿政府倚借环保议题极高的"媒体能见度"和"国际曝光度",大肆宣传自我粉饰性的环境保护倡议和减排承诺,以彰显其积极承担地区和全球环境责任的国家形象,提升国家在可再生能源领域的方向型领导力。[1]特别是对于边缘小国而言,低成本的漂绿将成为其谋求国际知名度和国际社会认同的特殊路径,帮助小国登上全球政治版图。例如,尽管近来诸多国际组织发布调查质疑卡塔尔新建体育场产生的碳排放量比当初申办世界杯时承诺的数字高出数倍,未能兑现其减少碳足迹的承诺,[2]但卡塔尔确实依靠承诺举办一届真正实现"碳中和"的国际足球赛事而为自身在争取 2022 年世界杯主办权的竞标中赢得了巨大优势,显著提升了国际关注度。[3]此外,漂绿之于一些实际环境表现差或曾卷入(环境)丑闻的国家是一种绝佳的形象公关手段。在企业漂绿的研究中,这种试图通过漂绿选择性信息披露来改善政府形象的对策被称为"解耦"(Decoupling)。[4]而承受着巨大的环境压力和舆论压力的政府利用这一策略,一方面能够洗脱或掩盖"棕色声誉"并在国际上树立一种合法的绿色形象,另一方面可以转移公众注意力,减轻外部社会的批评与惩罚,拓展在国际社会的生存空间。在这一意义上,政府只是将绿色转型作为一种政治权宜之计。这种选择多见于中东君主国等富油国家,近十年来海湾国家的新政府倾向于将可持续性发展作为一种新的品牌战略,涤除负面的高碳石油国形象,将国家塑造成环保自觉的现代化"全球好公民"。

二是借漂绿吸引民众支持捞取绿色政治资本,提升政府国内合法性。漂绿所塑造的可持续性发展品牌能够获得国际关注度,也同时可以加强国内当权者的支持基础。受选举周期或执政任期的影响,领导人为了显示政绩和塑造自身形象,常常偏好于投资短期回报率更高或者说立竿见影的政策,即便这一政策与社会公众长远利益之间会产生明显的脱节。[5]在生态危机日益严重的形势下,环境保护这一

① Richard Elliot Benedick, *Ozone Diplomacy*, Cambridge: Harvard University Press, 1998, pp.125—149.

② Paul MacInnes, "Qatar World Cup Criticised for 'Problematic' Carbon Footprint Promises," The Guardian, May 31, 2022, https://www.theguardian.com/football/2022/may/31/qatar-world-cup-criticised-for-problematic-carbon-footprint-promises.

③ Tobias Zumbrägel, "Beyond Greenwashing: Sustaining Power through Sustainability in the Arab Gulf Monarchies," *Orient*, No.1, 2020, p.32.

④ Petra Christmann and Glen Taylor, "Firm Self-Regulation through International Certifiable Standards: Determinants of Symbolic Versus Substantive Implementation," *Journal of International Business Studies*, Vol.37, No.6, 2006, p.866.

⑤ 邹荣:《公共政策视域下的政府自利性问题探析——基于公共政策的制定与执行的考察》,《文山师范高等专科学校学报》2009 年第 4 期。

关乎公共利益和社会福祉的议题在当下社会具有较高的政治合法性与民意基础，所以换届后的新一任政府往往倾向于借这一工具性议程来许诺、践诺，以便能够迅速赢得人民群众的信任、支持和拥护，由此提高政府统治的合法性与公信力。然而，如上所述，而切实落实绿色低碳转型的周期极长，所以某些国家在趋利的心理作用下仅会以空头承诺声明、政策或流于口号的宣讲、政绩工程等漂绿形式以向民众展示"善意的亲环保"形象。在这种情况下，漂绿仅是政府对社会公共利益的象征性响应，而非实质性回应。这点在很多西方国家政府换届后的新政实施中得到很好的诠释。譬如，在沙特，萨勒曼政府上台后便明显地将可持续性发展和领导人的个人形象建设相联系，最形象的案例是以国王的姓名来命名诸多与能源转型相关的倡议及举措，如"萨勒曼国王可再生能源倡议"（King Salman Renewable Energy Initiative）、绿色城市公园——萨勒曼国王公园（King Salman Park）、萨勒曼国王能源公园（King Salman Energy Park）、"萨勒曼国王环境意识和可持续发展计划"（the King Salman Environmental Awareness and Sustainable Development Program），以及创建穆罕默德·本·萨勒曼自然保护区（the Mohammed bin Salman Natural Reserve），沙特的国有媒体也持续在报道中将国家的能源转型成就与国王、王储的"英明领导"联系起来，将两人塑造成"现代化的管理者"。[1]除此之外，漂绿政府往往能够以各种吸引眼球的绿色标识和绿色话语在各种以国际气候治理为主题的论坛及多边活动中备受瞩目，因此公民亦会对政府的成就充满自豪感，从而为政府带来更多的支持。[2]

三是借漂绿所获得的关注掩盖既有能源利益，同时开拓可再生能源新市场。政府漂绿行为不仅旨在利用低成本手段获取政治资本优势，其背后更加隐藏着政府对纯粹经济利益的追逐。一方面，漂绿便有"粉饰""掩盖"的含义，政府对外诉诸吸人眼球的声明和新闻标题，以实现正常宣传所不能达到的渲染效果，转移公众对其高污染、高耗能、高排放经济活动的关注度，甚至以漂绿为挡箭牌，继续加大对"三高"产业的经济投入，既未控制高能耗产业的过快增长也不减少高能耗产品的出口。例如，2022年7月6日，欧洲议会为吸引更多行业投资，最终同意将高碳能源

---

① Tobias Zumbrägel, "Beyond Greenwashing: Sustaining Power through Sustainability in the Arab Gulf Monarchies," *Orient*, No.1, 2020, p.33; Claudia Derichs and Thomas Demmelhuber, "Monarchies and Republics, State and Regime, Durability and Fragility in View of the Arab Spring," *Journal of Arabian Studies*, Vol.4, No.2, 2014, p.189.

② Tobias Zumbrägel, "Beyond Greenwashing: Sustaining Power through Sustainability in the Arab Gulf Monarchies," *Orient*, No.1, 2020, p.32.

天然气纳入《欧盟可持续金融分类目录》(EU's Sustainable Finance Taxonomy)，此举等同于将天然气列为绿色能源，有悖于净零排放战略。[①]对此，欧盟气候基金会总裁、《巴黎协定》的重要起草人劳伦斯·图比亚纳(Laurence Tubiana)表示，这项旨在杜绝漂绿的决定本身就是一场史上最大漂绿行动，削弱了可持续分类目录的意义。[②]另一方面，政府主导的能源转型往往成为政府之间进行竞争的重要体现，政府不仅希望延续以往的能源发展优势，也希望借能源革命新风口依靠漂绿来吸引更多投资，以财政资金支持和税费优惠政策作为筹码招引国外可再生能源企业落户，扩大本国在太阳能、风能、氢能等可再生能源市场的份额，从而在地区乃至全球的可再生能源竞争中获得优势。比如，阿联酋规划的环保小城马斯达尔(Masdar)在设计之初便抛出了世界首个"零碳城市"和世界级清洁技术研发基地的噱头，在建设过程中政府也高调宣传其巨大的绿色烙印，希望借这座"沙漠中绿色乌托邦"为国家带来新的绿色产业。[③]2008年项目正式启动后，不仅西门子和通用电气公司等300多家公司宣布开设办事处，而且国际可再生能源署也在2009年决定选择马斯达尔作为总部。[④]然而，本应在2016年完成建造的马斯达尔距其预设碳排目标相差甚远，并且正日益变成一个"绿色鬼城"，这成为海湾国家的可持续性发展不过是一场漂绿炒作的缩影。[⑤]所以，追求经济利益最大化的动机使政府漂绿的出现成为必然。政府在表面上呈现一种对环境负责的公众形象，事实上却在极尽追求与绿色价值完全背离的经济企图。

综上所述，政治家、行政官员等决策主体的自利本性是导致政府漂绿的根本主观诱因和关键内生性动力。政府打着绿色转型的"幌子"和"旗号"，将其隐性的政治经济诉求层层包裹于其所提出的符合当下绿色环保理念的诸多绿色宣传口号和战略倡议之中，对外呈现出虚假性的履责形象，而实际上只是一种伪社会责任行为

---

① Kate Abnett and Simon Jessop, "Explainer: What is the EU's Sustainable Finance Taxonomy?" Reuters, February 6, 2022, https://www.reuters.com/business/sustainable-business/what-is-eus-sustainable-finance-taxonomy-2022-02-03/.

② Cecilia Keating, "'Biggest Greenwashing Exercise of All Time': EU Includes Fossil Gas in Plans," Investment Week, February 4, 2022, https://www.investmentweek.co.uk/news/4044423/biggest-green-washing-exercise-eu-includes-fossil-gas-plans.

③ W. Martin de Jong, "From City Branding to Implementation. Avoiding Green Washing and Adopting Sustainable Urban Transformation," 4th International Transdisciplinary Scientific and Practical WEB-Conference "Connect-Universum-2018", 2019, p.276.

④⑤ Agatino Rizzo, "Sustainable Urban Development and Green Megaprojects in the Arab States of the Gulf Region: Limitations, Covert Aims, and Unintended Outcomes in Doha, Qatar," *International Planning Studies*, Vol.22, No.2, 2017, p.6.

的允诺行为。

三、自利的反噬：政府漂绿的现象表征及其短视效应

作为推动能源转型主体，政府对自身特殊利益的谋求能源转型的整体规划与推进。因此，若进行仔细审查，会发现政府的漂绿战略在其制定、实施和评估的各个环节均存在巨大漏洞。

（一）政府漂绿行为的具体表现

从定义中不难知晓，政府漂绿行为最显著的表征便是象征性能源转型实践与实质性能源转型实践之间的极大落差。

从直观的角度来看，漂绿政府为了迎合外部的绿色热潮会选择进行许多投机的象征性实践活动，对外营造和展现一种负责任的履责假象。

第一，允诺空头减排目标。漂绿政府倾向于制定宏大的能源转型规划，出台诸多冠以绿色低碳概念的"计划""倡议""愿景"和"蓝图"，内容则以大胆调高可再生能源发展的目标数字和缩短实现碳中和的目标年限为突出特点，申明政府能源转型的低碳化、高效化指向。第二，夸大宣传环保行为。在整体规划对外宣布后，漂绿政府会在国内外各类重大环保活动场合积极表态，并且大量投放视频广告和宣传材料，辅之以与生态环境保护相关的口号、术语、理念与观点，竭力宣扬其能源转型承诺和计划，塑造公众对国家低碳、绿色的环境友好认知。需要注意的是，漂绿政府在宣传中会对环保行为进行选择性披露，着重强调甚至虚报、捏造实际减排成果等重要指标和数据以粉饰自身环境表现，但却含混表述或故意隐瞒高能耗产业对环境造成的负面影响。第三，绿化政府及国家物化象征。在一个高度视觉化的社会，漂绿政府会借助丰富的绿色符号、话语和自然景观图像来精心建构代表自身及国家形象的各类物化象征，如政府网站、形象标识、办公建筑、展览展示等，以形象而生动的绿色具象冲击外界受众的感知，从而产生达到一种绿色隐喻和视觉说服效果，最终达到漂绿的目的。第四，大力参与全球环境治理。在一个全球化的时代，为表现本国对于环境和能源转型问题的关切，同时对外推介本国追求可持续发展的经济体形象，漂绿政府一方面会在全球环境治理中表现出相当高的活跃度，积极参与主流的环境议题的多边谈判和区域合作，另一方面会热衷于主办或承办大型的国际多边活动，借东道国优势提升本国能源转型倡议的国际能见度，优化国家

在国际环境和能源领域的形象管理和领导力建设,也可发挥"主场效应"为吸引国际可再生能源投资造势。

究其表里,最核心的矛盾在于,漂绿政府在宣传上如此高调,但其宣传往往流于表面,其实际的环境表现可能要远低于环境承诺。

其一,漂绿政府对于绿色转型的发展规划与整个国家实现可持续发展的条件与步骤之间的契合程度极不匹配。一方面,自利性的不断膨胀使政府的行政官员在能源转型规划上急于事功,政策制定前缺乏专业的可行性评估,转型目标主要是为配合政治和经济目的而设计,但不切合本国发展实际的经济、政治、文化、技术和生态条件。例如,为应对气候变化,太平洋岛国也陆续发布了可再生能源发展目标,汤加(2020年)、瑙鲁(2015年)和斐济(2015年)分别计划实现可再生能源发电比率达到50%、50%和90%,而库克群岛(2020年)、所罗门群岛(2030年)、托克劳(2012年)、图瓦卢(2020年)、瓦努阿图(2013年)等六国的目标甚至达到100%。[①]然而现实情况是,在目标制定时,除斐济达到45%外,上述国家的可再生能源发电占比均低于15%,瑙鲁、库克群岛、纽埃、所罗门群岛更是近乎于0。[②]并且,从现有的资源环境和技术条件来看,图瓦卢、汤加和瑙鲁等国低成本可再生能源的可用性有限,开发风能等可再生能源成本高昂,这意味着这些小国在短时间内完成转型目标不啻一种空想。实际上,转型目标之所以与现实的可行性之间存在如此之大的反差,一定程度上是因为这些太平洋岛国政府将设置严苛的可再生能源目标视为游说大国采取气候行动和吸引外部国家提供捐助资金而炮制出的权宜之策,而非真实应对气候变化的手段。[③]另一方面,漂绿政府布局的宏大转型设想往往缺乏系统的行动规划和具体的转型路径,总体上未能形成正确有效的政策方案。在全球的"绿色大趋势"下,很多政府更新了本国的减排承诺,并设置了碳中和的时间目标。[④]但正如习近平总书记所言,实现碳达峰、碳中和"是一场广泛而深刻的经济社会变革",要求政府工作必须拿出"抓铁有痕、踏石留印的劲头,明确时间表、路线图、施工图"。[⑤]实际上,部分国家的官方政府并没有在许诺能源转型目标后相应地给出落实这些目标的具体路径。2021年10月,澳大利亚总理莫里森公

①②③　Matthew Dornan, "Renewable Energy Targets in the Pacific: Why Are Unrealistic Targets Adopted?" Devpolicy Blog, July 20, 2012, https://devpolicy.org/renewable-energy-targets-in-the-pacific-why-are-unrealistic-targets-adopted20120720/.

④　Oliver Geden, "An Actionable Climate Target," *Nature Geoscience*, Vol.9, No.5, 2016, pp.340—342.

⑤　习近平:《努力建设人与自然和谐共生的现代化》,《求是》2022年第11期。

布了该国到承诺在 21 世纪中叶之前实现温室气体净零排放的计划,然而,在这份长达 126 页的减排指导文件中,澳政府不仅拒绝公布支持该计划实现的预测模型,也未提供关于具体减排措施和技术突破的细节。①反对者抨击该提案是一个空洞的"漂绿骗局"。②关于这种此类问题,多位科学家在《自然》杂志发表评论称,"语焉不详的承诺、无法识别的标准以及较低的透明度,导致公众无从理解国家实现碳中和目标的具体战略,更无法评估其实际影响。"③因此,只有提高实现碳中和进展的清晰度和透明度,才能提升能源转型的信服度。

其二,漂绿政府对于能源转型的统筹和支持能力不足,未能提供有效的政策资源和制度供给与之配搭。低碳转型是一项庞杂的系统性工程,显然,政府不仅要表明关于生态优先的主张和态度,更需要长期、持续的诉诸人力、资金、信息、技术、组织机构和基础设施等必要的政策资源,更需保证法律法规等制度供给的不缺位,转型过程还要构建完善严格的激励机制、监督和评估制度,才能保障尚处于观念形态的转型愿景能够有效转化为实际的转型效果。但在自利性观念的影响下,某些漂绿政府只注重短期效益,对很难速见成效的能源转型缺乏长久的热情,并没有动力持续推动可再生能源的长久发展,反而可能将实质性的政策资源挪作他用,继续投入能够获取大量利润的高能耗业务和产品之中,正如企业"漂绿"研究中所称的"本末倒置"④。由于支持政策逐渐疲软乏力,"漂绿"政府的能源转型往往会出现制度约束不力、资金缺口大、人才与技术供给不足、管理部门利益掣肘等问题,难以支撑转型效果达到预期。更有甚者,在获得期望的支持度或赢取(改善)声誉后,漂绿政府可能会对能源转型采取消极拖延的态度,减轻转型改革力度,使曾经高调发布的环保承诺和计划处于半搁置甚至被逆转的状态。例如上文提及的沙特宣布"净零"排放承诺却遭质疑的案例,澳政府被国际舆论强烈攻击的另一个原因是,政府点明

① Camilla Hodgson and Anthony Klan,"Australia Makes Pledge on Net Zero Emissions by 2050 But Remains Wedded to Fossil Fuels," The Financial Times, October 26, 2021, https://www.ft.com/content/592c25ac-98cf-4d21-b06d-da9e98fccc44.

② Sarah Martin,"Australia commits to 2050 net zero emissions plan but with no detail and no modelling," The Guardian, October 26, 2021, https://www.theguardian.com/australia-news/2021/oct/26/scott-morrison-says-australia-2050-net-zero-emissions-plan-based-on-choices-not-mandates.

③ Joeri Rogelj, Oliver Geden, Annette Cowie and Andy Reisinger,"Net-zero Emissions Targets Are Vague: Three Ways to Fix," Nature, Vol.591, No.7850, 2021, p.591.

④ 2011 年,《南方周末》杂志总结了十大漂绿表现,包括公然欺骗、故意隐瞒、双重标准、空头支票、前紧后松、政策干扰、本末倒置、声东击西、模糊视线、适得其反等。文中所提及的"本末倒置"现象是指企业通过次要业务或产品树立环保形象,而在主要业务和产品上依旧违背环保理念。

碳中和目标不会被写入法律,①发展可再生能源所依托的关键技术处于"尚未开发"的状态,并且明确表示不会逐步停止生产及使用污染性化石燃料,而是会大力投资于碳捕获与封存技术以便保证采矿等重工业能够继续维持竞争力和适应力。②《纽约时报》指出,沙特政府作出的不是承诺,而是一种变相的拖延减排的借口。③

(二)政府漂绿现象的反噬效应

对于自利性的过度追求致使政府走上漂绿的歧路,其必然的违诺结果不仅将导致能源转型走入困境与死局,最终也会对政府带来反噬效应。

在国内层面,政府在能源转型中漂绿将直接导致"环境—能源—经济"矛盾欲益反损,进而销蚀公众支持度,危及政府威信以致更多政策失败。漂绿政府暗中为国内既有的高排放、高污染产业提供保护伞,不仅无助于改变国家高度依赖化石能源的经济发展模式,还无法有效遏制碳排放量的增长,使能源与环境之间的冲突进一步加剧,无助于提高环境效益,这会对人类赖以生存和发展的资源环境产生极大的影响。另则,漂绿政府在确定能源转型目标时仅做数字游戏和表面文章,在没有综合权衡能源供需的安全性、稳定性和经济性的条件下强力推出可再生能源政策,忽略了社会长远利益的发展以及经济的正常运行规律,可能造成国内的可持续发展困境,更有可能引发资金不足、电力紧缺等次生问题,触发可再生能源开发与经济发展、民生需求之间的矛盾。再则,在供电不足的情况下,漂绿政府可能选择利

---

① Georgia Hitch, "Government Promises to Cut Emissions to Reach Net Zero by 2050 under New Climate Change Plan," ABC News, October 26, 2021, https://www.abc.net.au/news/2021-10-26/government-commits-to-net-zero-by-2050-climate-deal/100565254.

② Camilla Hodgson and Anthony Klan, "Australia Makes Pledge on Net Zero Emissions by 2050 But Remains Wedded to Fossil Fuels," The Financial Times, October 26, 2021, https://www.ft.com/content/592c25ac-98cf-4d21-b06d-da9e98fccc44; Georgia Hitch, "Government Promises to Cut Emissions to Reach Net Zero by 2050 under New Climate Change Plan," ABC News, October 26, 2021, https://www.abc.net.au/news/2021-10-26/government-commits-to-net-zero-by-2050-climate-deal/100565254; Eamon Barrett, "Australia's Distinctly Hands-Off Net-Zero Plan Bets Technology—Not Fossil Fuel Regulation—Will Offset Emissions," Fortune, October 26, 2021, https://fortune.com/2021/10/26/australia-net-zero-scott-morrison-emissions-cop26-carbon-capture/; Brad Plumer, "Projects to Stash Carbon Dioxide Underground Get a Boost," The New York Times, June 24, 2020, https://www.nytimes.com/2020/06/24/climate/carbon-capture-tax-break.html.

③ Damien Cave, "Australia Pledges 'Net Zero' Emissions by 2050. Its Plan Makes That Hard to Believe," The New York Times, October 26, 2021, https://www.nytimes.com/2021/10/26/world/australia/net-zero-delay.html.

用煤电来弥补电力缺口,将造成更为严重的污染与资源的浪费,对生态环境的可持续发展是一种严重的阻碍;而当可再生能源开发成本过高,漂绿政府往往选择将高成本以提高税收等形式转嫁给普通民众,违背民生福祉。

在这种情势下,政府漂绿这种口惠而实不至的行为会带来极为消极的政治后果。当民众意识到政府能源转型的推进成效相较其承诺和宣传效果存在着明显的偏差时,将对能源转型政策失去信心,降低公众配合能源转型的动力,进而危及政府的公信力及领导人的政治形象和声誉。而不科学的能源转型规划催发的社会和经济问题更有可能激化社会矛盾,造成民间团体和社会运动的强烈不满,致使大规模群体性事件频繁爆发,进一步产生政府合法性危机。最为重要的是,政府为实现自身利益而推行的能源转型与生态文明建设背道而驰,也与社会公共利益和民生福祉相悖,这将降低民众对政府的政治支持和认同意识,使其引发的信任危机外溢,使民众对政府所推行的其他政策亦抱有怀疑和抵制态度,造成更多政策失败的恶性循环。

法国马克龙政府实施的能源转型便是被控漂绿后遭到反噬的典型案例。在第一次竞选总统时,马克龙为吸引左翼绿色选票,便多次提出激进的环保主张,而在入主爱丽舍宫后,马克龙也将环保议题作为提升政府支持率及法国国际影响力的重要筹码,积极向外界传达力推能源转型的信号。①然而,2017 年以来,法国多次因能源转型迟缓和去核化进程推迟而受到谴责,它也是唯一一个没有实现 2020 年可再生能源采用目标的欧盟国家,落后其 23% 的预设目标 3.9 个百分点。②令民众更为不满的是,法国为转嫁能源转型成本调高燃油税,为弥补电力短缺问题重启煤电厂。③在 2018 年 9 月,前生态部长于洛辞职后,法国全境爆发超 10 万次的民众抗

---

① 为吸引选民和提升国家形象,马克龙政府在第一任期内大打"生态"牌,例如上任后随即任命著名环保专家尼古拉·于洛(Nicolas Hulot)为生态转型部长,支持政府在巴黎与联合国和世界银行共同承办"一个地球"环境峰会(One Planet Summit)并被联合国授予"地球捍卫者"称号,召开公民气候大会推动气候治理,推出旨在加快能源和环境转型进程《气候计划》(包括宣布法国到 2050 年实现碳中和,使法国成为绿色经济第一大国,提高生态系统和农业的发展潜力,促进全球气候外交)等。参见孟子祺:《承诺与行动的鸿沟:马克龙政府的环境气候政策》,《法语国家与地区研究》2018 年第 4 期。

② Philippa Nuttall, "Will Emmanuel Macron Finally Turn Green Rhetoric into Radical Action?" The New Statesman, April 26, 2022, https://www.newstatesman.com/environment/2022/04/will-emmanuel-macron-finally-turn-green-rhetoric-into-radical-action.

③ "France Faces Power Crunch Once Mild Weather Ends, Grid Operator Says," Reuters, December 30, 2021, https://www.reuters.com/business/energy/french-nuclear-capacity-january-low-mild-weather-reduces-risks-power-supply-rte-2021-12-30/.

议,也就是"黄背心运动",使马克龙的支持率创下新低。①

在国际层面,漂绿政府空谈能源转型的伪君子形象将会导致其国际声誉降低,挫败外部投资者的积极性,并在国内外引发不良的示范效应。实际的能源转型表现一定程度上将影响政府乃至整个国家的国际环境声誉。当发觉某国政府大张旗鼓宣扬的能源转型目标只是一些空洞且敷衍的漂绿承诺,并且在高碳减排领域的实际表现毫无诚意时,国际社会将利用舆论对其进行强烈谴责,使该国的国际环境声誉受到极为严重的负面影响,在国际可再生能源开发领域的影响力也将大为减弱。尤其是对于企图借"漂绿"修复国际形象的国家,这种虚有其表的环境表现不仅无法挽回其本就糟糕的国际声誉,反而会进一步坐实其对于全球环境治理议题的趋利心理和惺惺作态。未来,漂绿政府只会面临更加艰难的名誉重建之路。此外,政府漂绿意图的曝光及政府环境治理可信度的下降,甚至漂绿对整个社会产业和经济环境造成的不良影响,都会直接打击外商投资的热情和意愿,更有可能招致外资的大规模撤离,使政府的融资目标大打折扣,对经济发展愈添重创。

更为关键的问题在于,漂绿政府对自身虚假性履责行为的纵容,不仅将会对国内的能源企业带来短期内难以消解的不良示范效应,亦可在地区及国际上引起"涟漪效应"。当某些政府的漂绿趋向未得及时曝光甚至在短期内获得了部分政治和经济效益时,其他行为体在从众心理和投机心态的影响下会产生仿效行为,造成漂绿现象的进一步扩散和蔓延。并且,如果率先破坏能源转型规则和规范的政府所在国是绿色发展或可再生能源领域的领导者,那么将有可能在其他国家特别是新兴经济体中引发更为严重的群体效应。譬如,在上文援引的欧洲议会调整《欧盟可持续金融分类目录》的案例中,便有很多学者对其可能引发的"涟漪效应"表示了担忧,认为欧盟将天然气纳入"可持续金融分类",不但将影响欧盟的绿色金融领导力,而且将使得印度等高度依赖化石燃料的发展中国家以此为据,将煤炭也纳入绿色金融标准。

（三）政府漂绿的逻辑框架与案例选择

根据上文探讨,我们可以大致勾勒出政府漂绿行为的内在机理:首先,政府及

---

① "France Faces Power Crunch Once Mild Weather Ends, Grid Operator Says," Reuters, December 30, 2021, https://www.reuters.com/business/energy/french-nuclear-capacity-january-low-mild-weather-reduces-risks-power-supply-rte-2021-12-30/.

领导人对于自利性的过度考量,使能源转型偏离公共利益最大化的轨道,构成实施漂绿的根本利益动机。其次,漂绿政府依靠大量的承诺和宣传为自身贴上环保低碳的标签,但在具体规划和落实能源转型的过程中无所作为,使实质性能源转型实践大幅度偏离象征性能源转型实践,构成实施漂绿的主要行为特征。最后,流于形式的漂绿转型只是政府做出的一张过度承诺的"空头支票",当能源转型无法兑现政府对于国内民众及国际社会的承诺,反而损害了公共利益和民生福祉,那么政府最终也必将遭受反噬引火上身。以上三个核心部分也共同组成判断一国在能源战略转型是否构成漂绿的条件集合(见图1)。

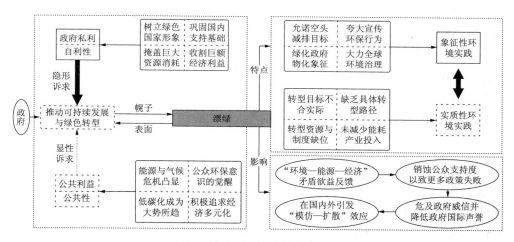

图1 政府漂绿行为的内在机理

作为本文的研究对象国,沙特是全球最大的化石能源供给国,石油关系其国家经济发展、治理体系、对外关系和国际地位,①多年来一直以阻挠气候变化谈判和主导石油出口的立场闻名,②这样的资源禀赋和历史背景决定了沙特的能源转型带有天然的实用主义特征,或进言之,具有漂绿的倾向。沙特的能源转型既关乎自身前途命运,又与全球能源格局的演进轨迹高度相关。因此,有必要对沙特的能源转型进行更全面的审查,以了解这一转型的促成因素、实施过程及其可持续性。

---

① David Ramin Jalilvand and Kirsten Westphal, *The Political and Economic Challenges of Energy in the Middle East and North Africa*, London: Routledge, 2018, p.2.
② Joanna Depledge, "Striving for No: Saudi Arabia in the Climate Change Regime," *Global Environmental Politics*, Vol.8, No.4, 2008, p.11.

四、案例分析:沙特能源转型之路上的漂绿悬疑及其逻辑

如前言所述,自沙特"2030年愿景"启动以来,气候行动与能源转型一直是政府议程上的重要内容。沙特多次发布重大声明与激进宣示,表明其致力于全球温室气体减排竞赛。2021年,萨勒曼政府再度引入"沙特绿色倡议",以统一筹划政府层面的碳中和战略行动。不可否认,沙特屡屡承诺减少化石能源消耗和向可再生能源过渡表面上体现出了高度的战略前瞻性,但从沙特的治理效果来看,外界普遍认为沙特激进的转型目标过于脱离实际,并且新政实施六年已过,沙特似乎完全没有在行动上准备好向可再生能源转型。批评人士指责沙特王储小萨勒曼的诸多承诺和目标只是为转移注意力以漂绿沙特在化石燃料生产中的碳排放。[①]并且,按中东国家的政策惯性来看,能源转型往往只是石油国家的一种口头承诺,[②]通常在油价低时实施,而在油价回升时很快被放弃。[③]据此,本文将按照政府漂绿的研究框架,对沙特政府在能源转型中漂绿的悬疑进行探究。

(一)自利性与公共性之间:沙特承诺向能源转型的肇因

学术界关于沙特能源转型动因的解释路径大致围绕该国的双重脆弱性展开,即"应对气候变化的紧迫性"和"对石油依赖的不可持续性"。其一,沙特的地理位置使其成为最容易受到气候变化影响的国家之一,全球气候变暖和极端天气增加造成的重大环境灾难和粮食供应不足,可能使沙特的移民、难民数大幅上升,对社会稳定构成挑战。[④]其二,沙特是典型的"食利国家",经济发展模式对石油高度依赖,但随着页岩油等可再生能源技术突破、新兴市场需求增速放缓以及国内能源需

① David Ottaway, "Saudi Arabia's Green Initiative Aims to Exonerate Fossil Fuel Advocacy," Wilson Center, November 1, 2021, https://www.wilsoncenter.org/article/saudi-arabias-green-initiative-aims-exonerate-fossil-fuel-advocacy?gclid=EAIaIQobChMI95D-k7H_-AIV7GxvBB3rigazEAAYASAAEgL0d_D_BwE.

② Simone Tagliapietra, "The Political Economy of Middle East and North Africa Oil Exporters in Times of Global Decarbonisation," Bruegel, 2017, pp.16—18.

③ Sofia Mouritsen, "Black Gold in a Changing World: An Examination of Saudi Arabia's Dependence on Oil and the Possibility of a Solar Energy Transition," Independent Study Project Collection, 2018, https://digitalcollections.sit.edu/isp_collection/2964.

④ Jim Krane, "Energy Governance in Saudi Arabia: An Assessment of the Kingdom's Resources, Policies, and Climate Approach," James A. Baker III Institute for Public Policy of Rice University, 2019, pp.21—22; Jim Krane, *Energy Kingdoms: Oil and Political Survival in the Persian Gulf*, New York: Columbia University Press, 2019, p.73.

求的增长,沙特石油收入骤减,影响政府公共支出,对沙特的经济运行和民生保障构成重大风险。①特别是,沙特依赖石油收入提供高福利以换取政权合法性的传统治理模式难以为继,为政权稳定和社会安全造成不良影响。上述解读体现出,鉴于双重脆弱性的影响,沙特希望通过能源转型来缓解气候变化,同时减轻国家对于石油的依赖。但这些因素仅能从国际体系及国家的层面展现沙特力推可再生能源发展的显性公利诉求,但对沙特新政府及作为决策者的萨勒曼父子两方面因素的论述不足,难以充分解释沙特能源转型如此激进的核心动因。

有学者曾指出,"沙特的确在致力于引导一条新的发展路径,但其可持续发展议程与环境保护及维护公共利益的内在关联不大。"②这种言论是外界对判断沙特能源转型存在漂绿动机的一个缩影。沙特是一个君主制国家,能源转型等经济战略的节奏和方向往往由政府及领导人的政治意愿与决断进行把握,所以推动能源转型的真正驱动力很大程度上是萨勒曼政府隐性的自利考量和新王储的个人意志。由于通过寻求可再生能源开发获得回报的成本太大且短期内难见收益,所以小萨勒曼选择在新政府上台后的时间节点迅速抛出能源转型的动议,是希望通过可控的可再生能源政策在短期内迅速获得潜在的政治和经济效益。基于这一逻辑,本文试图深入挖掘沙特能源转型的自利性诉求。

在国内层面,萨勒曼政府意图借漂绿缓解政治压力,提升政府合法性,同时彰显新领导层的改革者形象,扩大王储政治影响力。"萨勒曼新政"框架下的能源转型战略并非沙特第一次推动可持续发展的尝试,2010 年 4 月 17 日,前任国王便创建了阿卜杜拉国王核能和可再生能源城(King Abdullah City for Atomic and Re-

---

① 陈沫:《沙特阿拉伯的经济调整与"一带一路"的推进》,《西亚非洲》2016 年第 2 期;崔守军、杜普:《沙特阿拉伯国家转型探析》,《世界政治研究》2018 年第 2 期;王然:《"2030 愿景"背景下沙特能源战略转型》,《当代世界》2017 年第 11 期;陆怡玮:《萨勒曼执政以来的沙特经济改革述评》,《阿拉伯世界研究》2020 年第 4 期;林海虹:《沙特经济转型:愿景与挑战》,《国际问题研究》2018 年第 3 期;Jim Krane, *Energy Kingdoms: Oil and Political Survival in the Persian Gulf*, Columbia University Press, 2019, p.22; Shepherd A. Ross, "Economic Rent and the Industry Supply Curve," *Southern Economic Journal*, Vol. 37, No. 2, 1970, pp.209—211; Sebastian Sons, "In Dire Need of a New Social Contract: Saudi Arabia's Socioeconomic and Political Challenges," in David Ramin Jalilvand and Kirsten Westphal, eds., *Political and Economic Challenges of Energy in the Middle East and North Africa*, London: Routledge, 2014, pp.124—143; Sofia Mouritsen, "Black Gold in a Changing World: An Examination of Saudi Arabia's Dependence on Oil and the Possibility of a Solar Energy Transition," Independent Study Project Collection, 2018, https://digitalcollections.sit.edu/isp_collection/2964.

② Jennifer Holleis, "Saudi Arabia's Climate Strategy—Greenwashing or Genuine Transformation?" Deutsche Welle, November 4, 2021, https://www.dw.com/en/cop26-saudi-arabias-climate-strategy-greenwashing-or-genuine-transformation/a-59704908.

newable，K.A. CARE），并于 2012 年启动了一项雄心勃勃的可再生能源计划（Re-newable Energy Programme），目标是到 2032 年前具备 54 000 兆瓦的可再生能源产能。然而，由于当时王室内部仍然存在不同的政治集团，该计划遭到众多受伊斯兰保守思想影响而趋向守成的强硬派势力的抵制，在 2015 年阿卜杜拉去世后即被中止。①沙特政府应对气候变化和能源转型的敷衍塞责引发了公众（特别是年轻人）的极大不满，因为高碳排放已经引发国民对全球变暖有了更实际和深刻的危机感②。多年来，沙特南部奈季兰地区等地发生了多起大规模针对环境问题的抗议示威，王室政权的合法性危机已日益凸显。同时，沙特不平衡的经济结构导致非石油部门并未得到充分发展，沙特的失业率常年保持在 12% 左右，已经成为威胁沙特政治稳定的社会问题。新政府必须积极表态，通过开发可再生能源为大量失业的沙特人提供就业机会，避免不稳定情况的加剧。③这一系列问题的出现已经使得萨勒曼政府将处理气候和环境问题视为在短时间内平息民愤、维护沙特国内政治稳定的重要手段。例如，萨勒曼国王在他的继位演说中便曾强调，必须更深刻地改善和解决可持续性问题。因此，激进的能源变革是为了换取民众对政权的支持以便获得政治回旋余地，强化统治合法性，不代表沙特能源道路的根本性变化。

另者，沙特正在迅速壮大的青年群体④尤其关注气候变化的影响，阿拉伯青年气候运动协会（Arab Youth Climate Movement，AYCM）等各种青年气候运动的声势在不断壮大。⑤而在为"2020 年国家转型计划"提供重要决策依据的一项民意调查中，愿意为使用可再生能源技术支付更多费用的受访者中，18 岁至 29 岁的青年人占到三分之一以上，表现出青年群体对于能源转型的极大支持。⑥在萨勒曼国

---

① Jennifer Holleis, "Saudi Arabia's Climate Strategy-Greenwashing or Genuine Transformation?" Deutsche Welle, November 4, 2021, https://www.dw.com/en/cop26-saudi-arabias-climate-strategy-green-washing-or-genuine-transformation/a-59704908.

② Abeer Abdulkareem and Amgad Ellaboudy, "Climate Justice in Saudi Arabia," Climate Scorecard, March 11, 2022, https://www.climatescorecard.org/2022/03/climate-justice-in-saudi-arabia/.

③ 据 K.A. CARE 估计，发展可再生能源将创造近 13.7 万个工作岗位。

④ 由于沙特一半以上的人口年龄在 25 岁以下，到 2030 年，15 岁及以上的沙特人可能会增加约 600 万人。见 Mckinsey Global Institute, *Saudi Arabia beyond Oil：The Investment and Productivity Transformation*, New York：McKinsey and Company, 2015, p.43.

⑤ One Carlo Diaz and Deema Al-Khudair "SGI：Youth Will Play a Big Role in Saudi Arabia's Environmental Agenda," Arab News, October 23, 2021, https://www.arabnews.com/node/1953521/business-economy；Neeshad Shafi, "Young People Are Leading Climate Activism in the Middle East," The Cairo Review of Global Affairs, Fall 2021, https://www.thecairoreview.com/essays/young-people-are-leading-climate-activism-in-the-middle-east/.

⑥ Ibrahim Mosly and Anas A. Makki, "Current Status and Willingness to Adopt Renewable Energy Technologies in Saudi Arabia," *Sustainability*, Vol.10, No.11, 2018, p.16.

王登基后,他任命小萨勒曼担任大臣会议副主席(副首相)兼国防大臣,将军权、财权和重要人事权高度集中在这位更年轻自信的王储手中,一改往日沙特暮气沉沉的"老人政治",使这位更为强势的领导人深受国民期待,特别是被占沙特绝大多数人口的青年群体寄予了厚望。政治资历尚浅的小萨勒曼也有意利用全球的绿色趋势,通过大刀阔斧的能源转型将自己塑造成新一代开明的"现代化君主",寻求年轻人的政治认同,使之成为王储新的"联盟"。①

在地区层面,沙特意图引领区域转型进程,抢占能源转型和可再生能源发展的制高点。在石油时代,石油是中东政治、经济和社会结构的重要基石;而在能源转型时代,国家治理模式和经济转型进程将共同决定中东权力结构。②随着可持续发展成为大势所趋,海湾地区亦掀起了一波"绿色浪潮",各国纷纷推动可再生能源建设,推动经济转型。例如,2008年巴林、卡塔尔分别推出"2030国家愿景",阿联酋于2010年出台"2021远景规划",后于2015年1月批准并实施《2015—2030年阿联酋绿色议程》。在经历多年的迟滞后,中东主要国家正在增强其能源治理的野心,地区可再生能源的领导力竞争正在日益白热化。③但在各国之中,阿联酋和卡塔尔得益于相对成熟的政治模式和良好的国家治理能力已在首轮能源转型中占得先机,率先在可再生能源开发中脱颖而出,已成为政府收入对石油依赖程度最低的地区国家。④从"政策转移"的视角进行观察,其他海湾国家的政治、经济转型或多或少在模仿和借鉴阿联酋、卡塔尔模式,但是均没有达到两国的治理水平。⑤在这种情势下,沙特自不甘落后,在萨勒曼上台后迅速加入争夺地区领导权的竞赛之中,影响"后石油时代"的权力转移进程。正如巴加特(Gawdat Bahgat)所指:"关注可再生能源的竞争,是因沙特领导人不想落后于其他地区大国,他们渴望在利用这些重要能源领域走在其他国家的前列。"⑥在这一方面,最为典型的表现即"绿色中

---

① Justin Gengler and Laurent A. Lambert, "Renegotiating the Ruling Bargain: Selling Fiscal Reform in the GCC," *The Middle East Journal*, Vol.70, No.2, 2016, pp.323—324; Torgeir E. Fjærtoft, "The Saudi Arabian Revolution: How Can It Succeed?" *Middle East Policy*, Vol.25, No.3, 2018, p.134.

② 牛新春、陈晋文:《全球能源转型对中东政治的影响》,《现代国际关系》2021年第12期。

③ Mohammad Al-Saidi and Mehran Haghirian, "A Quest for the Arabian Atom? Geopolitics, Security, and National Identity in the Nuclear Energy Programs in the Middle East," *Energy Research and Social Science*, Vol.69, 2020, p.1.

④ 牛新春、陈晋文:《全球能源转型对中东政治的影响》,《现代国际关系》2021年第12期。

⑤ Yasemin Atalay, Frank Biermann and Agni Kalfagianni, "Adoption of Renewable Energy Technologies in Oil-Rich Countries: Explaining Policy Variation in the Gulf Cooperation Council States," *Renewable Energy*, Vol.85, 2016, pp.208—211;牛新春、陈晋文:《全球能源转型对中东政治的影响》,《现代国际关系》2021年第12期。

⑥ Gawdat Bahgat, "The Changing Saudi Energy Outlook: Strategic Implications," *The Middle East Journal*, Vol.67, No.4, p.567.

东倡议"的问世。该倡议是中东地区第一个以行动为导向的绿色倡议,目标是动员更多中东国家共同努力将地区碳排放量减少60%以上,超过当前全球碳减排总量的10%。①对此,沙特政府也毫不掩饰,公开宣称"正如本国在石油和天然气时代发挥核心作用一样,未来沙特将成为'绿色世界的全球领袖'"②。在地区竞争如此激烈之际,沙特政府抛出这样的噱头,不仅表明沙特在积极落实减排承诺,更是有望帮助沙特打造出一个具有吸引力的地区治理模式,以鲜明出彩的可持续性国家品牌建设引领地区绿色合作与发展,塑造中东地区可再生能源治理的新秩序。无论其主张是否真正会在未来落实,都已经使其风头远远盖过其他石油国,无疑会帮助沙特在地区可持续发展的议程设置、目标设定等方面发挥"领头羊"作用。

在国际层面,能源转型的主要目标在于重塑其因卡舒吉案而遭重大损害的国际形象,在"后石油时代"重新融入国际社会,吸引更多的国际投资。有学者认为,发展可再生能源项目附带很多非经济性的外在价值,如国家声望和现代化的形象。③正是这一逻辑出发点,构成了沙特依托能源转型所期望达成的国际构想。一方面,沙特的能源消费和生产使其留下了巨量碳足迹,经济社会发展模式的环境成本过大,遭受了国际社会的普遍诟病,因此,萨勒曼政府希望通过大力展示其各种低碳转型承诺来分散人们对现实的注意力,洗刷外界对沙特"肮脏的暴发户"的刻板印象,同时,将自己塑造成更加绿色、现代化和负责任的国家,减轻沙特在碳排放和温室气体控制方面面临的国际压力,为沙特的新政府争取国际承认与国际政治合法性和增强国际影响力。④正如塞巴斯蒂安·桑斯(Sebastian Sons)所言,(沙特)的举动可能只是为了展现其积极承担国际减排责任的可靠形象,而并非真实代表对实施可持续发展政策的承诺。⑤另一方面,沙特近年来多次因介入也门战争和

① "Middle East Green Initiative Summit Communiqué," October 26, 2021, https://www.saudi-greeninitiative.org/pr/MGI_Communique_26Oct_EN.pdf.

② "HRH Crown Prince Announce: 'The Saudi Green Initiative and the Middle East Green Initiative'," Saudi Press Agency, October 25, 2021, https://www.spa.gov.sa/viewstory.php?lang = enand-newsid = 2208375.

③ Mohammad Al-Saidi, "From Economic to Extrinsic Values of Sustainable Energy: Prestige, Neo-Rentierism, and Geopolitics of the Energy Transition in the Arabian Peninsula," *Energies*, Vol.13, No.21, 2020, p.1.

④ Marvin Lee, "Saudi Vision 2030: What are Saudi Arabia's Plans for the Future?" September 21, 2021, https://earth.org/saudi-vision-2030/.

⑤ Sebastian Sons, "In Dire Need of a New Social Contract: Saudi Arabia's Socioeconomic and Political Challenges," in David Ramin Jalilvand and Kirsten Westphal, eds., *Political and Economic Challenges of Energy in the Middle East and North Africa*, London: Routledge, 2018, p.135.

2018 年卡舒吉事件而招致国际社会的批评,全球声誉及经济吸引力大幅削弱,特别是卡舒吉谋杀案不仅使强调人权问题的美国与沙特关系日趋紧张,更加导致在沙外商大规模撤资,由沙特举办的第二届未来投资倡议峰会更是成为众矢之的,严重拖累了沙特的引资目标,小萨勒曼甚至悲观地表示"多年内不会有人投资(NEOM 项目)"①。②所以,沙特在 2020 年利用其在担任二十国集团轮值主席国的一年时间中适时推广其碳循环经济计划,并在 2021 年宣布了中东绿色倡议(MGI)和沙特绿色倡议(SGI)两大绿色倡议,期待借此淡化卡舒吉案的负面影响,重塑全球形象。尤其是美国总统拜登上台后将环境问题置于其议程的重要位置且在西方国家对气候变化愈加重视的背景下,沙特此举能够在能源气候领域实现与西方国家的良性互动,缓和与美国等西方国家的关系,为沙特带来一定的外交机遇和发展空间。同时,沙特也在积极进行信号传递,营销自身实现可持续发展的积极表现,挖掘国际合作潜力,吸引更多国际先进项目、资金和技术投资进入沙特。③

最后,除上述的政治动机外,最为关键的是,沙特从主观意愿上希望借漂绿所获的关注度掩盖既有的能源利益,为出口更多石油和维护沙特的能源权力提供"政治掩护"。石油是沙特主要的出口商品,该国 85% 的出口、90% 的政府收入依靠石油维持。然而,高速的人口增长和低效的石油消费使沙特国内的能源需求不断增长,已占据其石油总产量的四分之一以上,④极大蚕食着原本可用于

---

① 2017 年 10 月,沙特王储小萨勒曼宣布该国将建设一个超大型绿色新城市(NEOM),NEOM 的意思是"New Future",该计划是沙特"2030 愿景"的标志性项目,详情可见该项目官方网站:https://www.neom.com/en-us。

② Simeon Kerr and Anjli Raval, "Saudi Prince's Flagship Plan Beset by Doubts After Khashoggi Death," The Financial Times, December 11, 2018, https://www.ft.com/content/c24ab1d4-f8a7-11e8-8b7c-6fa24bd5409c; Abbas Al Lawati, "Saudi Fund to Develop Jeddah Downtown With $4.8 Billion Project," Bloomberg, September 27, 2017, https://www.bloomberg.com/news/articles/2017-09-27/saudi-fund-to-develop-jeddah-downtown-with-4-8-billion-project#xj4y7vzkg.

③ Jane Kinninmont, "Vision 2030 and Saudi Arabia's Social Contract: Austerity and Transformation," July 2017, https://www.chathamhouse.org/sites/default/files/publications/research/2017-07-20-vision-2030-saudi-kinninmont.pdf.

④ "Statistical Review of World Energy 2011," British Petroleum, http://www.bp.com/assets/bp_internet/globalbp/globalbp_uk_english/reports_and_publications/statistical_energy_review_2011/STAGING/local_assets/pdf/statistical_review_of_world_energy_full_report_2011.pdf; Jim Krane, "The End of the Saudi Oil Reserve Margin," The Wall Street Journal, April 3, 2012, https://www.wsj.com/articles/SB10001424052702303816504577319571732227492.

出口的石油储量。①沙特阿美石油公司首席执行官哈立德·法利赫（Khalid al-Falih）警告称，如果不对国内能源需求加以控制，沙特的石油消费量可能会从每天300万桶增加到2030年的800万桶，可能会使沙特的原油出口能力下降三分之一以上。②花旗集团（Citigroup）的一份报告③预测，到2030年，沙特甚至可能成为石油净进口国。④石油出口能力的下降不仅使沙特面临巨大的预算赤字，影响国内食利模式的稳定，也将损害沙特作为全球石油市场"摇摆生产者"的作用，进而对沙特的国际地位造成负面影响。⑤因此，沙特迫切需要找到替代方案来满足国内能源消费，以释放更多化石燃料出口，从而增加石油收入，继续保持世界第一石油生产国的地位。⑥基于这一逻辑，沙特投资可再生能源的核心战略目标很大程度上是为了

---

① David Ramin Jalilvand and Kirsten Westphal, *The Political and Economic Challenges of Energy in the Middle East and North Africa*, London: Routledge, 2018, p.2; Glada Lahn and Paul Stevens, "Burning Oil to Keep Cool: The Hidden Energy Crisis in Saudi Arabia," Chatham House, 2011, pp.6—8; Dramatic Slowdown in Annual Growth Rate Is Also Predicted by the International Energy Agency, US Department of Energy and British Petroleum; Rambo et al., "Water-energy Nexus in Saudi Arabia," *Energy Procedia*, Vol.105, 2017, p.3839; Glada Lahn and Paul Stevens, "Burning Oil to Keep Cool: The Hidden Energy Crisis in Saudi Arabia," Chatham House, 2011, p.2; Dermot Gately Nourah Al-Yousef and Hamad M. H. Al-Sheikh, "The Rapid Growth of Domestic Oil Consumption in Saudi Arabia and the Opportunity Cost of Oil Exports Forgone," *Energy Policy*, Vol.47, 2012, pp.57—68; Said Nachet and Marie-Claire Aoun, "The Saudi Electricity Sector: Pressing Issues and Challenges," Institut français des relations, 2015, p.6.

② Summer Said and Keith Johnson, "Rift Emerges Over Saudi Oil Policy," The Wall Street Journal, April 30, 2013, https://www.wsj.com/articles/SB10001424127887323528404578454683761056470.

③ Maya Shwayder, "Saudi Arabia May Run out of Oil by 2030: Citigroup," International Business Times, May 9, 2012, https://www.ibtimes.com/saudi-arabia-may-run-out-oil-2030-citigroup-761449; Dermot Gately Nourah Al-Yousef and Hamad M. H. Al-Sheikh, "The Rapid Growth of Domestic Oil Consumption in Saudi Arabia and the Opportunity Cost of Oil Exports Forgone," *Energy Policy*, Vol.47, 2012, pp.57—68.

④ 关于沙特何时将成为石油净进口国，当前学术资料中被广泛参考的另一个时间数据是英国查塔姆研究所于2011年预测的"2038年"。参见 Glada Lahn and Paul Stevens, "Burning Oil to Keep Cool: The Hidden Energy Crisis in Saudi Arabia," Chatham House, 2011, p.2.

⑤ Jim Krane, *Energy Kingdoms: Oil and Political Survival in the Persian Gulf*, New York: Columbia University Press, 2019, p.42.

⑥ 据估算，沙特推动可再生能源发展每天可节省52.3万桶石油当量。参见 Bilal Y. Saab and Robert A. Manning, "Riyadh's Oil Play: Why the Kingdom is Keeping Prices Low," Foreign Affairs, January 6, 2015, https://www.foreignaffairs.com/articles/middle-east/2015-01-06/riyadhs-oil-play; Zoheir Hamed, "Energy Transition in Rentier States: A Multi-level Perspective," in Giacomo Luciani and Rabia Ferroukhi eds., *Political Economy of Energy Reform: The Clean Energy-Fossil Fuel Balance in the Gulf States*, Berlin: Gerlach Press, 2014, p.107; Bassam Fattouh, Rahmat Poudineh and Rob West, "The Rise of Renewables and Energy Transition: What Adaptation Strategy Exists for Oil Companies and Oil-Exporting Countries?" *Energy Transitions*, Vol.3, 2019, pp.53—56.

延长石油出口盈利的时间和维护沙特的能源权力，本质上是对化石能源经济发展的保障而非限制，补充而非替代。[①]并且，如果沙特继续扩大石油的开采与出口实际上抵消了西方国家减少的油气产量，将导致更多的二氧化碳在供应链的下游被排放。沙特的这种漂绿行为根本无助于实现《巴黎协定》所规定的"控制全球平均气温较工业化前水平升高不超过 1.5 摄氏度"的目标。[②]

（二）趋利心理驱使下的沙特政府能源转型漂绿的特点及影响

据以上分析可知，沙特政府倚赖能源转型在国际、地区及国内事务中捞取政治和经济利益，将能源政策与政府"自利"纠缠在一起，实际上大大偏离了公共利益的价值向度。所以，沙特的可再生能源政策具有鲜明的工具性特征，也使其能源转型具备了充分的漂绿动机。而从实际的表现来看，种种迹象表明，沙特在能源转型中的象征性实践与实质性实践之间的确存在极大偏差，并且可能导致极为严重的负面性政策后果。

1. 萨勒曼政府通过种种许诺与宣传活动为沙特勾画出一幅理想的可持续发展蓝图

第一，在"萨勒曼新政"的框架之下，沙特政府多年来持续提高可再生能源发展目标。依据 2016 年的"2030 愿景"，沙特原计划到 2023 年将实现可再生能源发电 9.5 吉瓦（其中光伏 5.9 吉瓦，风力发电 2.4 吉瓦），并将可再生能源发电量占比提至 10％。2018 年，沙特规划国家可再生能源项目（National Renewable Energy Program，NREP），再度为可再生能源设定了发电 27.3 吉瓦的 5 年目标（2018—2023 年）和 58.7 吉瓦的 12 年目标（2018—2030 年），其中光伏 40 吉瓦，风力发电 16 吉瓦，光热发电 2.7 吉瓦。到 2021 年末，沙特进一步修订了可再生能源目标。根据沙特绿色倡议的设定，沙特可再生能源产能在其总能源结构中的目标份额再度提升至 2030 年超过 50％，并将降低 1.3 亿吨碳排放量。近期，沙特也更新了国家自

① David Ottaway, "Saudi Arabia's Green Initiative Aims to Exonerate Fossil Fuel Advocacy," Wilson Center, November 1, 2021, https://www.wilsoncenter.org/article/saudi-arabias-green-initiative-aims-exonerate-fossil-fuel-advocacy?gclid=EAIaIQobChMI95D-k7H_-AIV7GxvBB3rigazEAAYASAAEgL0d_D_BwE.

② Freddie Neve, "Saudi Arabia's Environmental Sustainability Strategy," Asia House, 2021, https://asiahouse.org/news-and-views/saudi-arabias-environmental-sustainability-strategy/; Rachel Adams-Heard, Laura Hurst and Kevin Crowley, "The Retreat of Exxon and the Oil Majors Won't Stop Fossil Fuel," BNN Bloomberg, June 9, 2021, https://www.bnnbloomberg.ca/the-retreat-of-exxon-and-the-oil-majors-won-t-stop-fossil-fuel-1.1614514.

主贡献目标,将此前制定的到 2030 年相比 2015 年减少碳排放 1.3 亿吨的目标增加一倍至 2.78 亿吨以上,并且承诺将于 2060 年前实现碳中和。除此以外,沙特还专门制定了大量关于能源转型的方案、政策和倡议,例如"绿色沙特倡议""绿色中东倡议"、循环碳经济国家计划(Circular Carbon Economy National Program,CCENP)、沙特能源效率计划(Saudi Energy Efficiency Program)和《萨勒曼国王可再生能源计划》(King Salman Renewable Energy Initiative,KSREI)等,向外界展示沙特政府对可再生能源开发的重视和转型行动的强劲势头。为营造可持续发展的绿色形象,沙特政府也刻意降低了碳信息透明度,该国石油巨头沙特阿美公司更是在其碳排放数据披露排除了许多位于海外的合资炼油厂和石化厂产生的碳排放量。彭博社称,若加上这些被故意隐瞒的数据,那么该公司报告的年碳排放量将增加 5 500万吨,相当于其公开碳足迹的两倍。[1]

第二,沙特政府积极利用国际制度化平台在气候治理领域进行自我推销。沙特依靠密集的主场外交、创新性发议程嵌入等外交策略不断推进其绿色公关进程,彰显自己推进环境保护和能源转型的决心。2020 年 11 月,沙特举办第十五次二十国集团(G20)峰会,利用峰会轮值主席国契机来加强"可持续发展"和"绿色复苏"的议题倡导,并在峰会期间提出了循环碳经济(Carbon Circular Economy,CCE)的概念[2],得到各国领导人和能源部长的认可,也在最终的联合公报中得以采用,使自身的创新理念被制度化内嵌到国际可再生能源的治理框架中,提升了沙特在全球可再生能源治理领域的制度型领导力。[3]2021 年 10 月,沙特接连举办了首届"绿色沙特倡议"年度论坛以及"中东绿色倡议"峰会,宣称"在可再生能源的曙光时代,SGI 将支持沙特成为可持续发展的国际领袖,"而 MGI 将"凝聚地区合作并为实现全球目标做出重大贡献",积极充当绿色能源的方向型领导者,通过强有力的政治信号推动可再生能源的国际规范倡导。[4]仅一个月后,小萨勒曼又出席了在格拉斯哥举行的联合国气候变化大会(United Nations Climate Change Confer-

---

①　Akshat Rathi, Matthew Martin and Anthony Di Paola, "Saudi Oil Giant Understates Carbon Footprint by Up to 50%," Bloomberg, January 21, 2021, https://www.bloomberg.com/news/articles/2021-01-21/how-much-does-aramco-pollute-missing-emissions-might-double-carbon-footprint.

②　循环碳经济遵循 4R 原则,即通过减量化(reduce)、再利用(reuse)、回收(recycle)和去除(renew),实现从线性经济模式到循环经济模式的转变。参见"Circular carbon economy," https://www.aramco.com/en/sustainability/climate-change/managing-our-footprint/circular-carbon-economy#。

③　Thamir Al Shehri, Jan Frederik Braun, Nicholas Howarth, Alessandro Lanza and Mari Luomi, "Saudi Arabia's Climate Change Policy and the Circular Carbon Economy Approach," *Climate Policy*, 2022, p.2.

④　"Championing Climate Action at Home and Abroad," https://www.saudigreeninitiative.org/.

ence，COP26)并发表讲话。另外，沙特还是"全球甲烷减排倡议"(Global Methane Initiative)、"创新使命"倡议(Mission to Innovation)、清洁能源部长级会议(Clean Energy Ministerial)和净零生产者论坛(Net-Zero Producers Forum)、"国际太阳能联盟"(International Solar Alliance)等重大国际会议和跨国倡议网络的积极参与者，成功吸引了全球的目光。

第三，沙特政府利用网络、报纸、杂志、宣传片、展览展示等视觉媒介强化可持续性国家品牌建构。为推广政府的转型倡议，小萨勒曼上任后频频接受彭博社、路透社、利雅得日报等阿拉伯及西方多家主流媒体的采访，通过大量文章和报道将美化沙特在可再生能源领域的进展，沙特的"绿色雄心"置于聚光灯之下，提升自身的话语影响力。在互联网平台上，沙特政府将"2030愿景"的形象标识直接置于官网首页明显位置予以突出推荐，并在网站上发布了充斥着绿色景观图像和未来生活场景的宣传片，"绿色沙特倡议"的主页也重点使用了绿色系色调作为背景铺设，强调和传达"绿色生态环境保护"的主旨意涵。①由沙特王室控股的石油巨头沙特阿美公司也在推特等社交媒体上持续发布有关能源转型的推广视频以进行品牌重塑。②这些广告吹捧该公司"致力于对气候变化采取紧急行动"，并且一直在利用技术研发来"大幅减少二氧化碳排放"，为公司打造环境领导者的外在形象。③在国际上，萨勒曼政府也将第26届联合国气候变化大会(COP26)、世界博览会等平台视为展示可再生能源发展理念和项目的绝佳机遇。在第26届联合国气候变化大会期间，沙特以绿色为主色调搭设展馆，借助丰富的视觉符号与绿色话语修辞向参会人士展现了沙特对于绿色未来的构想，并且重点推介了建成后100%使用可再生能源供电的未来城市NEOM。2020年迪拜世博会上沙特展馆也被萨勒曼政府视为推展国家品牌的"世界之窗"，展馆场地设计也全面贯彻了绿色的理念，现场全面可再生能源发电，充分营造绿色生态的开放空间，场馆内部屏幕也循环播放有关SGI、MGI、NEOM的虚拟情景，该建筑甚至获得美国绿色建筑委员会颁发的

---

① 详情请见沙特政府官方网站(https://www.my.gov.sa/wps/portal/snp/content/saudivision)，及"绿色沙特倡议"主页(https://www.saudigreeninitiative.org/)。

② Lee Fang and Sharon Lerner, "Saudi Arabia Denies Its Key Role in Climate Change Even As It Prepares for the Worst," The Intercept, September 18, 2019, https://theintercept.com/2019/09/18/saudi-arabia-aramco-oil-climate-change/.

③ @aramco, "We continue to work on advancing our innovative engine # technologies that will improve efficiency and # loweremissions through our research centers and partners around the globe," August 23, 2019, https://twitter.com/Aramco/status/1164523884806381569. 更多内容详见沙特阿美公司推特主页 https://twitter.com/aramco。

LEED 白金证书，展现了沙特在能源与环境可持续方面的设计领导力。①而在 2022 年拜登访问沙特期间，沙特政府专门在吉达丽思卡尔顿酒店举办了绿色转型之旅展览，使参观者通过沉浸式互动体验，感受石油王国自推出"2030 愿景"以来走向可再生能源的历程。并将其与作为全球主要石油出口国的历史角色形成鲜明对比。②

总而言之，沙特通过不同形式的宣传活动渲染沙特作为能源转型先驱的国家形象，与过往的污染环境的棕色产油国形象构成强烈的反差。

2. 按实际情况分析，萨勒曼政府的能源转型设想内容空泛且落实不力，难以实现既定目标

第一，宏大的能源转型设想与沙特社会的实际情况存在割裂，致使沙特再生能源开发呈高目标、低效率的无序状态。

在技术层面，虽然沙特的地理位置使其在生产太阳能和风能方面有较大优势，但在现有的储能技术和设备未取得革命性突破之前，可再生能源只能是对传统能源起到局部、有限的替代作用。此外，沙特为实现"净零"排放目标而提出的一项重要解决方案就是利用碳捕获与封存（carbon capture and storage，CCS）技术发展碳循环经济，同时大力开发蓝氢和绿氢等低排放能源，但这种技术在沙特仍处于试验阶段，尚未大规模交付且成本极其高昂，需要大量投资才能全面实现规模部署，依靠这一技术在 21 世纪中叶实现减排目标的潜力极为有限。③对此，日内瓦国际研究所研究员马修·阿彻在接受半岛电视台（AL Jazeera）采访时直言，任何一个长期倚赖化石燃料开采和利用的经济体能够实现任何有意义的"循环"都是荒谬的，因为唯一可行的方法是依赖于尚不存在的技术。④再者，萨勒曼政府的另一个重要目标是实现可再生能源产业与人才的本土化，但教育系统严苛的宗教性质意味沙特还不具备进

① Reem Krimly, "Saudi Arabia's Pavilion Second Largest at Expo 2020 Dubai, Holds LEED Certification," Alarabiya News, September 1, 2021, https://english.alarabiya.net/News/gulf/2021/09/01/Saudi-Arabia-s-pavilion-second-largest-at-Expo-2020-Dubai-holds-LEED-certification.

② Deema Al-Khudair, "KSA Green Transition Journey Exhibition Showcases Kingdom's Vision for Sustainable Future," Arab News, July 15, 2022, https://www.arabnews.com/node/2122666/saudi-arabia.

③ Sebastian Sons, "In Dire Need of a New Social Contract: Saudi Arabia's Socioeconomic and Political Challenges," in David Ramin Jalilvand and Kirsten Westphal eds., *Political and Economic Challenges of Energy in the Middle East and North Africa*, London: Routledge, 2014, p.43.

④ Robert Kennedy, "'Dangerous and Delusional': Critics Denounce Saudi Climate Plan," Al Jazeera, October 26, 2021, https://www.aljazeera.com/news/2021/10/26/green-or-greenwashing-saudi-arabias-climate-change-pledges.

行技术突破所需的创新文化氛围,一些与技术研发相关的重要科学科目被边缘化,只有少数几所大学提供可再生能源技术的课程或研究项目,因此沙特技术人才体系储备较差,科研实力较低,学科建设与人才培养的工作难以在短时间内完成。[1]

在资金层面,沙特如果要兑现发展可再生能源行业的重大承诺需要投入巨额资金,仅 NEOM 一项工程便预计将耗资 5 000 亿美元。然而,沙特政府财政入不敷出现象积弊已久,油田遇袭、新冠肺炎疫情及油价下跌均导致沙特的财政状况再遭打击,沙特对于也门战争、叙利亚内战等地缘政治问题的介入也使沙特面临极大的不稳定因素,外部资本基本处于观望态度,近来 NEOM 等标志性项目已被搁置或延宕。因此,沙特在能源转型甚至整个新政的推进上都存在很大的资金缺口,更加大了经济发展的财政压力。英国皇家联合军种国防研究所中东问题专家迈克尔·斯蒂芬斯(Michael Stephens)谈及这一问题也甚感悲观,认为"'2030 愿景'或多或少已经结束"。[2]

而在社会环境层面,沙特本质上不具备向可再生能源过渡的社会条件。之前提及,沙特社会中的青年势力正在异军突起,但根本上沙特的保守势力依然根深蒂固。[3]从 20 世纪 70 年代起,沙特便利用丰厚的石油收入,在国内建立了完善的福利补贴体系以维护政权合法性与民众支持,这构成政府君主统治者和被统治者之间的隐性社会契约。[4]要真正实现"净零"目标,沙特需要在不到 40 年的时间里对这一高福利的社会经济模式全面改革,撤销一系列燃料和公用事业补贴,同时使民众克服奢侈的生活方式和消费习惯所造成的"棘轮效应",显然是难以实现的甚至可能会付出高昂的政治代价,因为此前沙特政府试图提高水价油价的尝试已经引起大规模的民众不满和抗议。[5]

---

[1] Nashwa Saaty, "The Relationship between L2 Self, Sociocultural Context and L2 Motivation among Saudi Female English Learners," PhD thesis, University of Nottingham, 2015, p.45.

[2] Vivian Yee, "Saudi Arabia's Big Dreams and Easy Living Hit a Wall," The New York Times, May 16, 2020, https://www.nytimes.com/2020/05/16/world/middleeast/saudi-arabia-coronavirus-prince.html.

[3] Yasser Alsaleh, "An Empirical Insight into the Functionality of Emerging Sustainable Innovation Systems: The Case of Renewable Energy in Oil-Rich Saudi Arabia," *International Journal of Transitions and Innovation Systems*, Vol.1, No.3, 2011, p.320; Sebastian Sons, "In Dire Need of a New Social Contract: Saudi Arabia's Socioeconomic and Political Challenges," in David Ramin Jalilvand and Kirsten Westphal eds., *Political and Economic Challenges of Energy in the Middle East and North Africa*, London: Routledge, 2014, p.134.

[4] Madawi al-Rasheed, *The History of Saudi Arabia*, Cambridge University Press, 2002, p.56.

[5] Glada Lahn and Paul Stevens, "Burning Oil to Keep Cool: The Hidden Energy Crisis in Saudi Arabia," Chatham House, 2011; Bassam Fattouh and Amrita Sen, "Saudi Arabia's Vision 2030, Oil Policy and the Evolution of the Energy Sector," The Oxford Institute for Energy Studies, 2016, p.4.

所以,沙特的能源转型很大程度上只是短期政治压力驱使下的漂绿行为,改革目标过高而无视现实矛盾,多数开发项目的执行进程不仅缓慢,而且多呈低效无序的状态,更导致转型与国内经济民生相冲突。例如,若不及时进行调整,沙特意欲完成转型目标只能是空中楼阁,更会销蚀沙特年轻一代的支持度,失去民意的支持和信任。①

第二,沙特政府的能源转型尚未公布翔实的规划,且实施中存在难以克服的体制性障碍,与整个国家未来可再生能源愿景之间极不契合。

尽管萨勒曼构想的能源转型"金玉其外",但能源转型是一个涉及多种能源种类、多领域、多环节、多部门的系统性、结构性改革,需要连贯、综合和全面的转型规划,而沙特能源转型只是体现在"2030愿景""国家转型计划"和政府高官讲话等松散空洞的声明之中,目标制定得过于具体却欠缺专门的细化方案或政府阐述文件,可再生能源的发展轨迹和行动步骤仍不明朗,这被认为是沙特政府可再生能源发展漂绿的主要依据。②很多学者对沙特能否真正实现其增加可再生能源的目标表示怀疑,认为"它(到目前为止)缺乏细节,只可谓是'新瓶装旧酒',而不是新的创新改革议程"③。2021年4月SGI倡议公布后,小萨勒曼曾称倡议具体细节将在数月后对外公布,但迄今为止没有公开具体规划的迹象。④

在体制方面,沙特政府并无急切的政治意愿来改善可再生能源项目的投资和开发。一是沙特政府尚未建立有效的法律和监管框架来部署可再生能源,缺乏推动可再生能源行业发展的法律环境,直接影响了低碳项目的投资决策和良性运行。第一,沙特的法律制度仍然是以服务传统化石能源为主,例如,沙特没有关于可再生能源技术(RET)使用的具体法规或政策,也未设立专门的可再生能源电力法,可再生能源的发电、输电和配电同化石能源一样均受沙特水电监管局(Water and Electricity Regulatory Authority,WERA)监管。⑤第二,沙特没有适用于可再生能

---

① Andrew England and Camilla Hodgson, "Saudi Arabia's Grandiose Climate Plans Struggle to Take Off," The Financial Times, August 29, 2021, https://www.ft.com/content/07a6e392-5716-44c0-a6bd-d6f7ea474e5e.

② 王然,《"2030愿景"背景下沙特能源战略转型》,《当代世界》2017年第11期。

③ Sebastian Sons, "In Dire Need of a New Social Contract: Saudi Arabia's Socioeconomic and Political Challenges," in David Ramin Jalilvand and Kirsten Westphal eds., *Political and Economic Challenges of Energy in the Middle East and North Africa*, London: Routledge, 2018, p.38.

④ 驻沙特王国大使馆经济商务处:《沙特宣布"绿色沙特倡议"和"绿色中东倡议"》,http://sa.mofcom.gov.cn/article/jmxw/202104/20210403051173.shtml。

⑤ Ibrahim Mosly and Anas A. Makki, "Current Status and Willingness to Adopt Renewable Energy Technologies in Saudi Arabia," *Sustainability*, Vol.10, No.11, 2018, p.2; Renewable Energy-Saudi Arabia, ICLG, https://iclg.com/practice-areas/renewable-energy-laws-and-regulations/saudi-arabia。

源储存的法律和监管框架,不利于太阳能光伏等项目的大规模开发。①在没有既定监管框架的情况下,说服投资者投资可再生能源是一项挑战。②第三,沙特政府在风能、太阳能和核能的开发与利用方面仍由国家统一管理和控制,尚未制定一套全面的可再生能源商用激励和监管方案,以促进私营企业投资可再生能源。③第四,沙特沿用伊斯兰教法体系,没有为外国投资者提供一个基于普通法和外国仲裁的解决商业纠纷的体系,鉴于伊斯兰教法体系的保守性和神秘性,在某种程度上对外企投入巨资进入沙特可再生能源市场形成不确定风险因素。④

二是专职机构革新难掩官僚机构僵化的内质。自利性的过度扩张导致沙特政府及其职能部门在参与能源转型项目时始终无法完全体现公共部门的公共性。沙特的国家机构大多是平行的政治实体,各部门出于自身利益的考量,机构之间横向合作的意愿薄弱,使得部门之间难以实现政策协调,影响了沙特政府对于可再生能源政策的执行能力。⑤最初,沙特的可再生能源项目由 K.A. CARE 牵头。自 2016 年起,沙特政府新成立能源、工业和矿产资源部(the Ministry of Energy, Industry, and Mineral

---

① Samar Saber Khan, Hafez Abdo and Rob Ackrill, "Energy Security in Saudi Arabia: Challenges, Threats and Solutions," *Palarch's Journal of Archaeology of Egypt/Egyptology*, Vol. 18, No. 15, pp.358—359; "Renewable Energy-Saudi Arabia," ICLG, https://iclg.com/practice-areas/renewable-energy-laws-and-regulations/saudi-arabia.

② Samar Saber Khan, Hafez Abdo and Rob Ackrill, "Energy Security in Saudi Arabia: Challenges, Threats and Solutions," *Palarch's Journal of Archaeology of Egypt/Egyptology*, Vol.18, No.15, 2021, p.358.

③ Glada Lahn and Paul Stevens, "Burning Oil to Keep Cool: The Hidden Energy Crisis in Saudi Arabia," Chatham House, 2011, pp.24—25; "Renewable Energy-Saudi Arabia," ICLG, https://iclg.com/practice-areas/renewable-energy-laws-and-regulations/saudi-arabia.

④ "Renewable Energy-Saudi Arabia," ICLG, https://iclg.com/practice-areas/renewable-energy-laws-and-regulations/saudi-arabia.

⑤ 沙特可再生能源市场的政府参与主体主要包括以下部门:沙特政府新成立能源、工业和矿产资源部(the Ministry of Energy, Industry, and Mineral Resources, MEIMR)、沙特能源部可再生能源项目开发办公室(Renewable Energy Project Development Office, REPDO)、沙特电力公司(Saudi Electric Company, SEC)、沙特公共投资基金(Public Investment Fund, PIF)、沙特电力和热电联产监管局(The Electricity and Cogeneration Regulatory Authority, ECRA)、沙特阿美石油公司(Saudi Aramco)、沙特国家电力采购公司(The Saudi Power Procurement Company, SPPC)、沙特水电监管局(Water and Electricity Regulatory Authority, WERA)、沙特电力生产和可再生能源推进能源事务最高委员会(Supreme Committee For Energy Mix Affairs for Electricity Production and Enabling Renewable Energy Sector)。此外,沙特可再生能源领域的研发工作还由阿卜杜拉国王核能和可再生能源城(King Abdullah City for Atomic and Renewable, K.A. CARE)、阿卜杜拉国王能源研究中心(King Abdullah Petroleum Studies and Research Center, KAPSARC)、阿卜杜拉国王科技大学(King Abdullah University of Science and Technology, KAUST)、阿卜杜拉阿齐兹国王科技城(King Abdulaziz City for Science and Technology, KACST)等机构执行。

Resources，MEIMR)以管辖 K. A. CARE 等机构，2017 年在 MEIMR 之下再设可再生能源项目展开办公室(Renewable Energy Project Development Office，REPDO)，与其他关键利益相关者合作，协调沙特的可持续发展转型进程。①然而，MEIMR 的成立并未解决机构间的合作问题，无法在可持续转型中发挥带头作用，也无法结束各部门之间的"地盘战"。例如，2018 年春季，小萨勒曼到访美国之际与软银集团签署了一份谅解备忘录，预计到 2030 年投资超 2 000 亿美元以帮助沙特实现 2030 年的太阳能开发目标。然而，该合作在当年 10 月即被搁置，至今尚未恢复。

在规划不详的情况下，沙特没有通过立法形式全面展开能源转型变革，官僚间相互掣肘等体制性障碍也未见改观。面对这种情况，政府若无意愿从根本上及时改善，那么实现可再生能源开发目标必然成为一纸空文，也极大可能坐实了关于沙特政府漂绿的指控。一旦国际投资商接收到此类消极信号，便会极大遏制对沙投资热情，外部也难以跟沙特制定长久合作的可再生能源发展战略和机制，进一步阻碍沙特的融资计划。

第三，沙特政治经济体系与石油高度绑定，在实施能源转型过程中政府调头缓慢，仿似借能源转型为继续牟取高额的能源利益打掩护。

根据温室气体议定书(The Greenhouse Gas Protocol，GHGP)的规定，各国政府及企业若要减少碳足迹，那么其减排活动应涵盖 3 个"范围"，即在价值链的各个阶段均需控制温室气体排放量。②按实际排放量来看，对直接排放进行脱碳只是减

---

① Faris Al-Sulayman, "Distributed Renewables and the Shaping of the New Saudi Economy," http://www.kfcris.com/en/view/post/156; Aisha Al-Sarihi, "Climate Change and Economic Diversification in Saudi Arabia：Integrity，Challenges，and Opportunities," https://agsiw.org/climate-change-and-economic-diversification-in-saudi-arabia-integrity-challenges-and-opportunities/; Moritz Borgmann, "Potentially Game-Changing Saudi Arabian Government Restructuring Bolsters 9. 5 GW Renewable Energy Target by 2023," https://www. apricum-group. com/saudi-arabia-announces-9-5-gw-renewable-energy-target-new-king-salman-renewable-energy-initiative/.

② 1998 年，世界资源研究所(World Resources Institute，WRI)和世界可持续发展工商理事会(World Business Council for Sustainable Development，WBCSD)发起联合倡议，制定温室气体议定书(The Greenhouse Gas Protocol，GHGP)作为核算和报告温室气体排放量的全球标准化框架，目前已被大多数政府和企业所采用。根据 GHGP，温室气体依据不同的排放来源分为范围 1、2 和 3，其中"范围 1"是指组织直接燃烧能源产生的温室气体排放，"范围 2"是指组织外购能源(包括购买电力、蒸汽、热量或冷却)消耗产生的间接排放，"范围 3"是指该组织供应链(包括上游和下游运营)中发生的所有间接排放，即该组织除范围 1、2 之外的所有排放。按实际排放量来看，对直接排放进行脱碳只是减排大战役的小头，石油和天然气行业对环境造成的污染 80% 以上以范围 3 排放的形式出现，然而很多政府和企业的环境、社会与治理(Environmental，Social and Governance，ESG)报告中却排除了范围 3 的碳排放量。参见"Greenhouse Gas Protocol," https://www.wri.org/initiatives/greenhouse-gas-protocol.

排大战役的小头,而石油和天然气行业对环境造成的污染80%以上都是以"范围3"排放(该组织价值链中发生的所有间接排放)的形式出现。然而,由于未受强制披露限制,很多政府和企业的环境、社会与治理(Environmental, Social and Governance, ESG)报告中都未将范围3的碳排放量纳入其中。①沙特便利用这一漏洞在碳排放的问题上大做文章。换言之,沙特虽承诺到2060年实现"净零排放",但却将沙特向其他国家出口石油的大量碳排放排除在脱碳目标之外。②之前提及,沙特国内能耗急剧上升,开发可再生能源的根本目的是为保证更多石油能够出口,维持经济增长同时稳固对能源市场的控制。根据沙特货币局(Saudi Arabian Monetary Agency, SAMA)发布的统计数据,2016年沙特"2030愿景"发布后,沙特油气出口收入占其政府财政收入的比重整体上反而是上升的,2020年的比重更高约70%。③未来持续增加的石油出口表面上无碍于沙特自身碳中和目标的实现,但却会在进口国制造更多的碳排放,无助于全球总体的减排行动的推进,这实际上是其貌似转型实则漂绿的重要表象之一。

除去"范围3",由于"碳锁定"的惯性,沙特也并未在"范围1"(直接温室气体排放)的范畴内展现出应有的减排诚意。国际能源署2021年5月发布的年度报告《2050年净零排放:全球能源行业路线图》指出,全球如果要在2050年实现"净零",就必须在2020年的基础上减少55%的天然气消费、75%的石油消费,并停止一切新的油气项目开发。④然而,沙特经济长期依赖石油已形成巨大惯性,不可能在短期内减少传统化石能源的开采。萨勒曼也坚称,沙特将保持其在石油和天然气领域的主导地位,确保地球表面的最后一桶石油来自沙特的油井。⑤就在沙特提

---

① Matt Farmer, "COP26: What Are Scope 3 Emissions and Why Does Oil Hate Them?" Offshore Technology, September 30, 2021, https://www.offshore-technology.com/analysis/scope-3-emissions-reporting-oil-and-gas-companies-cop26/.

② Patrick Wintour, "'Apocalypse Soon': Reluctant Middle East Forced to Open Eyes to Climate Crisis," The Guardian, October 29, 2021, https://www.theguardian.com/environment/2021/oct/29/apocalypse-soon-reluctant-middle-east-forced-to-open-eyes-to-climate-crisis.

③ 详情请见沙特货币局网站(https://www.sama.gov.sa/en-US/pages/default.aspx)。

④ IEA, "Net Zero by 2050: A Roadmap for the Global Energy Sector," https://www.iea.org/reports/net-zero-by-2050.

⑤ Oscar Rickett, "COP26: Middle East Climate Activists Slam Deal as 'Epic' Greenwashing Failure," November 16, 2021, https://www.middleeasteye.net/news/cop26-middle-east-climate-activists-greenwash-deal; Javier Blas, "The Saudi Prince of Oil Vows to Drill 'Every Last Molecule'," BNN Bloomberg, July 22, 2021, https://www.bnnbloomberg.ca/the-saudi-prince-of-oil-vows-to-drill-every-last-molecule-1.1631633.

出 MGI 倡议的两周前,沙特阿美公司宣布到 2027 年将原油产能从每天 1 200 万桶增加到 1 300 万桶。[1]同时,沙特提倡利用 CCS 技术控制温室气体排放,这本质上是一种排放补偿策略,并非想要尝试减少化石燃料生产。并且,CCS 技术虽被推广但存极大争议,因为捕获和压缩燃烧后的碳排放需要燃烧额外的燃料,实际上增加了相同能源输出的化石燃料输入。[2]因此,短期内沙特国的能源开采状况得不到根本性改观,沙特的温室气体排放量依旧会维持在较高的水平并且仍将处于上升阶段。据估计,到 2030 年,沙特的排放量将比 2010 年高出 75%—95%。[3]再者,沙特政府在削减化石燃料补贴上诚意不足,难以激励可再生能源的开发与推广。沙特实行双重补贴制度,以补贴价格向发电厂出售燃料,发电厂又以补贴价格出售给终端消费者。这样的补贴制度使得可再生能源在成本上极不具备市场竞争力,造成以化石燃料为基础的能源系统在沙特愈为稳固。[4]萨勒曼政府曾试图在 2016 年和 2018 年改革对化石燃料的补贴,提高燃料和电力价格,但极小的削减根本不足以激励投资者进入可再生能源市场,严重阻碍着沙特可再生能源的开发和应用。[5]2020 年新冠肺炎疫情暴发后,沙特为抵御疫情对经济造成的负面影响,表示将强势支持石油行业复苏,并再度宣布一项价值 2.4 亿美元的一揽子计划,继续为商业、工业和农业部门提供电价减免。[6]鉴于沙特政府继续支持油气生产和化石燃料发电,以及通过低能源价格继续支持化石燃料消费,沙特在"G20 化石燃料融资记

---

[1] Javier Blas, "Saudi Arabia Reveals Oil Output Is Near Its Ceiling," The Washington Post, July 21, 2022, https://www.washingtonpost.com/business/energy/saudi-arabia-reveals-oil-output-is-near-its-ceiling/2022/07/20/eff7aff6-081b-11ed-80b6-43f2bfcc6662_story.html.

[2] Jim Krane, "Climate Strategy for Producer Countries: The Case of Saudi Arabia," in Giacomo Luciani and Tom Moerenhout eds., *When Can Oil Economies Be Deemed Sustainable? The Political Economy of the Middle East*, Singapore: Palgrave Macmillan, 2021, pp.301—327.

[3] "Climate Action Tracker-Saudi Arabia," https://climateactiontracker.org/countries/saudi-arabia/.

[4] Yasser M. Al-Saleh, "An Examination of the Prospects for Sustainable Energy within Major Oil-producing Countries Using An Innovation Systems Approach: The Case of Renewable Energy in Saudi Arabia," PhD thesis, The University of Manchester, 2010, pp.4—6.

[5] Fred Beck and Eric Martinot, "Renewable Energy Policies and Barriers," *Encyclopedia of Energy*, Vol.5, No.7, 2004, p.4; Kingdom of Saudi Arabia, "Increasing the Competitiveness of Our Energy Sector," https://vision2030.gov.sa/en/node/94; Glada Lahn, "Fuel, Food and Utilities Price Reforms in the GCC: A Wake-up Call for Business," https://www.chathamhouse.org/publication/fuel-food-and-utilities-price-reforms-gccbusiness.

[6] OECD, "COVID-19 Crisis Response in MENA Countries," https://www.oecd.org/coronavirus/policy-responses/covid-19-crisis-response-in-mena-countries-4b366396/.

分卡"(非经合组织成员国)中评分最低。①2022 年,俄乌战争爆发后,英美等西方国家多次要求沙特等海湾国家提高石油产量,以打压俄罗斯并缓解油价压力,为沙特能源转型前景再添阴影。

最后,在积极参与全球气候治理的假象之下,沙特政府实际上并未改变往日对气候协议的抵制态度。尽管沙特在 2015 年破天荒地对《巴黎协定》表示了支持,但在过去近三十年中,沙特在国际上多以否认气候变化和阻挠国际气候谈判的态度示人。②国际气候变化谈判专家乔安娜·德普利奇(Joanna Depledge)博士总结了沙特阻挠、拖延和削弱气候变化协议的五大策略:授权国家石油部门代表政府参与国际气候谈判;强调对气候科学的怀疑态度,淡化大气碳积累的有害影响;采用旨在推迟或阻碍进展的谈判技巧;支持反对气候行动的煤炭游说团体及相关利益集团;利用财政奖励说服较贫穷国家的代表团支持沙特的立场。③1995 年,沙特石油部长穆罕默德·萨班(Mohammad Al-Sabban)在当年召开的联合国政府间气候变化专门委员会(Intergovernmental Panel on Climate Change,IPCC)上屡屡质疑气候变化的科学性,一直设法拖延谈判进程。④在 2009 年哥本哈根气候协定谈判期间,他再次宣称"人类活动与气候变化之间没有任何关系"。⑤到了萨勒曼时期,相同的情况也在第 24、25、26 届联合气候变化大会和二十国集团峰会等国际场合再度重演。在 2018 年第 24 届联合国气候变化大会期间,沙特团队在美俄和科威特的支持下,带头反对此次大会对 IPCC 发布的关于将全球变暖控制在 1.5 ℃以内的报告的认可,并阻止相关措施的实施。⑥同样,沙特在第 25、26 届联合国气候变化

① 《加倍回报与加倍下注:G20 化石燃料融资记分卡》报告旨在追踪 2014—2019 年期间 G20 成员国在结束政府对化石燃料的资金支持方面取得的进展,以便 G20 国家能够履行其减排承诺,加速实现减缓气候变化目标所需的能源转型。参见 Anna Geddes et al.,"Doubling Back and Doubling Down:G20 Scorecard on Fossil Fuel Funding," https://www.iisd.org/publications/g20-scorecard。

② Joanna Depledge, "Striving for No:Saudi Arabia in the Climate Change Regime," *Global Environmental Politics*, Vol.8, No.4, 2008, p.11.

③ Joanna Depledge, "Striving for No:Saudi Arabia in the Climate Change Regime," *Global Environmental Politics*, Vol.8, No.4, 2008, p.11—30.

④ Jim Krane, "Energy Governance in Saudi Arabia:An Assessment of the Kingdom's Resources, Policies, and Climate Approach," James A. Baker III Institute for Public Policy of Rice University, 2019, pp.23—25.

⑤ Ibrahim Al Marashi, "Saudi Arabia's Net-Zero Pledges Are Just Another Instance of Greenwashing," TRT World, November 15, 2021, https://www.trtworld.com/opinion/saudi-arabia-s-net-zero-pledges-are-just-another-instance-of-greenwashing-51662.

⑥ Brad Plumer and Lisa Friedman, "Trump Team Pushes Fossil Fuels at Climate Talks. Protests Erupt, but Allies Emerge, Too," The New York Times, December 10, 2018, https://www.nytimes.com/2018/12/10/climate/katowice-climate-talks-cop24.html.

大会、二十国集团峰会举办前夕都以宣传视频和净零报告等形式举行大量的漂绿宣传,但却在实际谈判中多次干预和破坏气候谈判和取消化石燃料补贴等方面的进展。[①]另外,有研究表明,沙特资助美国国内的气候怀疑论者游说团体,试图影响公众舆论。[②]所以,沙特的种种行为似乎不像是一个已经准备对能源转型做出实质性承诺的国家应有的态度,关于沙特能源转型漂绿的质疑也符合其长期以来消极应对气候变化的行为。[③]

纵观萨勒曼政府进行能源转型的六年历程,判断其漂绿的一个重要数据指标便是国家可再生能源的能耗占比。瓦茨拉夫·斯米尔(Vaclav Smil)认为,如果可再生能源在能源消费总量中达到 5%,则标志着能源系统开始转型。[④]其实沙特的地理位置决定了其拥有全年阳光、充足风力和大片闲置空间等有利条件,发展可再生能源与其他国家相比具有极大竞争优势,如果有政治意愿推进并严格执行能源转型计划,原则上应该很容易达到和超过其目标。然而,沙特 2021 年可再生能源消耗份额仅占 0.07%,可再生能源发电份额仅占 0.3%,该国第一个风电场直到2021 年才运转,距离规划目标相去甚远。若可再生能源继续以当前的速度推进,沙特实现 2030 年 50% 的能源来自可再生能源的目标不啻一种奢想。[⑤]沙特不从实质上改变高度依赖化石燃料的现状,却只顾在承诺、宣传等表面文章上下功夫,不

---

① Justin Rowlatt and Tom Gerken, "COP26: Document Leak Reveals Nations Lobbying to Change Key Climate Report," BBC News, October 21, 2021, https://www.bbc.com/news/science-environment-58982445; Jonathan Fenton-Harvey, "Saudi Arabia's Short-Termism Over Climate Change Could Backfire," Inside Arabia, December 2, 2021, https://insidearabia.com/saudi-arabias-short-termism-over-climate-change-could-backfire/; Ibrahim Al Marashi, "Saudi Arabia's Net-Zero Pledges Are just Another Instance of Greenwashing," TRT World, November 15, 2021, https://www.trtworld.com/opinion/saudi-arabia-s-net-zero-pledges-are-just-another-instance-of-greenwashing-51662; Stuart Braun, "Will Saudi Arabia derail G20 climate-led recovery?" Deutsche Welle, November 20, 2020, https://www.dw.com/en/will-saudi-arabia-derail-g20-climate-led-recovery/a-55672691; Chloé Farand, "Saudi Arabia censors Fossil Fuel Subsidy Discussion as G20 Host," Climate Home News, July 14, 2020, https://www.climatechangenews.com/2020/07/14/saudi-arabia-censors-fossil-fuel-subsidy-discussion-g20-host/.

② Ibrahim Al Marashi, "MBS versus Greta Thunberg: Saudi Arabia's Climate Denial," TRT World, September 27, 2019, https://www.trtworld.com/opinion/mbs-versus-greta-thunberg-saudi-arabia-s-climate-denial-30153.

③ Ibrahim Al Marashi, "Saudi Arabia's Net-Zero Pledges Are Just Another Instance of Greenwashing," TRT World, November 15, 2021, https://www.trtworld.com/opinion/saudi-arabia-s-net-zero-pledges-are-just-another-instance-of-greenwashing-51662.

④ Vaclav Smil, *Energy Transitions: History, Requirements, Prospects*, Santa Barbara: Praeger, 2010, p.63.

⑤ "BP Statistical Review of World Energy(2022)," https://www.bp.com/content/dam/bp/business-sites/en/global/corporate/pdfs/energy-economics/statistical-review/bp-stats-review-2022-full-report.pdf.

仅无法发挥其作为地区大国的价值性引领作用，也极易引起中东地区其他国家的效仿，加剧海湾国家间的同质化竞逐，使地区气候脆弱性日益加剧。

五、余　论

总体来看，沙特的能源转型前景变数重重，前景难测。所以，对于沙特政府的漂绿质疑有其合理性，沙特也无法回避对其漂绿的猜疑。沙特的能源转型表明，漂绿政府本末倒置，借转型之名寻求在短期内谋求政治和经济利益，对其环保行动、绿色转型的成果进行宣传，却在实践中朝着明显背离碳中和目标的方向上南辕北辙。

摆脱对石油的依赖确是漫长而痛苦，但推进能源绿色转型已是大势所趋，被自利性过度绑架的能源转型终究要回归理性务实的轨道上来。为防止能源转型彻底走向无序，漂绿政府应以公共利益为导向，树立明确的能源转型意识，及时出台纠偏举措，使能源转型回归正轨，真正做到能源转型中承诺与行动的步调一致。同时，各国政府也应尽快提高碳中和目标和实施进展的透明度，[①]以恢复其在可再生能源领域的信誉，化解民众对能源转型的忧虑。

（房宇馨：北京外国语大学；戚凯：中国政法大学）

---

① Joeri Rogelj, Oliver Geden, Annette Cowie and Andy Reisinger, "Net-zero Emissions Targets Are Vague: Three Ways to Fix," *Nature*, Vol.591, No.7850, 2021, p.395.

国家身份视域下印度对 RCEP 政策
摇摆的动因探析

——基于"身份—行为"的路径

李 果

【内容摘要】《区域全面经济伙伴关系协定》(RCEP)自 2012 年发起,历经数轮谈判,最终于 2020 年 11 月由 15 国领导人共同签署。然而在参与长达七年的"马拉松式"谈判后,作为创始成员国之一的印度,却在最后关头以 RCEP 未能解决本国核心关切为由宣布退出。印度的 RCEP 谈判大致经历了犹豫不决、积极推动与宣布退出三个阶段,其政策行为也大致呈现有限参与、积极参与和放弃参与的动态演变。① 印度在 RCEP 问题上的反复摇摆,恰恰是其国家发展动力的真实映射和具体表现。因此,本文尝试基于建构主义范式下的身份理论,依循"身份—行为"的分析路径,从自我身份认知、他者关系定位和潜在利益偏好三个角度动态探究印度对 RCEP 的政策立场和行为选择,通过分析印度"退群"产生的影响及其回归 RCEP 的前景,借以思索印度国家发展动力的过去、现在和未来。

【关键词】 印度;区域全面经济伙伴关系协定;国家发展动力;国家身份;国家利益

一、引　言

《区域全面经济伙伴关系协定》(Regional Comprehensive Economic Partnership, RCEP)是 2012 年 11 月由东盟发起的巨型自由贸易协定(Mega-FTAs),旨

---

① 有关印度对 RCEP 三个阶段政策立场的划分,参见蒋芳菲:《认知变化与印度对 RCEP 的政策演变》,《南亚研究》2020 年第 4 期。

在通过削减关税与非关税壁垒,整合区域经贸规则,建立统一开放市场。RCEP 原包括东盟和中国、印度、日本、韩国、澳大利亚、新西兰共 16 个国家,覆盖近一半的全球人口,32.2％的全球 GDP,29.1％的全球贸易以及 32.5％的全球投资,达成后将成为全球涵盖人口最多、经贸规模最大、最具潜力的区域自贸协定。[①]自 2013 年 5 月启动以后,《协定》谈判历经 4 次领导人会议、23 次部长级会议和 31 轮正式磋商,最终在 2020 年 11 月第四次《协定》领导人会议上由印度之外的 15 个成员国共同签署,这场长达八年的"马拉松式"谈判终于落下帷幕。

其实此前在 2019 年 10 月区域全面经济伙伴关系协定第九次部长级会议上,各方就已实质性地完成了市场准入谈判,并重申确保在年内签署协定。[②]然而次月,印度总理纳伦德拉·莫迪(Narendra Modi)却在第三次协定领导人会议上突然叫停谈判,以"该协定未能充分体现 RCEP 的基本精神和指导原则,未能令人满意地解决印度悬而未决的问题和关切"为由宣布退出。[③]尽管中国、日本和部分东盟国家努力挽留,但印度对协定谈判的态度依旧十分坚决,在 2020 年 7 月正式宣布退出协定,并将"不再考虑"自己的选择。[④]

尽管印度"退群"并非意外,但各方对此仍深感遗憾。印度在曼莫汉·辛格(Manmohan Singh)政府时期就已加入区域全面经济伙伴关系协定谈判,2014 年莫迪政府执政后,印度的该协定谈判仍在继续。上台之初,莫迪就提出"经济复兴"的宣言,积极推进包括商品和服务税在内的经济自由化、市场化改革,并扩大对外开放,推动全球化和自由贸易——至今印度已经签署生效和正在谈判的自由贸易协定数量位列亚洲第二。[⑤]此外,莫迪在 2014 年对印度的东向战略再升级,以"东进政策"(Act East Policy)取代原来的"东望政策"(Look East Policy),积极融入亚太,而区域全面经济伙伴关系协定则成为这一战略的重要载体和有力推手。外界

① 《推动伙伴关系 加强区域合作——东盟峰会及东亚合作领导人系列会议前瞻》,2019 年 11 月 2 日,中华人民共和国中央人民政府,http://www.gov.cn/xinwen/2019-11/02/content_5447908.htm。

② 《区域全面经济伙伴关系协定大迈步 中国作用不可或缺》,2019 年 11 月 5 日,中华人民共和国中央人民政府,http://www.gov.cn/xinwen/2019-11/05/content_5449011.htm。

③ "India decides not to join mega RCEP trade deal as key concerns not addressed." The Times of India, November 4, 2019, https://timesofindia.indiatimes.com/business/india-business/india-decides-not-to-join-mega-rcep-trade-deal-as-key-concerns-not-addressed/articleshow/71895652.cms.

④ Nayanima Basu, "India 'won't review' decision not to join RCEP as members prepare to sign pact by 2020-end." The Print, July 4, 2020, https://theprint.in/diplomacy/india-wont-review-decision-not-to-join-rcep-as-members-prepare-to-sign-pact-by-2020-end/454628/.

⑤ 贺平、周倩茹:《身份悖论与印度自由贸易战略的困境》,《太平洋学报》2018 年第 11 期。

也普遍认为,在近年来印度经济下行、"莫迪奇迹"褪色的背景下,协定能够为印度带来 1.7％的 GDP 增长①和 1.5％的福利提升②,加入协定对印度而言利大于弊。既如此,印度又为何在协定签署的关键时刻选择退出?

基于以上背景,本文尝试解释和回答如下几个问题:印度从最初加入区域全面经济伙伴关系协定谈判到最终宣布退出经历了哪些阶段? 具有多重身份的印度在每个阶段所凸显的身份内涵与其建构的利益诉求如何驱动其该协定政策行为和谈判立场的转变? 这一过程体现了印度国家发展动力的哪些特征? 历经七年长跑,印度为何在协定签署的最后关头决定"退群"? 未来印度会否重返协定?

二、印度对 RCEP 政策立场的演变历程

(一) RCEP 的缘起

1997 年的亚洲金融危机使东亚各国认识到区域经济合作的重要性,此后,东亚区域合作进程加快,以东盟为中心、以"10＋3"和"10＋1"为基本架构的多层次、多框架合作机制逐步建立。③为进一步深化区域合作,2001 年东亚展望小组(EAVG)提议建立东亚自由贸易区(EAFTA),以期共同迈向"东亚共同体"(EAC,"10＋3"模式)。2004 年,东盟与中日韩经济部长决定成立专家小组,由中国牵头对东亚自贸区进行可行性研究。由于担心中国占据潜在主导地位,日本于 2006 年否决了这一方案,随后提出"东亚紧密经济伙伴关系"(CEPEA,"10＋6"模式)的替代方案,邀请印度、新西兰和澳大利亚共同加入,以稀释中国在东亚区域协定中的影响力。④但由于中日韩三国之间存在巨大的利益分歧,加之当时东盟更为重视自身共同体的建设,东亚区域合作因此迟滞。

2009 年,奥巴马政府宣布成立并主导《跨太平洋伙伴关系协定》(TPP),除了

---

① 《RCEP 到 2025 年将为世界创造 6 440 亿美元收入》,2018 年 11 月 17 日,中华人民共和国中央人民政府,http://www.gov.cn/xinwen/2018-11/17/content_5341319.htm。

② 马盈盈:《RCEP 经济效应的模拟结果》,2020 年 11 月 17 日,中国社会科学院世界经济与政治研究所 IGT(国际贸易研究)系列,http://iwep.cssn.cn/xscg/xscg_lwybg/202011/t20201117_5218365.shtml。

③ 蒋芳菲:《认知变化与印度对 RCEP 的政策演变》,《南亚研究》2020 年第 4 期。

④ 贺平、沈陈:《RCEP 与中国的亚太 FTA 战略》,《国际问题研究》2013 年第 3 期。Sanchita Basu Das and Reema B Jagtiani, "The Regional Comprehensive Economic Partnership: new paradigm or old wine in a new bottle?" *ISEAS Economics Working Paper*, No.2014-3, November 2014.

澳大利亚和日本,部分东盟成员国也鱼贯跟进。此外,中日韩三国在东盟"10＋3"框架之外建立了三国领导人会晤机制,东盟中心地位和东亚区域合作面临巨大挑战。为了打破东亚自由贸易区和东亚紧密经济伙伴关系的谈判僵局并加强东盟的主导地位,东盟在 2011 年 2 月第 18 次经济部长会议中首次提出"区域全面经济伙伴关系协定"的概念,并在同年 11 月的东盟领导人峰会上,正式批准通过了组建 RCEP 的草案和《东盟区域全面经济伙伴关系框架文件》。次年 8 月,各国在首届"10＋6"经贸部长会议上基本商定成立区域全面经济伙伴关系协定(RCEP),并就协定的概念原则达成共识,通过了《RCEP 谈判指导原则和目标》。基于这两个纲领性文件,2012 年 11 月,16 国领导人在东亚峰会上共同发布《启动〈区域全面经济伙伴关系协定〉谈判的联合声明》,宣布协定正式启动,计划于 2013 年初开启谈判进程,于 2015 年结束谈判,旨在共同建立一个"现代、全面、高质量以及互惠共赢的经济伙伴关系合作框架,以促进区域贸易和投资增长,并为全球经济发展作出贡献"。①

(二)印度参与 RCEP 谈判的历程

自 2012 年 11 月宣布加入区域全面经济伙伴关系协定谈判,至 2020 年 11 月正式放弃签署协定,其间印度共参与了 2 次领导人会议、19 次部长级会议和 28 轮正式谈判,其协定政策大致经历了"犹豫不决""积极推进"和"宣布退出"三个阶段。

1. 谈判启动阶段:怀疑观望,有限参与(2013 年 5 月—2016 年 2 月)

由于看好区域全面经济伙伴关系协定带来的巨大效益,自加入协定谈判伊始,印度政府就对协定表现出浓厚兴趣,声称要积极参与,实则"心口不一",在谈判中高度怀疑,态度强硬,不仅积极性不高,妥协意愿也较低,使协定在谈判之初进展缓慢。

2013 年 5 月,区域全面经济伙伴关系协定在文莱举行首轮谈判,会议期间就货物贸易、服务贸易和投资领域三个工作组的工作规划、工作标准和职责范围展开了讨论,进展较为顺利。随后,由于印度与其他成员国在一体化的预期深度和接受程度上存在较大差异,特别是在货物贸易和服务贸易的核心议题上意见相左,印度态度坚决,不愿妥协,导致接下来的四轮谈判进展甚微。2014 年 8 月,印度谈判代

---

① 刘重力等:《东亚区域经济一体化进程研究》,南开大学出版社 2017 年版,第 116 页。《〈区域全面经济伙伴关系协定〉(RCEP)各章内容概览》,2021 年 11 月 17 日,中华人民共和国中央人民政府,http://www.gov.cn/xinwen/2020-11/17/content_5562000.htm。

表更是借故缺席部长级会议,引起其他成员国的质疑和不满。①这一阶段,印度坚持主张关税削减率不能超过40%,远远不及其他成员国"货物贸易实现90%以上开放水平"的目标,协定谈判因此停缓。为此,日本等成员国曾提议暂且将印度排除在外,其余15国先行,印度再视机决定是否参加。②

2014年12月,经各方积极协调,印度重新回到在本国举行的区域全面经济伙伴关系协定第六次会谈,但进展一直不如人意。在跨太平洋伙伴关系协定谈判加速的压力下,2015年8月,各国同意接受印度42.5%市场准入的提议,并商定了初始出价模式。直到同年10月第十轮谈判,各国才就货物贸易、服务贸易和投资等核心领域展开实质性磋商,③这也意味着各方难以按照计划在2015年结束区域全面经济伙伴关系协定谈判。2016年2月,各方围绕核心领域进行市场准入谈判,但印度"只出不进"的保护主义立场再次阻碍了会谈的顺利推进,其他成员国对此表示强烈不满,向印度发出了"降低关税或退出谈判"的"最后通牒"。④

2. 谈判加速阶段:态度缓和,积极参与(2016年2月—2019年10月)

随着2016年2月跨太平洋伙伴关系协定的签署,区域全面经济伙伴关系协定成员国催促印度加快谈判步伐。面临来自协定内外的双重压力,印度一改之前犹豫怀疑的态度,参与度、积极性和妥协意愿显著增强,不仅在国内着力宣传印度加入协定的必要性和重要性,总理莫迪也连续出席谈判会议,屡次表达加速完成谈判的意愿,积极推动谈判进程。

2016年4月,由于印度在关税和市场准入等议题上作出了重要妥协,区域全面经济伙伴关系协定谈判进入加速阶段,各方围绕货物、服务、投资三大领域的市场准入问题深入讨论,并就原产地规则、电子商务等领域进行文本磋商,达成初步共识。尽管谈判进程由于美国退出跨太平洋伙伴关系协定而有所放缓,但全面与

---

① "The Second Regional Comprehensive Economic Partnership(RCEP)Ministerial Meeting Joint Media Statement," August 27, 2014, https://www.dfat.gov.au/trade/agreements/negotiations/rcep/Pages/the-second-regional-comprehensive-economic-partnership-rcep-ministerial-meeting.

② 「RCEPインド閣僚が欠席、合意見送り貿易自由化に慎重」,『産経新聞』2014年8月28日;菅原淳一:「RCEP交渉15年末合意に黄信号? 第2回閣僚会合の評価」,みずほインサイト,2014年9月1日,转引自:贺平:《印度对RCEP的政策取向:症结与出路》,《国际问题研究》2016年第4期。

③ 《〈区域全面经济伙伴关系协定〉(RCEP)第十轮谈判在韩国釜山举行》,2015年10月23日,中华人民共和国商务部、中国自由贸易区服务网,http://fta.mofcom.gov.cn/article/rcep/rcepnews/201510/28975_1.html。

④ Arun S, Suhasini Haidar, "Trading bloc to India: Cut tariffs or exit FTA talks," The Hindu, September 12, 2016, https://www.thehindu.com/news/national/trading-bloc-to-india-cut-tariffs-or-exit-fta-talks/article8495314.ece.

进步跨太平洋伙伴关系协定(CPTPP)的尘埃落定和特朗普政府的单边主义与贸易保护主义措施,使各国再次提速完成区域全面经济伙伴关系协定谈判,仅用一年时间就实现了80%的谈判完成度。在2018年第二届区域全面经济伙伴关系协定领导人会议上,各方一致同意以"灵活性和包容的心态"力争在2019年完成谈判。①莫迪也在会议上多次重申印度对早日达成协定的期待,②谈判进入最后的关键阶段。尽管期间印度对最终产品关税仍持保留态度,但其谈判态度整体上更为活跃和积极,尤其是从2019年9月,印度谈判代表开始频繁出席部长级会议,在会议期间举行一系列双边会晤,③并在随后的第28轮磋商中就关税减免做出关键性让步,④推动谈判取得重大进展。截至2019年10月,各国已经完成超过三分之二的双边市场准入谈判,就80.4%的协定文本达成一致。⑤

3. 谈判落地阶段:意愿骤减,放弃参与(2019年11月—2020年11月)

在谈判的最后阶段,由于印度国内对RCEP的舆论反对呼声渐高,加之在谈判中印度商品、服务贸易和投资领域的关键利益未能得到满足,在2019年11月第三次领导人会议中,印度表示未免最后破坏谈判,不会再提出新的要求,并最终宣布退出区域全面经济伙伴关系协定谈判,其他15个国家会后发表联合声明,表示将对谈判文本完成法律审核后,于2020年签署协定。对于印度悬而未决的重要问题,协定成员国将共同努力寻求问题的合理解决。⑥

---

① 《李克强出席第二次"区域全面经济伙伴关系协定"领导人会议》,2018年11月14日,新华网,http://www.xinhuanet.com/politics/2018-11/14/c_1123714809.htm。

② Kirtika Suneja, "RCEP countries acknowledge 'substantial progress' in final stages of talks as agreement pushed to next year," The Economic Times, November 15, 2018, https://economictimes.indiatimes.com/news/economy/foreign-trade/rcep-countries-acknowledge-substantial-progress-in-final-stages-of-talks-as-agreement-pushed-to-next-year/articleshow/66633560.cms.

③ "Piyush Goyal to Attend 9th RCEP Intersessional Ministerial Meeting in Thailand," Press Information Bureau Government of India Ministry of Commerce & Industry, October 10, 2019, https://pib.gov.in/Pressreleaseshare.aspx?PRID=1587688.

④ Kirtika Suneja, "India may cut duties on 80% of Chinese imports under RCEP," The Economic Times, September 28, 2019, https://economictimes.indiatimes.com/news/economy/foreign-trade/india-may-cut-duties-on-80-of-chinese-imports-under-rcep/articleshow/71344526.cms?from=mdr.

⑤ 《RCEP部长级会议在京举行 结束超三分之二双边市场准入谈判》,2019年8月5日,中华人民共和国商务部,中国自由贸易区服务网,http://fta.mofcom.gov.cn/article/rcep/rcepgfgd/201908/41162_1.html。

⑥ 2019年11月4日,RCEP第三次领导人会议在曼谷举行,15个成员国会后发表联合声明,表示已经结束全部20个章节的文本谈判以及实质上所有市场准入问题的谈判,计划在法律文本审核工作完成后,于2020年签署协定。对于印度,"印度尚有重要问题未能解决,所有RCEP成员国将共同努力以彼此满意的方式解决这些未决问题。印度的最终决定将取决于这些问题的圆满解决。"参见《〈区域全面经济伙伴关系协定〉(RCEP)第三次领导人会议联合声明》,2019年11月5日,中华人民共和国中央人民政府,http://www.gov.cn/xinwen/2019-11/05/content_5448800.htm。

至此,印度对区域全面经济伙伴关系协定谈判的政策和立场发生了巨大转变,不仅不再为印度加入协定进行辩护,多家媒体和政府高官也公然对协定谈判表示质疑和反对。日本一度声称不会参加缺少印度的区域全面经济伙伴关系协定,极力说服印度重返协定,其他成员国也呼吁印度能重回谈判桌,多次重申协定的大门始终向印度敞开,但印度并未给予积极回应,此后未再参与过协定磋商。2020年2月,印度受邀参加协定首席谈判代表会议却并未出席。随后在同年7月,印度正式宣布退出协定。①2020年11月,第四次区域全面经济伙伴关系协定领导人会议以视频方式如期召开,印度依然缺席,15国如期完成了区域全面经济伙伴关系协定的签署。

三、印度对 RCEP 政策立场演变的动因分析

自2012年加入区域全面经济伙伴关系协定以来,印度对协定的政策行为大致经历了"有限参与""积极参与"和"放弃参与"的动态演变,其立场摇摆的背后,其实是不同时期印度对自我身份认知、他者关系定位和潜在利益偏好的调整,②也反映了不同阶段印度国家发展的动力特征。

(一)犹豫不决阶段:有限参与

1. 自我身份定位:"有声有色的大国"

自独立以来,印度一直致力于成为世界一流强国。21世纪,印度综合国力显著提高,对"有声有色大国"这一政治夙愿更是孜孜以求:稳固南亚霸主地位,跃居亚太地区大国,成为世界一流强国。这不仅反映了印度对区域全面经济伙伴关系协定的工具性利用战略意味甚浓,也导致印度在该阶段强硬的谈判态度和较低的妥协意愿,进而影响印度对加入协定的潜在利益评估,使谈判的推进受阻。

首先,参与区域全面经济伙伴关系协定谈判有助于稳固印度在南亚的强势主导地位。凭借得天独厚的地缘环境、压倒性的区域权势规模和传承千年的历

---

① 陈利君、张婷、王凌云:《印度在 RCEP 中的博弈及其加入前景分析》,《南亚东南亚研究》2020年第4期。

② 为了厘清观念、身份、利益和行动之间的关系,温特参考理性选择理论,提出了一个意图等式:意愿+信念=行动。温特认为,国家间通过互动构建了观念结构,观念结构又内生了国家身份,国家身份界定了国家利益,两者相辅相成,共同影响行动。对建构主义身份理论的详细解释可参见[美]亚历山大·温特:《国际政治的社会理论》,秦亚青译,上海人民出版社2000年版,第252—289页。

史文化优势,印度已成为南亚及北印度洋地区的"天然霸主"。基于"地理决定论"逻辑和"门罗主义"的战略思维,①印度以自身为中心,将南亚地区视作自己的"后院",反对任何形式的"均势"政治,突出自身在南亚的霸权地位。②受传统地缘政治因素和"安全困境"的影响,印度对外部势力在南亚次大陆的动态极为敏感,尤其是美国9·11事件后对南亚国家的渗透,以及近年来"一带一路"倡议的推进,都使印度的势力范围和领导空间受到挤压,印度对此始终持有防范、抵触和警惕的排他性心理。而参加区域全面经济伙伴关系协定磋商,有助于印度同日本等国一道制衡中国在亚太地区的影响力,③稳固自身在南亚—印度洋地区的霸权国地位。

其次,参与 RCEP 谈判有助于印度谋求在亚太地区的大国地位。从 20 世纪 90 年代拉奥政府的"东向政策",到莫迪政府升级版的"东进政策",印度致力于深化与日本、韩国、澳大利亚等亚太国家在政治、经贸、安全与文化等多方位的合作。以东盟为纽带,印度越发将自己视作亚太力量架构的重要一员,④开始全方位融入亚太地区,积极参与亚太事务和地区秩序构建。⑤现阶段参与 RCEP 谈判,不仅为莫迪政府推行"东进战略"创造有利契机,也有助于塑造积极负责的正面形象,融入亚太核心圈以获取更多发展空间;在战略和安全层面,也能微妙地平衡和稀释中国在亚太地区的影响力,进而反制中国,实现"在亚洲与中国平起平坐"。

第三,参与 RCEP 谈判有助于印度实现"世界一流强国"的大国梦。以尼赫鲁为开端,印度历任政府将"有声有色的大国"作为国家意志,⑥努力使印度跻身世界一流国家行列。⑦莫迪政府上台后,也一改印度此前"谨小慎微"的"制衡性力量"(balancing power)的定位,承诺要在国际秩序的重塑中将印度发展成为"领导性力

---

① 参见宋德星:《大国权势:印度外交战略的不改初心》,《人民论坛·学术前沿》2018 年第 1 期。

② Aparna Pande, *Explaining Foreign Policy: Escaping India*, New York: Routledge, 2011, p.32.

③ Virain Mohan, "Changing Political Dynamics in South Asia: The Belt and Road Initiative and Its Effects on Indian Regional Hegemony," *Journal of Indo-Pacific Affairs*, Air University Press, Fall 2021, pp.81—82.

④ 李莉:《印度东进战略与印太外交》,《现代国际关系》2018 年第 1 期。

⑤ 吴兆礼:《印度亚太战略发展、目标与实施路径》,《南亚研究》2015 年第 4 期。

⑥ 印度开国总理尼赫鲁曾表示,"印度以它现在所处的地位,不能在世界上扮演二等角色,要么就做一个有声有色的大国,要么就销声匿迹。"参见孙士海主编:《印度的发展及其对外战略》,中国社会科学出版社 2003 年版。转引自[印度]贾瓦哈拉尔·尼赫鲁:《印度的发现》,齐文译,世界知识出版社 1956 年版,第 57 页。

⑦ 比如在《对外贸易政策》的报告中,印度的身份设定一直居高不下,已从世界贸易的"主要参与者"跃升为"领导者",甚至成为全球贸易的"轴心"。参见贺平、周倩茹:《身份悖论与印度自由贸易战略的困境》,《太平洋学报》2018 年第 11 期。

量"(leading power),①倡导"改革的多边主义",积极塑造地区和世界议程,构建以印度为主导的国际机制,与大国形成"多边联盟",共同在全球事务中发挥领导作用。参与区域全面经济伙伴关系协定谈判,有助于印度进一步融入全球多边贸易体制,参与全球新一轮贸易规则和政治经济秩序的重塑。

2. 他者关系定位:警惕中美威胁,深化多方合作

当今世界处于"百年未有之大变局",中国作为新兴大国快速崛起,亚太影响力和话语权提升;美国全球战略重心东移,高调"重返亚太",加紧亚太部署,这对于怀有大国雄心、想要在亚太占据一席之地的印度构成威胁。因此,借助区域全面经济伙伴关系协定框架深化同东盟、日本、澳大利亚等亚太伙伴的经贸联系与安全合作,②也就更加具有迫切性和现实意义。

对美关系方面,自辛格政府时期,印美双方在世贸组织(WTO)多哈回合谈判中就存在难以弥合的利益分歧。印度希望借助世贸组织谈判摆脱金融危机的重创,刺激国内经济,吸引外资,但其提出的削减农业补贴和关税、放宽动用农产品保障机制底线的诉求,因美国害怕失去农业市场而遭到否决,多哈回合谈判陷入僵局,受挫的印度也因此对美国产生不满。自美国战略重心东移,美国强势干预印度洋地区事务,这与重视海洋安全、追求印度洋主导权的印度相冲突。此外,印度在美国主导的跨太平洋伙伴关系协定谈判中成为"局外人",担心被排斥在世界贸易体系重塑格局之外,印度选择与东盟合作,借助区域全面经济伙伴关系协定谈判以应对美方压力。

除了对美不满情绪上升带来的外部推力,这一阶段,印度同东盟、日本、澳大利亚等区域全面经济伙伴关系协定成员国关系的改善也对印度形成内部压力。印度—东盟关系方面,双方不仅在贸易和投资领域取得显著成就,先后达成货物贸易、争端解决机制、服务和投资自由贸易等协定;③在战略安全合作方面也进展迅速,一度从"部分对话伙伴"升级为"战略伙伴关系",莫迪政府更是将东盟视作具有"最高优先地位"的战略伙伴,④加强同其在印太框架下的政治互信与战略合作。印日关系方面,政治上,通过频繁的首脑外交,印日双方的关系定位已实现了从"全

---

① Sergey I. Lunev and Ellina P. Shavlay:《印度的强国之路:战略文化的问题》,胡可怡译,复旦大学一带一路及全球治理研究院,2022 年 3 月 27 日,https://brgg.fudan.edu.cn/articleinfo_4750.html。

② Bipul Chatterjee and Surendar Singh, "Why RCEP is Vital for India," The Diplomat, March 3, 2015, pp.27—33.

③ 骆永昆:《印度东进东南亚:新进展、动因及影响》,《和平与发展》2019 年第 4 期。

④ 宁胜男:《"印太"视角下印度与东盟关系》,《印度洋经济体研究》2021 年第 2 期。

球伙伴关系"上升为"全球战略伙伴关系",再到"特殊全球战略伙伴关系"的"三连跳"①;经济上,印日双边经济高度互补,共同开展"亚非发展走廊计划"等多边合作,对冲"一带一路"倡议;防务上,印日两国已建立起多层次、多级别、多领域的交流对话机制与安全合作制度,②在印太两洋牵制中国海洋力量的发展。因此,自区域全面经济伙伴关系协定概念提出后,日本就极力拉拢印度"入伙",为抗衡中国与印度"同进同退"。此外,印澳关系也在"印太"框架下不断升级,不仅实现了经贸合作的稳步增长,在双边机制和多边平台中的政治互动日趋频繁,在安全领域的对话与军事演习也逐渐制度化。③在此背景下,协定不仅为印度深化同东盟、日本、澳大利亚的经贸和政治安全合作提供了便利,也有利于助推其伙伴关系"实质化",对印度有较强的吸引力。

而在对中关系方面,印度对中国保持高度戒心。尽管印中关系此前一度因领土争端经历了由热转冷,继而好转的过程,但随着"一带一路"倡议的提出,印中关系再次冷淡。中巴经济走廊、孟中印缅经济走廊和中尼印经济走廊等多项合作的深入开展,④使印度日渐担忧区域全面经济伙伴关系协定会持续扩大中国的辐射力和地区影响力,威胁其在南亚的核心大国地位。另一方面,印度始终以中国为参照系,将中国视作印度进入亚太地区的主要障碍,中国实力的上升、中美实力差距的缩小、中国在东亚和亚太地区的优势地位,都使得印度对中国的戒心和敌对意识加深,在该协定框架下对中印贸易也保持高度防范,态度强硬,妥协意愿也较低。

3. 潜在利益偏好:重视战略利益,偏好长期收益

"我是谁"影响着"我的动机","有声有色的大国"这一身份目标,暗示着印度提高综合国力、获得更高的国际地位和国际影响力的发展诉求。对印度而言,参与区域全面经济伙伴关系协定谈判,在经济上,不仅可以借机融入东亚生产网络,搭上亚太经济一体化的快车,还能以服务贸易促进经济自由化,并倒逼国内政治经济体制改革;在政治上,也能提升战略影响力,配合"东进政策"平衡与稀释中国在亚太地区的影响。

---

① 苗吉:《"印太"视角下的日印关系》,《当代世界》2019 年第 2 期。

② 郝春静、葛建廷:《"印太战略"中的日印关系:伙伴关系、动因与展望》,《印度洋经济体研究》2021 年第 3 期。

③ 印澳关系的发展历程具体参见凌胜利、王彦飞:《木桶效应:"印太"视域下的印澳合作》,《南亚研究》2019 年第 3 期。

④ 张家栋、柯孜凝:《南亚地区"一带一路"建设进展如何?》,2022 年 1 月 6 日,复旦大学一带一路及全球治理研究院,https://brgg.fudan.edu.cn/articleinfo_4462.html。

其一,区域全面经济伙伴关系协定为印度加快融入亚太经济一体化、深入国际产业分工提供了重要契机。[①]在世贸组织谈判停滞、金融危机阴影犹存、国内经济增长放缓的背景下,印度亟须一个吸引外来资本、刺激经济增长的突破口,而协定则可使印度以较低的离岸成本与亚洲主要经济体通过自由贸易进行深层次的融合。[②]参与协定谈判则不仅可以缓解源自美国市场准入方面的压力,开拓亚洲巨大的消费市场,也可以使印度进一步巩固同这些国家尤其是东亚核心国家的经贸关系,深化彼此经贸合作的深度和广度,从而使印度顺利地融入东亚生产网络,提升其在全球产业链的参与度。[③]

其二,区域全面经济伙伴关系协定也为印度进军亚洲服务市场提供了平台。与农业、制造业相比,印度服务业的发展水平较高,与东亚国家相比具有较强的比较优势。协定框架下,各成员国在服务贸易领域做出了高于"10＋1"水平的开放承诺,这对印度有极大的诱惑力。印度在谈判之初,就对协定中服务贸易的部分寄予厚望,主张扩大技术服务出口,推动服务贸易跨境流通,以解决印度国内市场狭小的问题,并在一定程度上缓解印度对协定成员国的贸易逆差。

其三,印度希望借力区域全面经济伙伴关系协定倒逼国内政治经济改革。20世纪90年代"拉奥—辛格"利用国内内生改革力量和国际世贸组织机制倒逼力量,以自由化、私有化、市场化和全球化为导向进行经济自由化改革,印度经济活力迸发,在2010年GDP实现了8.5％的高速增长(见图1)。然而自2012年以来,印度经济增长放缓,经济自由化改革的红利逐渐消失,经济发展呈现疲态,进入"准衰退阶段",市场问题、体制和治理问题、工商—政治复合体模式等都损害着印度的经济效率。借鉴拉奥政府的经验,加入区域全面经济伙伴关系协定可以刺激国内政治和经济体制改革,助推印度打破阶段性发展瓶颈,催生新的改革红利。

其四,区域全面经济伙伴关系协定也为印度提升区域影响力创造战略空间。莫迪政府认为,区域经济一体化是国家影响力和地区安全的重要推手。协定谈判不仅为"东进战略"提供经济层面的便利,也能通过深化经贸关系,促进彼此间的政

---

① 李好:《印度参与"区域全面经济伙伴关系"谈判的动因及制约因素探析》,《亚太经济》2014年第5期。

② 张家栋:《RCEP前景值得印度期待》,2019年10月14日,环球时报,https://opinion.huanqiu.com/article/9CaKrnKnfmX。

③ Amitendu Palit, "Regional Supply Chains in Asia: Examining India's Presence and Possibilities in the RCEP," *Working Paper*, CWS/WP/200/20, Center for WTO Studies, November 2014.

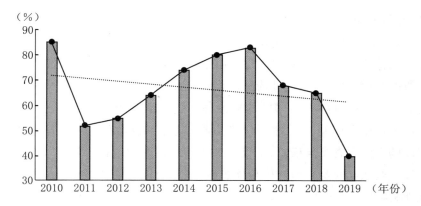

图 1　印度 2010—2019 年 GDP 年增长率

数据来源：世界银行，https：//data.worldbank.org/indicator/NY.GDP.MKTP.KD.ZG？end ＝ 2019＆locations ＝ IN＆start ＝ 2010＆view ＝ chart。

治和军事合作。印度对中国的担忧和警惕已经远远超过经济层面，[①]基于经贸关系与其他协定成员国开展安全与军事合作，能够从战略上反制和削弱中国的地区影响力，提高印度的国际地位和话语权，也为中印边境冲突的谈判增加筹码。

综上所述，印度之所以参与区域全面经济伙伴关系协定谈判，主要是由于该阶段印度在"大国情结"下，对美经贸合作受挫而产生的不满心理，对东盟、日本、澳大利亚等协定成员国战略合作的潜在兴趣，这些驱动了印度在经贸、战略两个维度的长期利益偏好。但同时，印度对中国的防范心理和制衡意图，使得印度在利益偏好中以"印度优先"，在协定谈判中往往态度强势，积极性有限，妥协意愿也较低，活跃力并不高。这一阶段，充足的劳动力、丰富的土地资源及工业化的推进使生产力成为印度的核心驱动，虽然基础设施落后、劳动法律僵化、投资环境糟糕等问题导致印度竞争力不足、生产效率低下，但农业与制造业基础依旧使印度获得了存续的物质能力。

（二）加速推进阶段：积极参与

1. 自我身份定位：发展中的新兴经济体

受国内外局势的影响，印度在这一阶段不再以大国定位谋求优势地位，而是以更符合实际的"发展中新兴经济体"的身份参与区域全面经济伙伴关系协定磋商，

---

① 林民旺：《印度对"一带一路"的认知及中国的政策选择》，《世界经济与政治》2015 年第 5 期。

积极性、参与度和妥协意愿均有所上升。

首先,印度对自我身份的定位有所下降,不再执着于以大国身份强势参与区域全面经济伙伴关系协定谈判。印度的角色身份构建于自我与他者的互动,在经历前一阶段的"退群"危机后,印度清醒认识到其大国定位不仅未使本国获得"印度优先"待遇,反而使谈判各方对印度的疑虑和不满情绪有所上升。加之印度自 2016年起经济下行压力加大,跨太平洋伙伴关系协定谈判也不断刺激着莫迪政府,若继续以强硬的大国姿态参与谈判,不仅会加大印度同东盟、日本等成员之间的分歧,对双方经贸联系和安全合作产生负面影响,甚至可能会使印度被孤立在区域全面经济伙伴关系协定经济圈之外,失去融入亚太经济和参与全球价值链分工的契机。因此,印度开始发挥更为积极的作用,尝试在市场准入等久拖未决的议题上作出关键性妥协,并极力敦促区域全面经济伙伴关系协定成员国加快谈判。

其次,印度日渐凸显"新兴国家"的属性,正视自己"发展中国家""新兴经济体"的定位。在莫迪执政之初,印度凭借"莫迪奇迹"实现快速增长,迅速成为全球成长最快的新兴经济体。①但在 2016 年莫迪废钞后,受制于失衡已久的产业结构,印度经济连续几个季度下滑,一度从 2016 年的 8.3% 降至 2018 年的 6.5%,在 2019 年更是跌破了 4%,宏观经济增长乏力,通胀压力持续攀升,国内贫富分化不缩反扩,失业率不降反升,都对印度的大国定位构成了严峻挑战。这一认知促使印度更为重视区域全面经济伙伴关系协定合作在经济上带来的绝对收益,为自身创造发展机遇的同时,联合其他成员国共同应对来自美国和跨太平洋伙伴关系协定的挑战。

2. 他者关系定位:印美矛盾加深,印中竞合并存

在印度对区域全面经济伙伴关系协定政策的演变过程中,美国及其主导的跨太平洋伙伴关系协定谈判始终是一支重要的影响力量。印美之间矛盾和分歧的加深,促使印度倾向于将美国视作主要威胁。相较之下,考虑到美国对中国的制衡,印度对中国的敌对心理相对稳定。因此,印度在区域全面经济伙伴关系协定谈判中表现更为积极,希望在协定中寻求战略依托以应对来自美方的威胁。

对美关系方面,首先,由美国主导的跨太平洋伙伴关系协定谈判对印度经济发展造成巨大冲击。尽管美国此前曾邀请印度加入,但对于工业化刚起步的印度而言,加入该协定不仅使本国无力承担发达国家制定的严苛的贸易规则和法规,也会

---

① "New 2025 Global Growth Projections predict China's further slowdown," Harvard Kennedy School, June 28, 2017, https://www.hks.harvard.edu/announcements/new-2025-global-growth-projections-predict-chinas-further-slowdown.

使国内很多产业受到冲击。而若缺席该协定,印度同样会遭受巨大损失,[1]在制药、纺织等货物贸易和服务外包领域面临贸易投资的转移效应和规则框架的外溢效应。相较之下,区域全面经济伙伴关系协定的议题标准不高、执行期限宽松、注重能力建设,更符合印度的产业结构和改革进程。因此,加入区域全面经济伙伴关系协定谈判对印度来讲成为"两害相权取其轻"的次优选择。[2]其次,印美经贸摩擦也使得印度对美国的敌视与竞争情绪上升。特朗普上台后,奉行的"美国优先"与莫迪政府推行的"印度制造"发生碰撞,两者在振兴制造业和拉动出口愿望之间存在着结构性的矛盾。[3]随着印美贸易摩擦持续升温,印度对美的商品输出受到影响,出于对美贸易和战略威胁的担忧,印度更加倾向于加入该协定以缓解美国贸易保护主义的压力。

对中关系方面,随着印度对美国的警惕上升,这一时期印度对中国的防范心理相对稳定。近年来中国的崛起不仅引起了印度的恐慌,美国也将中国视作其霸权的主要竞争对手,通过发动对华贸易摩擦等方式打压中国,并与其盟友在亚太地区对中国进行高压围堵。对印度而言,美国的这一战略不仅可以冲击中国的经济发展态势,制衡中国实力增长,也压缩了中国在亚太地区的战略空间。而加入区域全面经济伙伴关系协定,一方面可以抵御来自美国的贸易压力,增加印美谈判的筹码;另一方面也能制衡中国在印太地区的影响力,为印度成为亚太大国创造契机。

3. 潜在利益偏好:重视经济利益,偏好绝对收益

基于对自我身份认知和他者关系定位的调整,印度政府在这一阶段的利益取向也有所转变,与区域全面经济伙伴关系协定内部成员国的相对收益相比,协定带来的长期绝对收益更为重要;相较于战略利益,印度也更为倾向协定为成员国带来的经济收益。

首先,印度在该阶段虽然"大国情怀"犹存,但"新兴经济体"成为利益取向的主导身份。作为昔日"传统的穷国",印度依托人口红利、地缘优势及经济改革措施,

---

[1]　贺平:《印度对 RCEP 的政策取向:症结与出路》,《国际问题研究》2016 年第 4 期。

[2]　关于 TPP 和 RCEP 的差异,参见 Sanchita Basu Das, "RCEP and TPP: Comparisons and Concerns", *ISEA Perspective*, No.2, 2013, pp.1—9。

[3]　2018 年,美国宣布对印度征收钢铝关税,印度对此进行报复,宣布对价值 2.4 亿美元的美国商品征收关税。随后,特朗普政府宣布取消印度至少 50 种输美产品的零关税,还收紧了 H-1B 工作签证,对印度的人才服务外包产生了重大影响,印度继而在电子商品等领域发起反击,美国亚马逊、谷歌、Flipkart 等大公司因此遭受较大损失。2019 年 6 月,美国宣布取消对印度的普惠制待遇,引发印方不满,对 28 种美国产品征收高额关税,标志印度也加入对美贸易战的行列。参见曹广伟、陈思凡:《印度成为 RCEP 谈判之"钉"的原因分析及近期立场变化》,《印度洋经济体研究》2019 年第 4 期。

在短短数十年间一跃成为世界新兴经济的"领头羊",但随着红利的下降,印度经济处在一个"有增长、缺发展"的阶段,因此,通过区域全面经济伙伴关系协定引进外资、改善国内市场、推动出口来刺激发展变得尤为重要,而"强势外交"并不能使印度在市场准入中获得优势地位。由于美方压力相对中国威胁的上升,加之美国对中国的全方位制衡,因此这一时期,印度对政治战略利益的追求有所收敛,对经济发展利益的偏好则相对上升。

其次,国内不甚乐观的经济形势也促使印度在这一阶段调整利益偏好。在国内政治经济改革重重受阻的情况下,莫迪政府需要通过区域全面经济伙伴关系协定来"借力打力",一方面通过融入世界经济发展轨道来助推国内经济改革,另一方面发挥服务贸易优势,开拓协定国家 IT 软件和外包服务的庞大市场,拉动国内经济增长。为此,印度在此前迟迟不肯让步的关税减免问题上作出关键性妥协,[1]以此来换取协定成员国在服务贸易自由化的承诺;而为了化解来自跨太平洋伙伴关系协定规模效应和贸易转移效应的压力,印度开始重新思考自身的贸易战略,试图通过融入区域全面经济伙伴关系协定避免在经济一体化中掉队。

这一阶段,由于印度对自身"发展中国家"和"新兴经济体"的身份认知增强,加之跨太平洋伙伴关系协定制度和印美贸易摩擦带来的压力,印度对区域全面经济伙伴关系协定中可观的经济绝对收益更为偏好。为了应对体系压力和改善经贸状况,印度的区域全面经济伙伴关系协定政策立场也由起初的"举棋不定"调整为"积极推进",不仅在自由贸易和制度领域具有更强的合作意愿与创新能力,也在该协定框架下通过经济互补与均衡进步获得了更先进的生产基础、更高的活跃度与更大的发展空间,各项发展动力要素的运作更具有协调性,共同推动印度的可持续发展和国家实力的增长。

（三）宣布退出阶段:放弃参与

1. 自我身份认知:反贸传统国家、民主国家、新兴国家

这一时期,国内和国际形势的急剧变化使印度对自身的多重身份再次进行选择:印度是一个有着反贸传统的国家,并且对"新兴国家"的身份有着更为强烈的感知。基于此,印度再次评估其发展诉求和利益偏好,最终决定退出区域全面经济伙伴关系协定谈判。

---

① 《中印＋为 RCEP 倍添推动力》,2019 年 10 月 17 日,中华人民共和国商务部,http://fta.mofcom. gov.cn/article/rcep/rcepgfgd/201910/41641_1.html。

首先,作为一个独立国家,印度长期持有贸易保护主义立场。自独立以来,印度始终难以调和"亲商取向"与"反贸传统"的矛盾,尽管其贸易政策在不同阶段特点各异,但整体上采取相对闭关锁国的保护性政策和国内产业优先的歧视性政策。[①]莫迪上台后延续了这一传统,为提振"印度制造",莫迪政府不断提高关税,限制产品进口,保护本国弱势产业,浓厚的贸易保护主义色彩贯穿着印度贸易自由化进程的始终。在此前的谈判中,贸易保护主义的思维也或多或少影响着印度的政策立场,并在最后阶段达到高潮,最终使印度的区域全面经济伙伴关系协定谈判破裂。

其次,印度作为西方语境下"世界最大的议会民主制国家",尽管其民主健康状况好坏参半,但民主印度的理念已经深入人心。自美国将印度拉进"民主国家同盟"后,"领先的民主国家"就成为印美双方的共同身份。在对外战略中,印度多次强调自己的"民主基因",表明自己对民主制度和民主价值的坚定立场,借机强化同美国及其西方盟友国家的联系,西化色彩日益浓厚,这与美国"印太战略"加强美印关系的想法不谋而合。"民主力量必须携手保护印太地区免遭中国霸权的威胁"。[②]印度并未放弃以美式民主价值理念同美国等西方国家建立认同,在区域全面经济伙伴关系协定谈判中始终具有离心倾向。

第三,人民党上台后,印度愈加急于坚定自身"发展中大国"和"新兴经济体"的定位。以欧美为代表的发达国家拒绝将崛起的中国视为发展中国家,这给了印度取而代之的机会。作为多极化世界中的一支重要力量,印度希望成为发展中国家的"领头羊",推动国际政治经济秩序的加速变革,加之印度经济增长引擎的角色定位也要求其经济实现持续快速增长,因此印度对区域全面经济伙伴关系协定框架下的经济效益也愈加重视。

2. 他者关系定位:西化倾向加强,排华情绪浓厚

随着美国退出跨太平洋伙伴关系协定、中印边境冲突加剧及印太时代的来临,印度对中美两个重要"他者"的定位再次进行了调整。印度对美国威胁感知的下降、对中国防范和敌对心理的上升,使得印度对区域全面经济伙伴关系协定谈判的态度更加消极。

---

① 贺平:《劝印度重返 RCEP,日本为何改主意?》,《新民晚报》2019 年 12 月 12 日。

② "Democratic Forces must Join Hands to Protect Indo-Pacific from China's Hegemony," The Hindustan Times, November 17, 2017, https://www. hindustantimes. com/opinion/democratic-forces-must-join-hands-to-pro-tect%20-indo-pacific-from-china-s-hegemony/story-3Juy5Bn%20DIoa%20R2c%20Ap%20Iy8IQI. html.

对美关系方面,2017年美国退出跨太平洋伙伴关系协定使印度"如释重负"。跨太平洋伙伴关系协定一度使印度纺织和制药等产业的出口遭受巨大损失,印度对此一直深感焦虑,通过转向区域全面经济伙伴关系协定来抵御跨太平洋伙伴关系协定的负面冲击。而美国的退出使跨太平洋伙伴关系协定有名无实,印度加入区域全面经济伙伴关系协定的外部压力也随之下降。[①]其次,作为美国"印太战略"的关键支点,印度对美国的战略重要性和特殊性显著上升。特朗普政府将印度定义为"天然盟友",[②]支持印度在印度洋和更广泛区域发挥领导作用。[③]这一想法与莫迪政府推行印太外交的理念不谋而合。相较于各方平等的 RCEP,"印太战略"将印度与亚太地区相连接,消弭了印度在亚太地区的边缘感和孤独感,印度不仅可以在经贸方面获得好处,在政治上也可以配合"东进政策"加大在亚太地区的政治介入,[④]安全上也可以应对中国崛起的压力,更符合"印度优先"的实用主义外交政策。因此,印度对同美国等西方国家共建多边机制兴趣上升,对包括中国在内的小多边机制热情骤减,来自区域全面经济伙伴关系协定外部推力和内部拉力的同步下降,使印度最终决定退出。[⑤]

对中关系方面,受制于印中间的结构性矛盾,印度在这一阶段"排华"情绪浓厚,主要表现为对华意识形态较量升级,战略竞争不断攀升,边界问题更加冒进,经济合作动能下降。[⑥]在意识形态领域,印度强调对华的"制度之争",不仅在中美贸易"两种制度、两种体系、两种文化"之争中呼应美方共同制衡中国,也积极拥护"印太战略"增进自身利益。在战略安全方面,印度有着非常强烈的地缘政治意识和势力范围观念,近年来中国"一带一路"倡议在南亚和印度洋地区的不断推进,引起了印度的高度戒备,对此,莫迪政府提出了"季风计划"和"自由走廊"计划,通过打造由印度主导的发展机制,强化印度在该地区的核心地位。[⑦]其次,尽管印中边境一

---

① 蒋芳菲:《认知变化与印度对 RCEP 的政策演变》,《南亚研究》2020年第4期。

② U.S. Department of Defense, "2019 Indo-Pacific Strategy Report," June 1, 2019, pp. 33—34, https://media.defense.gov/2019/Jul/01/2002152311/-1/-1/1/DEPARTMENT-OF-DEFENSE-INDO-PACIFIC-STRATEGY-REPORT-2019.PDF.

③ The White House, "National Security Strategy of the United States of America," December 2017, p. 46 & 50, https://trumpwhitehouse.archives.gov/wp-content/uploads/2017/12/NSS-Final-12-18-2017-0905.pdf.

④ 王丽娜:《印度莫迪政府"印太"战略评估》,《当代亚太》2018年第3期。

⑤ 胡仕胜:《印度对多边机制的心态明显生变》,2020年12月15日,国际网,http://comment.cfisnet.com/2020/1215/1321678.html。

⑥ 楼春豪:《印度对华政策的转变与中国的政策反思》,《现代国际关系》2020年第11期。

⑦ 梅冠群:《印度对"一带一路"的态度变化及其战略应对》,《印度洋经济体研究》2018年第1期。

直都有问题悬而未决,但 2020 年 6 月的加勒万河谷冲突,使得印度对边界安全问题紧张感上升,对中国的敌视情绪更为激烈,对区域全面经济伙伴关系协定也不再观望摇摆,在 7 月宣布退出该协定谈判,并声称不再参加任何由中国主导的区域贸易协定。此外,中国顶住了美方的极限施压,也使印度对中国的发展潜力和战略意图更为担忧,①区域全面经济伙伴关系协定对印度的吸引力大打折扣,印度加入该协定的积极性也随之骤减。

3. 潜在利益偏好:重视短期利益,预期利益受损

这一时期,印度作为"反贸国家""民主国家"和"新兴经济体"的身份属性深刻影响着其对区域全面经济伙伴关系协定的利益偏好。反贸传统使印度倾向于保护本国产业的短期既得利益,排斥自由贸易短期内的受损利益,也将贸易自由化带来的长期收益拒之门外;"民主国家"的身份使其对美国等西方国家具有高度的价值认同感,倾向于在"印太"框架下获得经济贸易和安全战略的相对收益;"新兴经济体"身份属性的强化,则使印度更加倾向于成为发展中国家的"领头羊"。国际、国内政治经济压力,以及区域全面经济伙伴关系协定谈判结果与印度预期收益的较大落差,促使印度重新界定潜在利益偏好,并最终决定退出该协定谈判。

其一,印度国内政治的碎片化、破坏性的政治联盟和形形色色的利益集团在这一时期破坏着莫迪政府参与区域全面经济伙伴关系协定谈判的能力。②首先,作为莫迪政府印度人民党的后援力量,印度国民志愿服务团对"自给印度"有着深厚的情结,将该协定解读为中国用以"殖民印度的经济"手段,对谈判一直较为反感。其次,在印度经济增长呈疲态的背景下,以国大党为首的在野党也以国内经济为"靶子",声称"加入区域全面经济伙伴关系协定不合时宜,会给印度人民带来巨大苦难。"③此外,谈判也面临着国内利益集团的强烈指责。民间团体、行业组织、工会组织都对莫迪政府施压,反对印度在区域全面经济伙伴关系协定中作出关税让步。④印度政府退出该协定成为民心所向,加之同一时期,印度经济下行使得农民

---

① 蒋芳菲:《认知变化与印度对 RCEP 的政策演变》,《南亚研究》2020 年第 4 期。

② 学者阿米滕杜·帕利特(Amitendu Palit)认为,RCEP 从未在印度国内获得支持,国内政治迫使印度退出 RCEP 谈判,也让印度与"更广泛的贸易相脱离"。参见 Amitendu Palit, "Domestic Politics Force India's Withdrawal From RCEP And Broader Trade Disengagement," *Asia Pacific Bulletin*, East-West Center, No.494, November 26, 2019。

③ "RCEP agreement: Can ill-afford to be dumping ground for products, says Sonia Gandhi," The Indian Express, November 3, 2019, https://indianexpress.com/article/india/rcep-agreement-can-ill-aff-ord-to-be-dumping-ground-for-products-says-sonia-gandhi-6100165/。

④ 陈璐:《RCEP:印度退出原因分析与前景展望》,《国际研究参考》2020 年第 2 期。

自杀率和工人失业率逐渐攀升,为免丢失选民基础,莫迪政府只好维护国内短期利益,宣布退出协定。

其二,对经济发展的担忧主导和塑造着印度的利益偏好。这一阶段,"莫迪经济学"的奇迹逐渐消退,印度 GDP 增长持续放缓,国内贫富差距扩大,投资下滑,失业率攀升,加之新冠肺炎疫情的冲击,印度"处于独立以来最严重衰退的阶段",①印度承受国外市场冲击的意愿和信心下降,解决短期内经济下行的问题更为迫切。首先,印度产业结构长期失衡(见图 2),在"重货贸,轻服贸"的区域全面经济伙伴关系协定框架下,印度的服务业很难发挥优势,②甚至会使农业和制造业面临来自中国和澳大利亚等国的冲击。③其次,印度对贸易逆差的持续扩大也深感

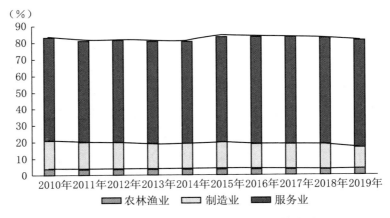

图 2　2010—2019 年印度各产业占 GDP 的比重

资料来源:世界银行,https://data.worldbank.org/。

---

① 随着新冠肺炎疫情的冲击,印度数百万人失业,GDP 也在 2020—2021 年间收缩了 7.3%,进入严重衰退时期。经济学家也表示,印度经济正面临收入下降、财政挑战、产能利用率低下以及工业产品需求下降的风险,结构性和周期性因素使经济增长的前景并不乐观。参见 Swati Dhingra and Maitreesh Ghatak, "How has Covid-19 affected India's economy?" The Economics Observatory, June 30, 2021, https://www.economicsobservatory.com/how-has-covid-19-affected-indias-economy; Verman, R, "The Regional Comprehensive Economic Partnership and India: a test case of Narendra Modi's statesmanship," *Australian Journal of International Affairs*, Vol.74, No.5, 2020, pp.479—485。

② B.P. Sarath Chandran, "India in the Regional Comprehensive Economic Partnership(RCEP)-Need for Caution," Munich Personal RePEc Archive(MPRA) Paper, No.84201, February 10, 2018.

③ 出于对 RCEP 框架下印度进口激增的担忧,印度希望明确界定原产地规则,通过严格确定产品的国家来源,防止商品通过关税较低的成员国涌入印度,并设置自动触发机制保护印度免受商品倾销的影响,但这一提议遭到成员国的共同反对。参见 Rajaram Panda, "A Step Too Far: Why India Opted Out of RCEP," *Global Asia*, Vol.14, No.4, 2019, pp.83—84。

焦虑。印度与 11 个协定成员国都存在贸易逆差,中国是其中最大的贸易逆差来源。[1]考虑到已有自由贸易协定(FTA)的实际利用率较低,且会带来"副作用"和"反作用",区域全面经济伙伴关系协定的签署可能会给印度造成更严重的贸易失衡。此外,新冠肺炎疫情的肆虐也给印度造成冲击,使印度承载该协定的负外部性增加,在产业迁入和服务出口方面难以获得潜在利好。[2]中短期内印度利益受损较大,使印度在该协定问题上萌生退意。

其三,尽管区域全面经济伙伴关系协定是经贸合作议题,但印度对协定也存在政治和战略上的重重顾虑。无论是官方还是民间,印度普遍视中国为"潜在天敌",对中国的战略防范和警惕始终贯穿印度的谈判历程。因此,从战略和安全利益的角度,加入协定对印度并非"最安心的选择",而退出协定则可为印度追随"印太战略"提供空间。需要指出的是,尽管印度有意向"印太战略"靠近,但并未因此完全倒向美国,长远来看,美国仍旧是印度"大国道路"上的潜在威胁,印度长期奉行"左右逢源"的实用主义外交政策,通过在中美之间进行"摇摆外交",博取自身利益最大化。

这一阶段,印度作为传统反贸国家的身份达到高潮,对新兴国家定位的感知也更为强烈。在印度国内经济形势不甚乐观、执政根基不够稳定的背景下,基于与美印太合作的上升,以及印中在经贸、战略和边界问题上的竞争关系,印度更加倾向于短期内的经济收益和战略影响,故而在区域全面经济伙伴关系协定谈判的最后时刻宣布退出。印度的退出虽然保护了本国农业和制造业等落后产业,短期内规避了对生产力和生产关系的冲击,但长远来看,受制于基础设施落后、产业结构失衡、教育水平不高等因素,印度难以将巨大的人口红利释放为发展红利,仅依靠自身力量难以实现稳健、均衡和可持续的发展,其持续力与活跃力的下降,也对其他国家的经济福利和参与意愿产生了负面影响,不仅为亚太地区的政治互信和经济一体化带来了阻力,也助长了"保护主义"和逆全球化力量,不利于世界的稳定发展。[3]

① The Hindu Bureau, "Why are India's imports from China rising?" The Hindu, February 15, 2022, https://www.thehindu.com/news/international/watch-why-are-indias-imports-from-china-rising/article65051563.ece.

② 卢光盛等:《印度会重返 RCEP 吗?》,2022 年 1 月 11 日,国际网,http://comment.cfisnet.com/2022/0111/1324773.html.

③ 蒋芳菲:《试析印度对 RCEP 的政策立场及其变化》,《中国社会科学院研究生院学报》2020 年第 5 期。

四、印度回归 RCEP 的前景展望

随着区域全面经济伙伴关系协定的签署和落地生效,印度未来会否重返协定成为各方关注的焦点。短期来看,印度重返协定的可能性较小。正如前文所述,印度的反贸传统使其贸易保护主义的思维根深蒂固,而这一身份短期内因为印度经济的内外交困属性明显上升,加上新冠肺炎疫情对经济的重创,因此解决国内政治困局、改善印度经济状况是莫迪政府当前的主要任务,而加入协定不仅无法使印度在短期内获得巨大收益,甚至还会冲击印度本就羸弱的国内产业,对印度经济发展有弊无利;此外,面对来自政党的攻击和选民的压力,莫迪政府亟须在短期内稳固其执政根基,因此,印度一改之前的舆论基调,大肆宣扬"中国威胁论"并指责区域全面经济伙伴关系协定"充满了非关税壁垒和国家资本主义",以此转移国内矛盾,赢得选民支持,为靠近美国"印太战略"创造空间。

长期来看,印度依旧存有重返区域全面经济伙伴关系协定的可能。首先,协定对印度长期存在着吸引力,加入协定,不仅在经济上可以"以外促内",倒逼国内产业改革,促进服务贸易出口;在政治上也为"东进战略"提供载体,为"印太外交"创造空间。其次,协定成员国也对印度有着强大的拉力。印度的退出不利于成员国增进经济福祉,也使日本等成员国与印度共同制衡中国的设想落空。因此尽管印度缺席协定签署,但协定依旧为印度"留了后门",[1]各国期待着印度的回归,中国也欢迎印度尽早加入协定。[2]

需要指出的是,印度最终能否从区域全面经济伙伴关系协定中获得长足发展,还要看其加入协定前后所需的成本投入。国内经济的结构性问题长期困扰着印度,加之市场改革成效不甚显著,使得印度在对外贸易中束手束脚。历经七年谈判,印度已投入巨大的"沉没成本",要想获得加入协定的好处,印度需要改革国内经济体制,创造良好的营商环境,提升本国产业的竞争力,提高自由贸易协定的利用率,建立高效的监管进口机制,基于对成本和收益的全面评估,最终决定是否回归。

---

[1] 在《区域全面经济伙伴关系协定》领导人联合声明中,各国重申"RCEP 对印度保持开放。印度是 16 个创始成员国之一,各方将欢迎其加入 RCEP"。参见《〈区域全面经济伙伴关系协定〉(RCEP)领导人联合声明》,2021 年 11 月 16 日,中华人民共和国国务院新闻办公室,http://www.scio.gov.cn/32344/32345/44688/47665/xgzc47671/Document/1718352/1718352.htm。

[2] 《2019 年 11 月 5 日外交部发言人耿爽主持例行记者会》,2019 年 11 月 5 日,外交部网站,http://new.fmprc.gov.cn/web/fyrbt_673021/jzhsl_673025/201911/t20191105_5418216.shtml。

"印度需要先把自己的事情处理好,清楚界定收益和成本,然后再与命运相会。"①

印度对区域全面经济伙伴关系协定政策立场的阶段性变化反映了国家行为体背后复杂的国家身份和国家利益,在国内状况、地区局势和国际环境的影响及建构下,印度在不同时期的身份定位和利益偏好会出现相应调整和选择性激活,两者共同塑造印度在协定谈判中的政策立场,并通过政策行为对国际体系施加影响。当然,每个阶段的政策选择并不是割裂的,后一阶段的行为变化也并非就是对原有政策的彻底否定,而是在多维互动的动态博弈中对前一阶段的适应性调整。印度在区域全面经济伙伴关系协定谈判中政策行为的反复不定,是印度国家发展进退两难与信心缺失的真实写照,也是生产核心驱动导向的印度在发展与创新上努力和挣扎的深刻缩影。受制于生产力和生产关系的矛盾,印度近乎陷入发展的"恶性循环",生产力的滞后、经济活跃度的下降、发展结构的失衡、制度创新实践的困境,都难以同既有的物质资源均衡发展和协调运作,也影响了印度发展动力链的运转效率。印度需要立足于国家身份与国家利益,保持并优化具有自身特色的发展模式,在发展动力的内外联动与外溢效应中,与亚太各国携手并进开启亚太合作新征程。

(李果:复旦大学国际关系与公共事务学院硕士研究生)

---

① Nilanjan Ghosh, "The RCEP clamour and India's priorities," The India Today, November 23, 2020, https://www.indiatoday.in/news-analysis/story/the-rcep-clamour-and-india-s-priorities-1743431-2020-11-23.

金砖合作与全球治理

中国全球发展与全球安全关联思想析论[*]

崔文星　　张新敏

【内容摘要】 在百年变局与世纪疫情和俄乌冲突影响叠加共振的时代背景下,全球安全面临严峻挑战。美西方国家以集体安全的名义推动北约东扩,建立美西方军事霸权,但却以霸权稳定论为其行为辩护;以推进民主化的名义对发展中国家大肆干涉,造成地区动荡,但却以民主和平论为其行为辩护;以促进人类福祉的名义对大自然进行掠夺,造成生态危机,但却以人类安全的名义为其行为辩护。建立在理论基础上的话语霸权成为美西方对中国进行围堵与打压并主导全球发展与全球安全治理的重要工具。在探索中国特色社会主义道路和参与全球治理的过程中,中国逐渐形成具有中国特色的发展与安全思想。"全球发展倡议"和"全球安全倡议"的提出标志着中国参与全球发展治理与全球安全治理进入新阶段。两个倡议并非各自独立的"筒仓",而是相互交叉、相互融合与相互支持。本文致力于从发展的角度探讨安全问题,在对主要来自美西方的民主和平论、霸权稳定论、人类中心论进行解构的基础上,建构中国的发展和平论、合作安全论与生命共同体理论。

【关键词】 全球发展倡议;全球安全倡议;发展和平论;人类命运共同体;地球生命共同体

安全,犹如空气和阳光,事关人类的生存与发展。美国社会心理学家亚伯拉罕·马斯洛(Abraham Maslow)将安全列为人在满足生存需要后的第一需要。在英语中,"安全"(security)一词具有客观和主观两层内涵:客观上不存在外来攻击的状态或现实,主观上没有担心外来攻击的恐惧感。这种理解被应用于国与国之

---

* 本文为2020年国家社科基金项目"西方发展主义话语解构与中国全球发展理论建构研究"(项目编号:20BGJ041;主持人:崔文星)的阶段性研究成果。

间的关系即是"国际安全"。①在传统意义上,国际安全研究主要关注在国家之间如何防止战争与实现和平。随着科技进步与全球化的发展,安全的内涵与外延逐渐扩大。在安全主体上转向国家安全与人的安全兼顾,在安全领域上转向传统安全与非传统安全并重,在安全目标上转向图生存与谋发展结合。近年来,百年变局与新冠肺炎疫情和俄乌冲突叠加共振,不论是传统安全还是非传统安全都呈现出超越国际性的全球性特征。正是在此时代背景下,2021年9月和2022年4月习近平主席分别提出了"全球发展倡议"和"全球安全倡议"。两个倡议相互交叉并相互支持,共同为人类命运共同体的构建指明方向。

一、国际发展—全球安全研究的文献综述

对于安全的研究由来已久,古今中外概莫能外。而国际发展学则主要是第二次世界大战之后兴起于美西方国家的现象。随着安全概念的扩展与发展中国家加入国际发展与全球安全的研究,国际发展与全球安全关联的研究也日益兴起。

（一）国际发展学研究

第二次世界大战结束后,随着一批新生独立国家的产生,这些国家的前途命运成为西方学界关注的对象,国际发展学研究逐渐兴起。这些研究主要从如下几个方面展开:首先,发展的历史。吉尔伯特·里斯特(Gilbert Rist)将发展思想的萌芽追溯至古希腊时期,认为经过亚里士多德的周期循环说、中世纪圣奥古斯丁的单一周期说、17—18世纪的启蒙运动与无限进步观,现代发展思想的核心要义以社会进化论的形式呈现,并于二战后成为一种全球性信仰。②其次,发展的理论。包括古典经济学、新古典经济学、现代化理论在内的传统发展理论将经济增长视为发展,为资本主义制度辩护,认为西方化是第三世界国家实现发展的唯一路径;包括经典马克思主义、帝国主义、依附论、世界体系论在内的马克思主义理论诸流派关注发展过程的公平性,对资本主义制度进行批判,认为中心国家的发展是外围国家发展的障碍而非动力;包括后结构主义、后殖民主义、后发展学派在内的"后"理论流派对发展话语进行了根本性质疑,认为发展话语背后隐藏着权力与控制,并呼唤

---

① 王帆、卢静:《国际安全概论》(第2版),中国人民大学出版社2016年版,第1页。
② [瑞士]吉尔伯特·里斯特:《发展史:从西方的起源到全球的信仰》,陆象淦译,社会科学文献出版社2017年版。

后发展时代的到来。①第三,发展的学科视角。发展学具有鲜明的跨学科特征。发展经济学主要研究财富如何增长,②发展社会学研究财富如何分配以及财富与权力分配对经济增长和人民福利的影响,③发展政治学关注政府权力在财富增长与分配中的角色以及发达社会的政治特征,④发展地理学关注地理与空间因素对经济增长与分配的影响,⑤发展人类学研究不同的文化对发展的态度及其发展路径选择的不同影响。⑥最后,发展的关系视角。在发展的过程中不仅需要处理经济系统内各要素的关系,还需要处理经济系统与社会系统、经济系统与自然系统以及人与自己的关系。⑦总体而言,随着发展研究视角的不断扩展,从经济增长到削减贫困,从两性平等到环境可持续,从客观标准到主观评价,发展的内涵也日趋丰富。

(二)全球安全学研究

首先,国际安全的领域。全球化与信息化拓展了国际安全的领域,使非传统安全提升到国际安全议程,国际安全即由包括国际冲突与战争、军备控制、维持和平等在内的传统安全领域扩展到涉及经济、社会、生态环境和能源等非传统安全领域。⑧其次,安全的主体。随着国际安全领域的扩展,国际安全的主体也日趋多元,从国家层面向上(超国家行为体)和向下(次国家行为体)扩展。⑨其中最重要的是安全主体由国家向个人的转移。第三,安全的手段。在维护国家安全方面,中国先秦时期的合纵连横与西方现实主义理论中的权力均势均将主要国家之间的权力(主要是硬权力)分布视作防止战争和维护自身安全的关键变量;墨子非攻与救攻思想以及体现于国际联盟和联合国的集体安全思想则试图通过共同救助受侵略方来维护各国的集体安全;⑩习近平"人类命运共同体"理念则致力于通过使各国命运相连实现共同安全与合作安全。

---

① Richard Peet and Elaine Hartwick, *Theories of Development：Contentions，Arguments，Alternative* (Third Edition)，New York：The Guilford Press，2015.

② 张培刚、张建华:《发展经济学》,北京大学出版社 2009 年版。

③ 吴忠民、江立华:《发展社会学》,中国人民大学出版社 2021 年版。

④ 曾庆捷:《发展政治学》,复旦大学出版社 2018 年版。

⑤ 邓祥征:《发展地理学导论》,商务印书馆 2021 年版。

⑥ 潘天舒:《发展人类学十二讲》,上海教育出版社 2020 年版。

⑦ 崔文星、黄梅波:《国际发展学概论》,复旦大学出版社 2021 年版。

⑧ 王帆、卢静:《国际安全概论》(第 2 版),中国人民大学出版社 2016 年版。

⑨ 上海社会科学院信息研究所:《信息安全辞典》,上海辞书出版社 2013 年版。

⑩ 阎学通、徐进:《国际安全理论经典导读》,北京大学出版社 2009 年版。

（三）国际发展—全球安全关联研究

首先,安全对发展的影响。安全是发展的保障已成为国际共识。2011年世界银行发展报告确认持续冲突与不安全对一个国家或地区的发展前景具有负面影响,低收入的、受冲突影响的国家在实现联合国发展目标方面存在重大困难。①当今世界,恐怖主义、难民危机、重大传染性疾病、气候变化等非传统安全威胁对发展的可持续性构成严重挑战。其次,发展对安全的影响。基于近代以来受到列强侵略的历史教训,中国自改革开放以来的主流观点是将发展视为治国理政的第一要务,是解决一切问题的"金钥匙",强调发展是安全的基础。这在习近平论坚持总体国家安全观中有着明确论述。第三,发展政策安全化与安全政策发展化。冷战结束后,尤其是9·11事件后,发展与安全的相互依赖日益加深,继而产生了政策领域的一对孪生现象,即发展政策的安全化与安全政策的发展化。针对这一趋势,学术界和决策层提出了"发展—安全关联"的概念。②

二、"人类命运共同体":全球发展—安全关联的思想基础

"共同体"理念中国全球发展—安全关联思想的基础。作为"人类命运共同体"理念的主要组成部分,习近平"全球发展倡议"和"全球安全倡议"分别致力于构建"全球发展命运共同体"和"人类安全共同体",体现了对传统"权力均势"和"集体安全"理念的反思与超越。

（一）权力均势

权力均势(balance of power)是国际关系理论中传统现实主义学派的核心理论之一。在汉斯·摩根索看来,均势是在若干国家之间防止其中任何一个强大到足以威胁其他国家的独立,使这些国家之间力量分配大体处于均等状态的一种政策或战略。③主权国家可以完全靠自身的力量,也可以借助联盟的力量对现实或潜在的对手进行制衡,实现权力的均势状态,从而达到维护国家安全的目的。在17世纪到20世纪初,使主要国家之间维持权力均势状态以避免来自霸权国的威胁成

---

① 世界银行:《2011年世界发展报告:冲突、安全与发展》,清华大学出版社2012年版。
② 张春:《发展—安全关联:中美欧对非政策比较》,《欧洲研究》2009年第3期。
③ [美]汉斯·摩根索:《国际纵横策论——争强权,求和平》,上海译文出版社1995年版,第265页。

为欧洲国家间政治的一种规则。①从近代以来,这种规则一直为西方政治家、战略家和外交家所推崇。在近代英国的欧洲外交中,均势原则被奉为圭臬。始于1815年维也纳会议召开,终于1914年第一次世界大战爆发的维也纳均势体系,因维持了"百年和平"而备受赞誉。肯尼斯·华尔兹甚至提出"各国安危系于均势"的论断。②

权力均势在防止大规模战争方面具有一定积极作用,但其为人类带来的和平是有限的。**首先,权力均势容易成为大国推行强权政治的借口和手段。**赫德利·布尔认为,大国对均势的维护总是通过分裂和吞并小国来达到。③18世纪欧洲列强对波兰的三次瓜分便是证据。就此看来,如果权力均势真能维护国家安全的话,那它维护的也只是主要大国的安全,而不是众多小国的安全。**其次,均势所固有的不确定性使天平两端的砝码经常处于不稳定状态。**权力是均势的基础,但权力相对和流动的特性增加了对国家力量和意图评估的难度,这成为均势稳定与和平难以存续的重要原因。④**最后,实现权力均势的方法本身隐含着战争爆发的可能性。**摩根索认为,减轻天平较重一侧重量和增加较轻一侧重量是实现权力均势的两种方式。具体方法包括分而治之、补偿政策(领土补偿、划分势力范围和设立中立区),军备(军备竞赛或裁减军备)和联盟(联盟对抗世界霸权及联盟对抗联盟)四种方法。⑤这些方法可能成为引发战争的因素,甚至很多情况下权力均势就是用战争实现的。因此,均势并不能与和平画上等号,实际上是以局部的战争换取比它范围更大的和平。⑥维也纳体系所谓"百年和平"期间虽然没有发生全面战争或世界大战,但体系内也出现了局部战争或冲突,如1854年英法与俄国之间爆发的克里米亚战争。⑦更何况还有列强在殖民地的激烈争夺。在均势论者看来,国家需要对他国力量保持警惕,并运用各种手段应付现实或潜在的威胁。此类行为会导致军备竞赛和联盟的分化组合,从而使国家间关系陷入"安全困境"。⑧最终,权力均势并没有

① 倪世雄、王义桅:《霸权均势:冷战后美国的战略选择》,《美国研究》2000年第1期。

② 倪世雄:《当代西方国际关系理论》,复旦大学出版社2001年版,第286页。

③ Hedly Bull, *The Anarchical Society: A Study of Order in World Politics*, New York: Colombia University Press, 1977, pp.107—108.

④ 苏长和:《关于均势理论的几点思考》,《欧洲》1997年第4期。

⑤ [美]汉斯·摩根索:《国家间政治:寻求权力与和平的斗争》,中国人民公安大学出版社1990年版,第232—255页。

⑥ 唐志明:《均势和平论剖析》,《贵州民族学院学报》(哲学社会科学版)2006年第3期。

⑦ 徐厚志:《维也纳体系下的均势与"百年和平"》,《开封大学学报》2009年第2期。

⑧ 郭学堂:《集体安全与权力均势——兼析国际政治体系的演变》,《中国社会科学》2001年第2期。

防止第一次世界大战的爆发。

（二）集体安全

对均势体系未能防止第一次世界大战的反思促成了国际联盟的建立，而第二次世界大战的爆发却暴露出集体安全也不能保证国家安全的弱点。[①]以实力地位为主要追求目标的现实主义安全构想，无论是追求霸权还是权力均势，其所强调的都是作为自助个体的国家。而理想主义模式的集体安全构想则恰恰相反。作为一种安全模式，集体安全构想的是由一批国家构成一定的安全共同体，诸如同盟、条约组织、国际组织等。在这个共同体中，所有成员国放弃相互使用武力，并承诺共同行动，援助受到侵犯的成员国，对破坏和平的国家实施强制性措施，诸如经济制裁，必要时则实施军事制裁。

与权力均势中自助的个体不同，集体安全涉及的是多个国家的共同体。在这种共同体中，基本的特点是大国主宰、小国陪衬。无论是早期的维也纳会议、欧洲协调，还是实现了组织化的国际联盟与联合国，情况都是如此。在大国支配之下，集体安全能否存在，关键在于大国能否一致。而集体安全最大的局限性就在于这种一致颇难实现。联合国在冷战时期难有作为的主要原因是美苏对抗。在冷战后一些热点冲突问题上安理会常常出现的不一致也致使其无法采取集体安全行动。联合国安理会五大常任理事国的一票否决制度可以确保大国利益不受损害，而小国在这个组织中维护自身的安全利益就要困难得多。所以，集体安全这一曾被称为理想主义的东西实际上并不理想。[②]

与权力均势思想中的结盟观相反，集体安全思想反对一国与其他国家进行结盟来对抗另一国。如果说权力均衡致力于通过自助或结盟来保护自身的安全，集体安全则倡导所有国家对所有国家进行保护，从而使本国也能获得安全的保障。但需要注意的是，集体安全机构的建立并不意味着权力均势政策的消除，国联行政院和联合国安理会内即是大国均势政策的实施场所。因此，20世纪以来的国家间政治体系是权力均势与集体安全并存的混合体系。[③]在这种混合体系中，如果主要大国能就特定问题达成一致，通过集体安全保护成员国免遭侵略的目标容易实现。但如果主要大国之间无法达成一致，成员国（特别是弱小国家）的安全依然无法得

---

① Inis Claude, *Power and International Relations*, New York: Random House, 1962, p.111.

② 李少军：《国际安全模式与国家的安全战略选择》，《世界经济与政治》1999年第6期。

③ 郭学堂：《集体安全与权力均势——兼析国际政治体系的演变》，《中国社会科学》2001年第2期。

到保障。冷战期间和冷战之后发生的诸多战争与冲突都证明了这一判断。

（三）人类命运共同体

主权国家是近代以来国际舞台上的主要行为体。权力均势与集体安全都存在对此类行为体的不信任问题。前者对其侵略能力不信任，后者对其侵略意图不信任。这种内含其中的不信任加剧了国家之间的冲突与对立。有鉴于权力均势和集体安全在维护国家与全球安全方面的缺陷，"人类命运共同体"理念则通过强调人与人之间、国与国之间的命运相连来重建信任，进而为国家与人民的安全提供更为坚实的基础。2015年，习近平在博鳌亚洲论坛年会上对迈向"命运共同体"必须坚持的原则进行了阐述，其中第三项原则中谈到要坚持实现共同安全。①权力均势理论将国家之间的安全关系视为你输我赢的零和博弈游戏，而"人类命运共同体"理念倡导合作而非对立，追求共同安全而非部分安全，力图从更为根本的层面消解内含于权力均势和集体安全理论中的不信任，进而成功构建全球安全。权力均势和集体安全从本质上说不是共赢的，而是大国赢小国输的。"人类命运共同体"致力于实现包括大国和小国在内的所有国家的共同安全，其实现路径是利益共同体、责任共同体和命运共同体的构建。利益共同体旨在实现经济互利，责任共同体旨在实现安全与共，命运共同体旨在实现共同发展。②由此可见，人类命运共同体理念体现着经济、安全与发展的统一，是中国全球发展—安全关联理念的思想基础。

三、全球发展命运共同体：民主和平论与发展和平论

"人类命运共同体"在发展领域的话语表述是"全球发展命运共同体"，而"全球发展命运共同体"又为"人类安全共同体"的构建提供保障。2021年9月，习近平主席在出席第76届联合国大会时提出了"全球发展倡议"以推动"全球发展命运共同体"的构建，将发展—和平关联的思想推向新的高度，为破解西方的"民主和平论"和构建中国的"发展和平论"指明方向。

---

① 《博鳌亚洲论坛举行开幕式　习近平发表主旨演讲》（全文），2015年3月28日，中国新闻网，https://www.chinanews.com.cn/gn/2015/03-28/7166267.shtml。

② 刘传春：《人类命运共同体内涵的质疑、争鸣与科学认识》，《毛泽东邓小平理论研究》2015年第11期。

（一）民主和平论

"民主和平论"是冷战后流行于西方学术界的一种和平理论。冷战结束后，一些西方学者在研究第二次世界大战后欧洲乃至世界的战争与和平问题时发现，1946 年到 1986 年的 40 年间，主要的西方民主国家之间从未发生过战争，从而认为西方民主政治是避免战争的法宝。①民主和平论者的逻辑主要包括：民主政治复杂的政治过程对战争施加了制度性约束；民主国家国内政治中发展出的宽容、和解和司法裁决等价值规范会延伸至其对外关系中；经济发展所催生的契约文化可以有效规避国家间激烈冲突的爆发等。②然而，"民主和平论"与历史经验并不吻合，俾斯麦率领的战争和美国与西班牙之间的战争即是两起典型的反例。因此，民主既不是和平的充分条件，也不是其必要条件。"民主"国家之间不打仗，不是因为它们有着共同的政治制度，而是因为它们有着共同的利益。"民主和平论"为西方发达国家的"干涉战争"和"民主外交"提供了重要的理论依据，成为粉饰美国霸权行径的话语。美国打着帮其建立"民主国家"的旗号出兵伊拉克和阿富汗，其结果是不但没有给那里的人民带来自由的福祉，反而造成巨大的人道主义灾难。因此，"民主和平论"与其说为世界和平提供了一剂良方，不如说是构成世界和平的一大威胁。③

（二）发展和平论

美西方国家以"民主卫士"自居，通过主导关于"民主"的话语为其中国威胁论提供佐证。2021 年 12 月，美国通过视频形式举办所谓"世界领导人民主峰会"，会议主题聚焦反对所谓"威权"主义、腐败和保护人权。美国一共邀请了超过 100 个国家和地区参加此次"峰会"，却没有邀请中国和俄罗斯。其利用"民主"话语打压中、俄的意图明显。针对美国的此类举动，加强发展与和平关联的理论构建是一个重要应对措施。消除贫困是联合国发展议程的重要组成部分，而贫困是一国内部动乱的重要原因。孔子在谈论如何治理国家时在"足食，足兵，民信"④三者中将"足食"放在首位。孟子在谈论人民衣食充足与社会稳定之间的关系时也指出"有

---

① 潘忠岐：《西方"民主和平论"剖析》，《国际政治研究》1997 年第 3 期。
② 倪春纳：《民主能产生和平吗？——对"民主和平论"的批判及其应对》，《外交评论》2013 年第 2 期。
③ 陈曙光：《"民主和平论"背后的真相》，《北京日报》，2015 年 8 月 17 日，http://theory.people.com.cn/n/2015/0817/c49150-27472494.html。
④ 《论语·颜渊》。

恒产者有恒心,无恒产者无恒心。苟无恒心,放辟邪侈,无不为已。"①2014 年 5 月 15 日,习近平总书记在中央国家安全委员会第一次全体会议上首次提出总体国家安全观重大战略思想。总体国家安全观统筹发展和安全两件大事,强调发展是安全的基础和目的、安全是发展的条件和保障,既善于运用发展成果来夯实国家安全的实力基础,又善于塑造有利于经济社会发展的安全环境。②百年未有之大变局与世纪疫情和俄乌冲突的影响叠加共振,人类和平与发展均面临重大挑战。习近平主席于 2021 年和 2022 年先后提出的"全球发展倡议"和"全球安全倡议"进一步将发展与安全关联的思想应用到全球层面,"发展和平"的观点也更加深入与明晰。③贫困与不公平所导致的国家内部动乱常常产生外溢效应,使得对外战争成为转嫁内部危机的重要途径。在当代世界,贫困是导致极端思想和恐怖主义滋生和蔓延的重要因素,而恐怖主义日益具有跨国性特征,成为国际和平的重要威胁。"发展"意味着削减贫困,"包容性发展"意味着减少发展过程与成果分配的不公平性。一个国家越是发展,中产阶级人数越多,该国产生恐怖主义和极端思想的可能性越小。中产阶级对稳定有着更大的倾向性,从而成为反对冲突与战争,维护国内稳定与国际和平的重要因素。此外,作为整体第三世界的发展,有利于缩小南北差距及其南北关系中的不公正因素,并对北方对南方的干预行为构成有力的制衡。因此,"发展和平论"意味着各国(尤其是发展中国家)越是发展,世界和平的维护越有保障。

(三) 全球发展倡议

正是在认识到发展与和平的正相关性,习近平主席于 2021 年 9 月首次提出了"全球发展倡议"。"倡议"强调要将发展置于全球宏观政策框架的突出位置,在发展中保障和改善民生,着力解决国家间和各国内部发展不平衡和不充分问题,加快落实联合国 2030 年可持续发展议程,构建全球发展命运共同体。④发展是解决一

---

① 《孟子·滕文公上》。

② 高祖贵:《深刻理解和把握总体国家安全观》,《人民日报》,2020 年 4 月 15 日。

③ 习近平主席并未直接使用"发展和平论"的表述。有关该术语的使用可参见徐辉:《发展和平论:"一带一路"倡议对世界和平的含义》,2019 年 5 月 28 日,凤凰网,https://mil.ifeng.com/c/7n2SDWwgYG8;张春:《发展和平是共建人类安全共同体的正确理念》,2022 年 6 月 16 日,中国社会科学网,http://www.cssn.cn/gjgxx/gj_bwsf/202206/t20220616_5412819.shtml。

④ 习近平:《坚定信心共克时艰 共建更加美好的世界——在第七十六届联合国大会一般性辩论上的讲话》,2021 年 9 月 21 日,中华人民共和国中央人民政府,http://www.gov.cn/gongbao/content/2021/content_5641338.htm。

切问题的总钥匙,全球发展命运共同体的核心要义为共同发展,使世界各国都能实现以人为本的包容性和可持续发展。在经济全球化日益深入发展的今天,弱肉强食、赢者通吃是一条越走越窄的死胡同,而包容普惠、互利共赢才是越走越宽的人间正道。推动共同发展,坚持互利共赢,构筑伙伴关系,才能有力地促进世界和平。

四、全球安全共同体:霸权稳定论与合作安全论

人类命运共同体是发展与安全的共同体。习近平主席在提出"全球发展倡议"之后又于2022年进一步提出"全球安全倡议"。"全球安全倡议"所倡导的"合作安全"是对美国"霸权稳定论"的超越。

(一)霸权稳定论

霸权稳定论兴起于20世纪70年代,是西方国际政治经济学主流理论之一。基欧汉最早使用"霸权稳定论"一词,金德尔伯格在《1929—1939年的世界经济萧条》一书中对该理论进行阐述,克拉斯纳和吉尔平等人相继对其进行完善。霸权稳定论者认为霸权于经济秩序之间存在正相关关系,当霸权国权力占明显优势时,国际经济就会处于良好状态。反之则会变得紊乱、衰落甚至瓦解。霸权国能够提供公益,能够创立国际规制,从而有利于世界的稳定。[1]该理论成为美国为自身在全球扮演领导性角色进行辩护的理论工具。为了达到其领导世界的目的,美国一方面在全球范围的各个领域和层次上建立起了一系列的制度与规范,另一方面则直接利用其军事力量打着推进民主和维护稳定的旗号对其他国家进行干预。然而,美国的霸权并未给世界带来稳定。自诩为"山巅之城"的美国时常打着"人道主义干涉"的旗号对外动武。自1776年独立以来,在240多年的历史中,美国没有参与战争的时间不足20年。据不完全统计,从1945年到2001年,世界上153个地区发生了248次武装冲突,美国发起的就有201场,约占81%。[2]由此可见,自诩为稳定促进者的霸权国却利用其霸权地位成为安全的破坏者。

(二)合作安全论

与霸权稳定论不同,中国提倡合作安全论。2014年5月,习近平主席首次提

---

① 牛震:《关于霸权稳定论及其评价》,《世界经济与政治》2000年第10期。
② 中国人权研究会:《美国对外侵略战争造成严重人道主义灾难》,《人民日报》,2021年4月10日。

出总体国家安全观重大战略思想,强调对外要求和平、求合作、求共赢、建设和谐世界,其核心是通过国家之间的平等合作而非霸权的强制性力量来求得安全。"合作安全"是与"冷战思维"相对立的全新安全理念,其基本思想在于磋商而非对抗、预防而非纠正、相互依存而非单边主义、包容而非排斥。2022年4月,习近平主席进一步提出了"全球安全倡议"。在作为核心要义的"六个坚持"中,第一个即为坚持共同、综合、合作、可持续的安全观。共同就是要尊重和保障每一个国家的安全(不论大国还是小国),综合就是要统筹维护传统领域和非传统领域安全,合作就是要通过对话合作促进各国和本地区安全,可持续就是要发展和安全并重以实现持久安全。①权力均势关注自身安全而忽略对手安全,并通过牺牲中小国家利益实现大国之间的权力均势。集体安全致力于解决侵略行为已经发生后,如何通过集体制裁和武装力量阻止侵略的进一步发展。霸权稳定认为一个远超其他国家国力的超级大国能够担任世界警察的角色,为各国提供安全保障。霸权的存在与权力均衡有利于和平的思想相悖。霸权对集体安全机制的运转也构成威胁,因为如果侵略国家是霸权国,其他国家将很难对其进行制约。"全球安全倡议"中所倡导的通过合作实现共同安全的"人类安全共同体"理念致力于从根本上解决上述安全机制所存在的互信缺乏问题,通过命运绑定的方式使得具有侵略意图的国家由于对自身利益的权衡,最终在合作与冲突中选择前者。

五、地球生命共同体:人类安全论与地球生命安全论

1983年,理查德·乌尔曼在《国际安全》上发表《重新定义安全》一文,明确提出应对国家安全和国际安全的概念进行扩展,使之包含非军事性的全球问题,如资源、环境、人口问题等。②此后,有关安全定义的外延不断扩大,对安全主体的关注也日益从国家的安全向人的安全扩展。

(一)人类中心主义与人类安全论

在传统安全的研究方面,对安全主体的界定主要局限在民族国家的范畴之内,

---

① 中共中央党史和文献研究院:《习近平关于总体国家安全观论述摘编》,中央文献出版社2018年版,第229—231页。

② Richard H. Ullman, "Redefining Security," *International Security*, 1983, Vol.8, No.1, pp.129—153.

安全议题主要涉及军事、政治和外交安全。自 20 世纪 70 年代开始，非传统安全理念开始萌芽，至 90 年代，非传统安全的研究开始趋于活跃并逐渐形成共识。1994年，肯·布思(Ken Booth)和彼得·韦尔(Peter Vale)在《国际事务》上撰文指出，安全领域应向人的安全和全球安全横向扩展，安全主体可从民族国家向上、下两个层次纵向延伸，包括了诸如贫穷、流行性疾病、政治不公正、自然灾害、有组织犯罪、失业等。①在安全主体由国家转向人的过程中，安全议题与发展议题进一步融合，减贫、健康(疟疾与艾滋病防治)、社会公正(妇女赋权与两性平等)等都是联合国千年发展目标体系的重要组成部分，国际发展合作与全球安全的密切相关性也日趋明显。对安全主体的反思与 20 世纪 70 年代发展观由物本向人本转变的思潮相关。20 世纪 70 年代，美国经济学家理查德·伊斯特林(Richard A. Easterlin)提出了"幸福悖论"的概念，发现一国的经济增长未必能够带来生活满意度的改善。②此后，发展观开始从对经济增长的关注向对人的需求的关注转变。人本发展观不仅关注当代人的发展，而且还要关注子孙后代的发展，这就涉及发展的可持续问题，而可持续发展需要处理好人与自然的关系。1987 年《我们共同的未来》把可持续发展定义为"既满足当代人的需要，又不对后代人满足其需要的能力构成危害的发展"。③可持续发展观虽然强调发展要超越对当代人需求的关注，但它本质上仍是人类中心主义的，关注人类本身发展与安全，而将其他生物资源置于为人类福祉服务的地位，体现的仍是一种征服与控制的关系，只不过是更具远见的控制与利用而已。

(二)地球生命共同体与地球生命安全论

在人与自然之间关系的论述方面存在着两种基本倾向：一种就是前文所讨论的人类中心主义。这是自欧洲启蒙运动以来在理性崇拜逻辑下的主流思想。正是基于对人类认识和改造自然能力的自信，科学技术才不断获得突飞猛进的进步并成为人类发展的巨大推动力。但这一观念并非为西方所独有，中国古代先贤也早有类似的论述。儒家的人类中心论突出地表现在"人者天地之心"④、"惟人万物之灵"⑤和"天

---

①　上海社会科学院信息研究所:《信息安全辞典》，上海辞书出版社 2013 年版，第 44 页。

②　[美]理查德·伊斯特林:《幸福感、经济增长和生命周期》，李燕译，东北财经大学出版社 2017 年版。

③　世界环境与发展委员会:《我们共同的未来》，王之佳、柯金良等译，吉林人民出版社 1997 年版。

④　《礼记·礼运》。

⑤　《尚书·泰誓上》。

地之性人为贵"①三个命题上,从而确立了人贵于万物的思想。这一思想观点代表了中国传统思想文化的基本取向。在先秦各家学说中,惟独道家持有与此不同的看法。根据老子奠定的"道"的理念,"道生一,一生二,二生三,三生万物"②。就万物同生于道而言,"大道"对万物一视同仁,人也是万物中的普通一员,并不比万物优越,因而人并不是天地万物的中心,人与万物也是平等的。习近平主席继承了中国传统文化中人类平等与万物平等思想的合理内核,于 2021 年 10 月 21 日在出席《生物多样性公约》第 15 次缔约方大会领导人峰会的主旨讲话中深刻阐释保护生物多样性的重大意义,倡导"共同构建地球生命共同体"。人与自然的关系经历了从原始文明被动顺应自然到农耕文明主动利用自然的历程。进入工业文明时代,西方传统工业化道路过度扩张物质财富而忽略国民生态福祉,片面强调征服自然,导致生态环境加剧恶化,生物多样性持续锐减,进而影响了人类自身福祉的持续改善。"地球生命共同体"理念正是在人类持续发展面临巨大挑战的时代背景下提出,强调人与自然应该和谐共生,从对人类安全的关注提升至对地球生命安全的关注。"当人类友好保护自然时,自然的回报是慷慨的;当人类粗暴掠夺自然时,自然的惩罚也是无情的。我们要身怀对自然的敬畏之心,尊重自然、顺应自然、保护自然,构建人与自然和谐共生的地球家园。"③人与自然和谐共生的理念以及地球生命共同体的构建最终会将人类导向一种不同于工业文明的新文明形态——生态文明。生态文明是指的是在工业文明已经取得成果的基础上,用更文明的态度对待自然,拒绝对大自然进行野蛮与粗暴的掠夺,改善与优化人与自然的关系,在保障人类安全的同时也维护其他生物物种的安全。

结　　语

在百年未有之大变局时代,各种矛盾与危险对人类安全与可持续发展的未来构成严峻挑战。诸多问题的解决有赖于发展与安全的结合。权力均势与集体安全主要是用安全的手段来解决安全的问题,最终维护的也仅仅是部分国家的安全。

---

① 《孝经·圣治章第九》。
② 《老子·四十二章》。
③ 习近平:《共同构建地球生命共同体——在〈生物多样性公约〉第十五次缔约方大会领导人峰会上的主旨讲话》,中华人民共和国中央人民政府,2021 年 10 月 12 日,http://www.gov.cn/gongbao/content/2021/content_5647343.htm。

权力均势、霸权稳定与集体安全主要从权力分布的结构视角来探讨防止战争与维护和平的路径,而民主和平论则从国家这一构成结构的单元视角探讨国家制度与和平之间的关联性,这与"帝国主义是战争策源地"的马克思主义视角构成谱系的两端。虽然视角有所不同,但权力均势、霸权稳定、集体安全、民主和平都是从大国的视角提出的主要维护大国安全利益的思想与方案。"人类命运共同体"思想以全球化背景下人类命运相连的现实为立足点,致力于从发展的视角解决安全问题,通过共同发展与合作共赢来实现普遍安全。安全内涵向非传统安全的扩展使得发展与安全的关联更加紧密,环境安全与生态安全威胁到每个国家的每一个人,这进一步证明了人类命运共同体理念的正确性。然而,人类问题的解决需要跳出人类中心主义思维限制,从更为广阔的地球生命视角才能更好地维护人类自身的安全。

(崔文星:上海对外经贸大学法学院国际关系学系讲师;张新敏:上海政法学院政府管理学院国际政治与国际法治专业硕士研究生)

印度在网络安全国际规范制定进程中的
参与及其前景

王 蕾

【内容摘要】 网络安全是近年来国际规范制定的一个重点议题领域。印度在联合国信息安全政府专家组及开放式工作组中有着持续的参与,但活跃度相对较低,较少明确表达其规范立场与主张。印度网络国家安全制定进程的迟滞是牵制其参与国际规范制定的关键因素。尽管如此,从印度政府的参与中,仍可发现其对于供应链安全问题的关注;印度政府对于国际法如何适用于网络空间这一关键问题的立场表述则颇为微妙。印度对于网络安全国际规范的立场表达旨在为其国家安全和地缘政治利益服务。在未来几年内,印度在该领域规范制定中的活跃度应将逐步增加,可能提出的规范主张对于网络安全国际规范的生成以及中印关系的影响则值得进一步的关注。

【关键词】 印度;网络安全;国际规范;开放式工作组

近年来,在信息通信技术更新换代及应用普及的背景下,国家及非国家行为体面临的网络安全威胁日趋复杂,国家间在网络空间爆发冲突的风险也在增加,通过制定和落实国际规范的方式应对这些风险和威胁,因而被提上议事日程,吸引越来越多的国家的关注和参与,并取得了一定的成果。

印度近年来也参与到了网络安全国际规范制定的进程之中。尽管印度在其中已展现出来的表现度无法与美俄等国相比拟,但印度仍然试图表达一定的规范立场。且根据目前的趋势预测,印度未来在此进程中的参与度很可能会有所提升,对于网络安全规范制定的影响也有可能随之增加。有鉴于此,本文将着重分析印度现阶段参与该领域规范制定的基本行为特点,以及印度政府在一些重要的规范问题上的观点和立场,并在此基础上对印度参与规范制定的前景进行预测。

一、网络安全国际规范制定进程及印度的参与

本节将首先简要回顾网络安全国际规范制定的概况,而后分析印度在参与网络安全国际规范制定的过程中表现出来的基本行为特点。总体上来说,印度政府在该议题领域的规范制定中的表现活跃度较为有限,但自 2021 年底以来有了一定程度的改善,同时与政府部门相较,印度智库等非政府机构反而较为活跃。

(一)网络安全国际规范制定的概况

1999 年初,联合国大会通过第 53/70 号决议,关注"国际安全背景下信息通信领域的发展",对于该领域的技术手段被用于破坏国际稳定与安全,以及对国家安全产生负面影响表示担忧。[①]自此开始,网络安全议题进入负责裁军与国际安全事务的联合国大会第一委员会的视野,各国逐渐在这一平台上探索制定国际规范以应对信息通信技术的使用给国际安全和国家安全带来的威胁的可能性。本文特将由此制定出来的规范称作网络安全国际规范。

联大第一委员会为此启动了专门用于讨论网络安全国际规范的多边机制。2003 年底,联大通过第 58/32 号决议,决定于次年召开联合国信息安全政府专家组(UN GGE),[②]以承担讨论和制定规范的任务。这是一个限定参与国范围的机制。专家组需要就讨论结果达成报告并提交至联合国大会。直至 2017 年第五届政府专家组结束,该机制都是联大第一委员会框架下唯一负责该事务的机制。而在第五届政府专家组以谈判破裂告终、未能达成并提交报告的背景下,联大于 2018 年在俄罗斯的主推下通过了第 73/27 号决议,决定成立联合国信息安全开放式工作组(OEWG),为其赋予的任务与政府专家组颇为相似。[③]这一新的、不

---

① "Resolution Adopted by the General Assembly, 53/70. Developments in the Field of Information and Telecommunications in the Context of International Security," United Nations General Assembly, January 4, 1999, https://undocs. org/Home/Mobile? FinalSymbol = A％2FRES％2F53％2F70&Language = E&DeviceType = Desktop&LangRequested = False.

② "Resolution Adopted by the General Assembly on 8 December 2003, 58/32. Developments in the Field of Information and Telecommunications in the Context of International Security," United Nations General Assembly, December 18, 2003, https://documents-dds-ny. un. org/doc/UNDOC/GEN/N03/454/83/PDF/N0345483.pdf?OpenElement.

③ "Resolution Adopted by the General Assembly on 5 December 2018, 73/27. Developments in the Field of Information and Telecommunications in the Context of International Security," United Nations General Assembly, December 11, 2018, https://documents-dds-ny. un. org/doc/UNDOC/GEN/N18/418/04/PDF/N1841804.pdf?OpenElement.

限定参与国范围的机制的出现,回应了不少国家关于网络安全国际规范制定民主化的呼声。由此出现了在 2019—2021 年期间,政府专家组与开放式工作组并行召开的局面。2021 年底,第二届开放式工作组已启动,预计将于 2025 年完成报告。

在政府专家组及开放式工作组运行的过程中,出现了明显的不同国家间观点主张上的分歧与对立。例如美国及其盟友主张关注对于关键基础设施的网络攻击产生的安全威胁,而中俄等国则主张关注一国利用信息通信技术以及信息危及另一国国内政治安全及社会稳定的情况;美国及其盟友认为现有的国际法可直接完全应用于网络安全领域,并主张辅之以自愿性的负责任国家行为规范,俄罗斯则明确主张以制定具有法律约束力的国际公约的方式应对该领域的安全威胁。分歧和对立还体现在其他更多微小的层面,围绕一些具体的规范主张展开。在此背景下,政府专家组及开放式工作组达成一定的,但仍然有限的规范成果。政府专家组达成的报告确认了国际法对于网络空间的适用性,但关于具体如何适用于网络空间,则仍然有待进一步讨论;专家组的报告还在 2015 年提出了 11 条自愿性的负责任行为规范,并在 2021 年达成的报告中进一步对这些概要性的行为规范的具体适用情境和落实方式等进行了详细讨论。①开放式工作组的报告同样反映了各国关于国际法的适用性以及自愿性负责任行为规范的有限共识。

（二）印度参与网络安全国际规范制定的基本特点

无论是印度学者还是印度政府,近年来都积极表达有关印度在国际规范制定中的角色期待,具体而言,是认为印度可以,且应当从国际规范的被动的接受者转换为规范制定者。然而,印度虽参与网络安全国际规范的制定进程,但在其中的表现活跃度和扮演的角色却与这种对于成为规范制定者的自我期待不甚相符。

具体而言,印度在网络安全国际规范制定中的参与,其基本特点可以总结为如下几个方面。其一,直至 2021 年上半年第六届政府专家组及第一届开放式工作组完成其任务之时,印度政府在这一进程中的活跃度一直较低。实际上在共六届政

---

① "Report of the Group of Governmental Experts on Developments in the Field of Information and Telecommunications in the Context of International Security," United Nations General Assembly, July 22, 2015, https://undocs.org/Home/Mobile? FinalSymbol = A％2F70％2F174&Language = E&DeviceType = Desktop&LangRequested = False; "Report of the Group of Governmental Experts on Advancing Responsible State Behaviour in Cyberspace in the Context of International Security," United Nations General Assembly, July 14, 2021, https://front.un-arm.org/wp-content/uploads/2021/08/A_76_135-2104030E-1.pdf.

府专家组之中,印度是其中五届政府专家组的参与国之一,仅仅缺席了 2014—2015 年的第四届政府专家组。①每一届政府专家组的参与国数量维持在 15 个—25 个之间,而印度之所以能够较为持续地参与其中,与政府专家组选择参与国的方式——根据各国的地缘位置平均分配名额——应有密切的关系。尽管如此,查阅现有的资料很难发现印度在参与政府专家组的过程中有表达过任何令人印象深刻的观点主张。似乎在美俄立场对峙的背景下,印度既未在双方之间进行明确的选边,亦未对最终达成的规范成果有任何突出的贡献。可查知的仅有的资料,是印度政府于 2015 年对联大通过的第 70/237 号决议——该决议认可了政府专家组当年提交的报告及其中提出的 11 条自愿性负责任行为规范——评论意见。在该评论意见中,印度政府简要地表达了对于网络安全国际规范的看法。在开放式工作组中,与其他不少国家相较,印度政府的表现仍然较为平淡。可查询的资料仅有 2019 年开放式工作组启动之初印度发表的一份声明,以及 2021 年初开放式工作组起草了"零号草稿"(Zero Draft)之后印度对于该版本报告草稿的简单的评论意见。后文将结合这些材料进一步讨论印度关于网络安全国际规范的立场主张。此外,对于网络安全国际规范制定中其他一些吸引力不少国家参与或支持的机制,印度则未参与其中。例如由法国发起的《网络空间信任和安全巴黎倡议》已吸引了超过 80 个国家政府的参与,但印度政府仍置身事外;对于一些国家提出的"在网络空间推动负责任国家行为的行动纲领"(Programme of Action)提议,印度政府则以该倡议尚未成为联合国正式授权的多边机制为由,尚不考虑参与对该提议的支持。②印度学者也曾对于印度政府在这一进程中的活跃度之低表达了不满,认为印度无意于主动表达任何连贯的、确定的立场,而代之以"静默和模糊的策略"。③

之所以出现这样的情况,一个关键的原因在于印度国内迟迟未推出正式的网络安全国家战略。印度政府曾于 2013 年发布"国家网络安全政策",旨在建立一个

---

① "Membership of the UN Group of Government Experts(UN GGE) 2004—2017," Cyber Policy Institute, https://ict4peace.org/wp-content/uploads/2017/02/CPI-UN-GGE-Members-2004-2017.pdf; "Group of Governmental Experts," United Nations, https://www.un.org/disarmament/group-of-governmental-experts/.

② "Question No.1735 Cyber Security Policy," Ministry of External Affairs, Government of India, February 11, 2022, https://www.mea.gov.in/lok-sabha.htm?dtl/34851/QUESTION_NO1735_CYBER_SECURITY_POLICY.

③ Arindrajit Basu and Karthik Nachiappan, "Will India Negotiate in Cyberspace?" Leiden Security and Global Affairs Blog, December 16, 2020, https://leidensecurityandglobalaffairs.nl/articles/will-india-negotiate-in-cyberspace.

应对基础设施面临的网络安全风险、降低网络攻击带来的损失的"安全的网络生态系统",比如鼓励各公私机构设置负责网络安全事务的专门职位、根据最佳实践制定网络安全标准和操作流程等。但在网络安全国际规范制定进程中成为争论之关键的网络威慑问题,以及是否或应以何种标准、何种方式对网络攻击作出反应乃至反击的问题,则是这份政策文件未曾触及的内容。随着印度国内对于这些问题的关注日渐上升,制定新的网络安全国家战略被提上议事日程。根据新闻报道,直至 2022 年 4 月,原计划于 2021 年正式推出的战略方才由印度国家安全委员会完成草案的制定工作,①距离正式推出应尚有一段时间。这种迟滞实际上反映的是印度国内关于网络威慑战略存在难以迅速得到调和的分歧。这显然阻碍了印度政府在多边机制中就涉及该类问题的网络安全国际规范发表明确的立场主张。

其二,自 2021 年底第二届开放式工作组启动以来,印度政府的表现及其活跃度有了一定程度的改善。早在 2017 年第五届政府专家组的谈判以破裂告终之后,莫迪政府在国家安全委员会的框架下组建了一个新的委员会,专门负责就印度参与谈判和制定网络安全国际规范的政策和战略提供建议,并任命了曾为印度常驻联合国代表的阿索克·库马尔·慕克吉(Asoke Kumar Mukerji)为委员会的负责人。委员会成员向媒体透露,该委员会将致力于使印度在网络安全国际规范的制定进程中成为一个主导者。②这反映了莫迪政府有意在该领域提升其表现活跃度。而在 2021 年底召开的第二届开放式工作组第一次会议上,印度政府不仅就规范问题进行了发言,而且对比印度在第一届开放式工作组上的声明和评论意见可以发现,印度政府已开始更为明确地表达有关网络安全国际规范的立场主张。比如印度代表强调应讨论国家之间为应对网络归因的挑战而相互应负的责任,主张以更为清晰的方式确认非国家行为体的网络活动,支持讨论国家在避免"互联网公共核心"(public core of the Internet)遭受网络攻击方面应担负的义务,等等。③

---

① "National Cyber Security Strategy 2021 Draft Formulated by NSCS: Rajeev Chandrasekhar," Outlook India, April 10, 2022, https://www.outlookindia.com/national/national-cyber-security-strategy-2021-draft-formulated-by-nscs-rajeev-chandrasekhar-news-189571.

② Anuj Srivas, "After UN Talks on Cyber Norms Collapse, India Starts Chalking Out Own Strategy," The Wire, September 12, 2017, https://thewire.in/tech/un-cyber-norms-india-asoke-mukerji-nsc.

③ "India, Open Ended Working Group on Security of and in the Use of ICTs 2021—2025, First Substantive Session, 13—17 December 2021 UNHQ New York, Statement on Developing Rules, Norms and Principles of Responsible Behavior of States," Reaching Critical Will, December 15, 2021, https://reachingcriticalwill.org/images/documents/Disarmament-fora/other/icts/oewg-II/statements/15Dec_India.pdf.

其三,与印度政府相较,印度的非政府组织在开放式工作组等机制中有更为活跃的表现。在第一届开放式工作组中,与印度政府的表现平淡形成对比,印度的非政府组织积极提交并明确表达它们关于网络安全国际规范的主张。其中,印度智库"互联网与社会中心"(The Centre for Internet & Society)针对工作组制定的"最初版准备草稿"提交了一份内容详细的评论意见,并明确主张应当制定一份具有法律约束力的,覆盖数据管理、跨境数据流动、国家在维护网络安全稳定和在网络空间保护人权方面的义务等多项内容的条约,①可以说是一项颇为大胆的主张。这看似在美俄有关是否应制定网络安全国际公约的争议之中向俄方的立场靠拢,但该智库提出的条约设想在内容方面与俄罗斯的主张并不相同,反而是在网络归因等具体问题上与美国的立场相近。另一家智库观察家基金会(Observer Research Foundation)则就工作组的"零号草稿"提交了评论意见,阐述了对于基于规则的国际秩序能够帮助应对网络安全威胁、可持续发展及能力建设在这一议题领域的重要性等问题的看法。②此外,在前文已提及的巴黎倡议中,尽管印度政府处于缺席状态,但仍有多家印度私营企业、行业组织、智库等非国家性的行为体参与其中。根据巴黎倡议组织方的官方划分,属于私营部门的印度参与者共有 6 个,属于民间团体的印度参与者共有 10 个。③

二、印度对于网络安全国际规范的立场主张

尽管印度政府近年来在网络安全国际规范制定进程中的活跃度有限,也并不总是明确表达其立场主张,但综合印度政府的种种表态,仍然可以大致把握印度政府对于网络安全国际规范,特别是其中的一些关键议题的基本立场。

(一)供应链安全

印度在参与网络安全国际规范制定的过程中,高度关注信息通信技术产品和

---

① The Centre for Internet & Society, "CIS Comments on the 'Pre-Draft' Report of the United Nations Open Ended Working Group," United Nations, April 6, 2020, https://front.un-arm.org/wp-content/uploads/2020/04/cis-comments-on-the-pre-draft-report-of-the-open-ended-working-group.pdf.

② "Comments from the Cyberspace Cooperation Initiative at the Observer Research Foundation America on the Zero Draft Report of the UN Open-ended Working Group on Developments in the Field of Information and Telecommunications in the Context of International Security," United Nations, March 3, 2021, https:// front. un-arm. org/wp-content/uploads/2021/03/ORF-America-Submission-for-OEWG-Zero-Draft-Report_3-March-2021.pdf.

③ "The Supporters," Paris Call, https://pariscall.international/en/supporters.

服务的供应链安全问题。在政府专家组主导规范制定的时期,供应链安全问题就已经得到关注。政府专家组 2015 年的报告提出的 11 条负责任行为规范中,有一条即是关于这一问题:"各国应采取合理步骤,确保供应链的完整性,使终端用户可以对信息通信技术产品的安全性有信心。各国应设法防止恶意信息通信技术工具和技术的扩散以及使用有害的隐蔽功能。"①开放式工作组继续关注这一问题,工作组起草的报告中提到,一些国家提议进一步确保信息通信技术供应链的完整性,对于在信息通信技术产品中安插有害的隐蔽功能表示担忧,并认为国家有责任在发现重大的安全隐患时通知终端用户。②

但印度政府不满于此。在针对开放式工作组起草的报告提交的评论意见中,印度政府表示,工作组的报告应在讨论供应链安全的问题时增加这样的表述:"国家应使用可信的产品,并且应当认识到制定国家政策、从可信的供应商那里获取可信的产品的必要性。"印度政府认为工作组的报告应当强调"可信的来源"(trusted sources)这一概念,借此关注在信息通信技术产品和系统中安插后门、使用有害的隐蔽功能对于整个信息通信技术系统可产生的负面影响,以及对于国家安全造成的威胁。③此后在联合国安理会于 2021 年 6 月举行的有关网络安全问题的辩论中,印度代表再次强调在信息通信技术产品和系统中安插后门及有害的隐蔽功能,对于全球信息通信技术供应链安全,以及国家安全的侵害,并因而提出,国际社会应确保所有国家不从事此类破坏供应链安全的行为。④在第二届开放式工作组启动

---

① 见该报告的官方中文版《关于从国际安全的角度看信息和电信领域的发展政府专家组的报告》,2015 年 7 月 22 日,联合国,https://documents-dds-ny. un. org/doc/UNDOC/GEN/N15/228/34/PDF/N1522834. pdf? OpenElement.

② "Open-ended Working Group on Developments in the Field of Information and Telecommunications in the Context of International Security, Draft Substantive Report(Zero Draft)," United Nations General Assembly, January 19, 2021, https://documents-dds-ny. un. org/doc/UNDOC/LTD/N20/378/94/PDF/N2037894. pdf?OpenElement.

③ "Open-ended Working Group on Developments in the Field of Information and Telecommunications in the Context of International Security(OEWG), India's Remarks/Comments on the OEWG Zero Draft," United Nations, February 2021, https://front. un-arm. org/wp-content/uploads/2021/02/India-comments-OEWG-Feb-2021. pdf.

④ "Foreign Secretary's Statement at the UN Security Council Open Debate on 'Maintenance of International Peace and Security: Cyber Security'," Ministry of External Affairs, Government of India, June 29, 2021, https://www. mea. gov. in/Speeches-Statements. htm? dtl/33963/Foreign_Secretarys_Statement_at_the_UN_Security_Council_Open_Debate_on_Maintenance_of_International_Peace_and_Security_Cyber_Security_June_29_2021.

之后,供应链安全问题仍然是印度代表在其发言中强调的重点。印度继续强调"可信的来源"这一概念,并提议开放式工作组创建一个旨在帮助各国应对供应链攻击的数据库。①

实际上,印度在国际规范进程中对于供应链安全的关注,与近年来印度国内采取的政策措施相呼应。2017年印度电报(修订)规则规定,所有在印度销售或是向印度出口的电信设备在出售前都必须经过强制性的测试并获得认证。②2020年底,印度内阁安全委员会批准通过了一项有关电信领域的国家安全指令,根据指令的内容,为了维护国家安全,印度政府将公布一个电信领域"可信来源和可信产品"的清单,只有在清单内的产品和设备才可接入印度电信系统③。再加上印度政府近年来多次以维护国家安全为由,将中国的信息通信技术产品列入黑名单,可以理解印度对于信息通信技术供应链安全的关注背后的地缘政治因素。

(二)现有国际法对于网络空间的适用性

在制定网络安全国际规范的过程中,现有国际法对于网络空间的适用性是一个极为重要、并持续引发争论的问题。2013年及2015年政府专家组达成的报告都确认,国际法、特别是联合国宪章对于维护网络空间的和平与稳定而言是必不可少的。但关键在于,现有的国际法是否可以直接地、完全地适用于网络空间,特别是,是否可以完全依据现有的国际法来确认国家在面临网络攻击的风险时所作的反应是否具有合法性?美国及其盟友主张,根据现有的国际法,特定情况下的网络攻击等同于以违反国际法的方式对一国使用武力,对此受到攻击的国家则拥有进

---

① "India, Open Ended Working Group on Developments in the Field of Information and Telecommunications in the Context of International Security 2021—2025, First Substantive Session, 13—17 December UNHQ New York, Statement for General Exchange of Views," Reaching Critical Will, December 13, 2021, https://reachingcriticalwill. org/images/documents/Disarmament-fora/other/icts/oewg-II/statements/13Dec_India. pdf; "India, Open Ended Working Group on Security of and in the Use of ICTs 2021—2025, First Substantive Session, 13—17 December 2021 UNHQ New York, Statement on Developing Rules, Norms and Principles of Responsible Behavior of States," Reaching Critical Will, December 15, 2021, https://reachingcriticalwill. org/images/documents/Disarmament-fora/other/icts/oewg-II/statements/15Dec_India. pdf.

② "Mandatory Testing and Certification of Telecom Equipment(MTCTE)," Department of Telecommunications, Ministry of Communications, Government of India, https://www. tec. gov. in/mandatory-testing-and-certification-of-telecom-equipments-mtcte.

③ "Govt Limits Buying Telecom Goods from List of 'Trusted Sources' to Ensure National Security," The Print, December 16, 2020, https://theprint. in/india/governance/govt-limits-buying-telecom-goods-from-list-of-trusted-sources-to-ensure-national-security/568232/.

行自卫的固有权利,这意味着国家可以在遵循国际法,特别是国际人道法的前提下使用网络手段乃至传统的军事手段进行反击。①中国、俄罗斯等国则一方面认可联合国宪章中的基本原则,如主权平等、限制使用武力、和平解决争端等对于网络空间的适用性,另一方面则认为应当更为谨慎地处理网络攻击问题,在这些国家看来,尽管网络战不具有合法性,但随意地将网络攻击定性为武力攻击并合法化自卫反击的权利,将会导致冲突的升级,使网络空间成为战场。②

印度对待该问题的立场则颇为微妙。在 2019 年于开放式工作组发表的声明中,印度宣称,国际社会有必要更好地理解对于国际法在网络空间的适用性,但网络空间与现实空间相较而存在的新的特征,以及网络基础设施的脆弱性带来的问题是,现有的国际法究竟是否能够为应对网络空间不断出现的风险提供充分的解决方案。该声明进而表示,在网络空间,网络攻击究竟在什么样的情况下能够被认定为等同于武力攻击,尚未有确定的标准;网络归因等问题同样面临挑战。印度在声明中强调,国际法的现有形态并不足以解决对网络攻击的归因、何种情况侵犯了网络空间的主权,以及国家可行使自卫权的门槛等关键问题,因此有必要对于这些关键问题进行更多的讨论和商议。③

印度所持的该立场的微妙之处在于,一方面,印度政府的这一表态看上去更靠近中俄等国的立场,而与美国及其盟友的上述主张则相距较远。印度政府在这一表态中质疑了直接强调现有国际法对于网络空间的完全适用性的主张,似是期望

①　美国及其盟友的详细观点参见"Official Compendium of Voluntary National Contributions on the Subject of How International Law Applies to the Use of Information and Communications Technologies by States Submitted by Participating Governmental Experts in the Group of Governmental Experts on Advancing Responsible State Behaviour in Cyberspace in the Context of International Security Established Pursuant to General Assembly Resolution 73/266," Reaching Critical Will, July 13, 2021, https://reachingcriticalwill. org/images/documents/Disarmament-fora/other/icts/gge/documents/gge-compendium.pdf。

②　中国相关立场文件参见"China's Submissions to the Open-ended Working Group on Developments in the Field of Information and Telecommunications in the Context of International Security," United Nations, September 2019, https://front. un-arm. org/wp-content/uploads/2019/09/china-submissions-oewg-en. pdf; "China's Positions on International Rules-Making in Cyberspace," Reaching Critical Will, December 2021, https://reachingcriticalwill. org/images/documents/Disarmament-fora/other/icts/oewg-II/documents/china-positionpaper-december2021. pdf。

③　"Statement Delivered by India at the Organisational Session of the Open-Ended Working Group (OEWG) on 'Developments in the Field of Information and Telecommunications in the Context of International Security' in New York on June 3, 2019," Permanent Mission of India to the Conference on Disarmament, Geneva, June 3, 2019, https://meaindia.nic.in/cdgeneva/?8251?000.

各国以更为谨慎的态度对待定性网络攻击及国家的自卫权等问题。另一方面,对印度有此质疑的动机和原因进行深究,又可认为,印度实际上并非担心将网络攻击随意地界定为武力攻击并以自卫权为由进行反击会导致冲突的升级。事实上,印度国内期望对所受攻击进行网络归因,并进行自卫与反击的呼声近年来越来越高。特别是在印度日渐将中国视作战略竞争对手的大背景下,这种呼声在莫迪政府内部应有相当程度的影响力。近年来,莫迪政府在网络军事力量的建设方面明显有所提速,采取了如设立国防网络局(Defence Cyber Agency)等行动;同时,在不少政界或学界精英看来,印度亟须明确其网络威慑战略,并需以更为体系化的架构实施其网络威慑战略,[①]且其中相当一部分人极力主张发展进攻性网络能力。他们往往强调,完全依靠防御性的能力建设并不足以有效产生可信的威慑,只有充分展示印度的进攻性网络能力并承诺在一定情况下使用进攻性网络能力,才有可能对敌人产生威慑作用。[②]也就是说,在对待网络空间的自卫反击权这一议题时,印度的态度与美国及其盟友的立场应是较为相似的。但与美国相较,印度尚未建立起足够的进行网络归因和以网络的方式进行自卫反击的能力。印度因此期望通过进一步讨论国际法的适用性问题,为弥合自己在能力上的不足提供帮助。在第二届开放式工作组上,印度强调,工作组应当就国家间在应对网络归因的挑战时相互帮助的义务进行讨论。印度提出,由于网络归因是一项复杂的实践,各国应有义务在监

---

① 例如:"India Should Develop Cyber Deterrence Capability, Says Arvind Gupta", Institute for Defence Studies and Analyses, February 10, 2016, https://idsa.in/pressrelease/india-should-develop-cyber-deterrence-capability-says-arvind-gupta; Arindrajit Basu, "India Needs a Credible Deterrence Strategy for Cyberspace", The Wire, September 23, 2017, https://thewire.in/tech/india-needs-credible-deterrence-strategy-cyberspace; Cherian Samuel and Munish Sharma, *India's Strategic Options in a Changing Cyberspace*, Institute for Defence Studies and Analyses, 2019, https://idsa.in/system/files/book/book_indias-strategic-options-in-cyberspace.pdf; Deependra Singh Hooda, "Towards a Cyber Deterrence Strategy for India", Delhi Policy Group, July 14, 2021, https://www.delhipolicygroup.org/uploads_dpg/publication_file/towards-a-cyber-deterrence-strategy-for-india-2546.pdf.

② Arvind Gupta, "Cybersecurity: What India Needs to Do", The Economic Times, July 3, 2018, https://economictimes.indiatimes.com/blogs/et-commentary/cybersecurity-what-india-needs-to-do/; Kartik Bommakanti, "The Cyber Challenge: Dilemmas of an Indian Response", Observer Research Foundation, November 21, 2019, https://www.orfonline.org/expert-speak/the-cyber-challenge-dilemmas-of-an-indian-response-58019/; Pukhraj Singh, "On China, It's Time to Consider Cyber Operations", The Hindustan Times, June 23, 2020, https://www.hindustantimes.com/analysis/on-china-it-s-time-to-consider-cyber-operations/story-crMraUyDc64taDRHMhEnhP.html; Kartik Bommakanti, "India and Cyberspace: Balance Between Offence and Defence", Observer Research Foundation, June 18, 2021, https://www.orfonline.org/expert-speak/india-and-cyberspace-balance-between-offence-and-defence/.

测到相关的恶意网络活动时,对于可能面临攻击的受害国予以警示。①印度国家网络安全协调员拉杰什·潘特(Rajesh Pant)中将在另外的场合也表示,缺乏对于攻击者的网络归因是印度在网络安全领域面临的一项重大挑战,而现有的国际法系统为印度提升其归因能力所能够提供的帮助则微乎其微。②

（三）其他议题

除了上述两个关键议题外,印度政府在参与网络安全国际规范制定的过程中,还就下列议题发表过看法。

一是网络安全领域的反恐问题。在 2015 年就联大第 70/237 号决议发表的评论意见中,印度政府强调了恐怖组织在网络空间发起恐怖袭击的可能性,并认为网络空间司法管辖权的模糊性导致了恐怖主义威胁的上升,进而提出有必要加强对于恐怖组织针对信息通信技术基础设施的网络攻击的关注。③在 2021 年 6 月的联大辩论中,印度进一步表示,一些国家试图利用它们的网络能力实现政治和安全方面的目标,并"沉湎于当代形式的跨境恐怖主义活动",并呼吁各国进一步采取措施应对国家或非国家行为体以恐怖主义的方式对于网络技术的利用。④不过在表达其对于该问题的顾虑和担忧的同时,印度政府尚未在多边机制中就如何制定规范以应对该类威胁提出明确的主张。

二是社交媒体的内容监管问题。实际上,社交媒体的内容监管问题并不在联大第一委员会对于网络安全的关注范围内,但印度在参与的过程中仍然提及这一

---

① "India, Open Ended Working Group on Security of and in the Use of ICTs 2021—2025, First Substantive Session, 13—17 December 2021 UNHQ New York, Statement on Developing Rules, Norms and Principles of Responsible Behavior of States," Reaching Critical Will, December 15, 2021, https://reachingcriticalwill. org/images/documents/Disarmament-fora/other/icts/oewg-II/statements/15Dec_India.pdf.

② Soumik Ghosh, "Lack of Cyber Attribution a Major Challenge for India: Lt Gen Pant," CSO Online, September 2, 2020, https://www. csoonline. com/article/3572646/lack-of-cyber-attribution-a-major-challenge-for-india-lt-gen-pant.html.

③ "Subject: UNGA Resolution 70—237 Entitled - Developments in the Field of Information and Telecommunications in the Context of International Security," United Nations, https://unoda-web.s3-accelerate. amazonaws.com/wp-content/uploads/2016/10/India.pdf.

④ "Foreign Secretary's Statement at the UN Security Council Open Debate on 'Maintenance of International Peace and Security: Cyber Security'," Ministry of External Affairs, Government of India, June 29, 2021, https://www.mea.gov.in/Speeches-Statements. htm?dtl/33963/Foreign_Secretarys_Statement_at_the_UN_Security_Council_Open_Debate_on_Maintenance_of_International_Peace_and_Security_Cyber_Security_June_29_2021.

议题,展现了印度政府近年来对于该议题的关注。在 2015 年就联大第 70/237 号决议发表的评论意见中,印度就表示,恐怖分子会利用社交媒体平台来从事恐怖活动,"对于社交媒体的误用"可以加重种族冲突和社会分歧。①同样的观点在 2021 年 6 月的联大辩论中再次被阐述。相应地,在 2021 年初,印度政府制定和发布了新的国内政策,旨在加强对社交媒体的管控。②

三是网络安全能力建设问题。网络安全规范的履行及其效果与一国在该领域的能力建设情况有密切关联,如何推进各国的能力建设,因而是政府专家组及开放式工作组关系的一个重要议题。在参与第二届开放式工作组的过程中,印度专门就该议题发表看法,强调能力建设对于发展中国家应对网络安全风险的重要性。印度提出,开放式工作组应制定一个务实的能力建设框架,该能力建设框架涵盖的内容应包括:以合作的方式对于网络安全专业人士的培训,共同研究新技术的出现对于网络安全的影响,以合作的机制在不同的国家建设科研中心、设立用于对信息通信技术产品和技术进行测试的基础设施,帮助发展中国家建设计算机应急响应小组等网络保护机制、并共享经验和最佳实践,以公私合作的模式提升各国的网络安全意识,为网络安全事件的发生提供危机管控机制等。③

三、印度参与网络安全国际规范制定的前景

如前所述,联合国信息安全第二届开放式工作组已于 2021 年底启动,并预计将持续至 2025 年。与此同时,一些国家正在试图推动在联合国的框架下成立"在网络空间推动负责任国家行为的行动纲领"这一新的多边机制。因此未来几年将是国际社会围绕网络安全国际规范的制定和落实进行互动的一个关键时期。

---

① "Subject: UNGA Resolution 70—237 Entitled - Developments in the Field of Information and Tele-communications in the Context of International Security," United Nations, https://unoda-web.s3-accelerate. amazonaws.com/wp-content/uploads/2016/10/India.pdf.

② Neeti Biyani and Amrita Choudhury, "Internet Impact Brief: 2021 Indian Intermediary Guidelines and the Internet Experience in India," Internet Society, November 8, 2021, https://www.internetsociety. org/resources/2021/internet-impact-brief-2021-indian-intermediary-guidelines-and-the-internet-experience-in-india/.

③ "India, Open Ended Working Group on Security of and in the Use of ICTs 2021—2025, First Sub-stantive Session, 13—17 December 2021 UNHQ New York, Statement of Capacity Building," Reaching Critical Will, December 16, 2021, https://reachingcriticalwill.org/images/documents/Disarmament-fora/other/icts/oewg-II/statements/16Dec_India-CB.pdf.

根据现有的趋势,印度在未来几年参与网络安全国际规范制定的态势则可以从以下几方面讨论:第一,尽管印度在网络安全国际规范制定进程中的参与度和活跃度较为有限,但从印度在第二届开放式工作组第一次会议中的表现来看,印度接下来在开放式工作组中的参与度有可能逐步提高。这一方面表现为印度可能会更多地参与对规范的讨论,更为清晰地表达自己的观点立场,另一方面表现为印度有可能会独自或联合其他国家提出有关网络安全规范的倡议。根据印度关注的议题来看,如果提出规范倡议,那将有可能围绕网络反恐,或是社交媒体的内容监管这两个相互之间有一定交集的议题展开。

第二,印度国内网络安全政策方面的进展会对印度在国际规范制定中的表现产生显著影响。如上所述,印度在参与规范制定的过程中对于社交媒体的内容监管等议题的关注,可以视作其国内相关政策进展的反映。而在未来一段时间内,印度国内网络安全政策方面最值得关注的动向,即是已经被延宕了一段时间、迟迟未能面世的印度网络安全国家战略。该战略具体将在何时面世,以及内容如何,特别是有关网络威慑战略的表述,都是值得关注的。该战略的问世有可能促使印度在未来参与开放式工作组的过程中,在涉及网络威慑、网络归因、自卫与反击等相关方面的规范问题上有较为明确的立场表达。从印度国内政界和学界相关人士的表态来看,印度政府的网络安全战略在这些问题上可能采取与美国及其盟友相近的立场,支持国家对网络攻击进行归因,主张国家在面临威胁或受到攻击时拥有采取网络的或其他方式予以反击或采取反制措施的权利。因此在该战略出台之后,印度在开放式工作组或其他平台上有可能就这些规范议题形成与美国及其盟友的联动。与此同时,在美国及其盟友已有的立场表态之外,印度有可能继续关注如何提升发展中国家的网络归因能力等问题,因而在这些议题上提出不同于美国及其盟友的新的看法。而同样重要的是印度在现实政治中如何就网络威慑、归因和自卫反击等进行实践。印度有可能利用对于网络攻击事件的反应,为地缘政治博弈服务,而有关网络威慑等议题公开表述的规范立场,本质上则是为其根据地缘政治利益而期望采取的实践服务。

第三,还有一点值得关注的是,印度是否有可能在参与规范制定的过程中,提议制定一个综合性的网络空间国际公约。之所以需要关注这一点,是因为目前在印度国家安全委员会的框架下负责印度参与网络安全国际规范制定事务的阿索克·库马尔·慕克吉近几年曾多次提出这样的想法,只不过这一想法目前尚未正式进入印度在多边机制上的官方表态之中。俄罗斯曾提出制定"信息安全国际公约",以防信息武器的扩散及其对于国家政治安全和社会稳定的影响。与此不同,在慕克吉的设想中,这样一个国际公约应是综合性的,既涵盖应对网络攻击等安全议题,同时应包含打击网络犯罪、应对数字鸿沟等议题,从而将联合国信息安全政府专家组、联合国 2030 年可持续发展议程、"突尼斯进程"等机制讨论的议题及其成果都涵盖在内,综合地应对和解决网络空间的安全与发展问题,并设置争端解决机制来处理国家间在网络空间的各种争端。①这一想法反映了印度在网络空间对于安全与发展这两方面问题的同时关注。然而基于现有的国际规则制定进程来看,一者,达成一个综合性的国际公约的难度可能非常大;二者,在议程设置方面已趋于成熟的开放式工作组等多边机制为印度预留的提出这种提议的空间是非常有限的。

四、结　　语

本文的研究重点得出如下几方面的结论:其一,尽管近年来印度政府及其国内的政治精英和学界人士频繁强调对于在国际舞台上扮演规则制定者的期望和决心,但至少就网络安全这一议题领域而言,印度现阶段的实际表现与它的勃勃雄心之间仍有着相当大的差距。其关键原因在于印度国内政策制定进度的迟滞。印度国内有关网络威慑等关键问题存在的分歧和博弈,牵制了网络安全国家战略的制定进度,也导致印度政府在参与国际规则制定的过程中难以就这些关键问题明确表达立场。其二,在参与国际规则制定的过程中,印度政府重点关注供应链安全等问题,期望在现有规则成果的基础上进一步明确规则。这与印度对于国家安全以及地缘政治博弈的关注密切相关。其三,在美国及其盟友与俄罗斯等国围绕网络安全规则激烈竞争的背景下,印度现阶段所持的立场并非无保留地偏向美国一方。在网络威慑等问题上,美国及其盟友的规则立场相较之下更符合印度的战略利益诉求,但印度作为发展中国家对于网络归因能力等问题的关注,则超出了美国及其盟友的立场范畴。印度还期望将应对数字鸿沟等发展问题与网络安全问题融合在一起予以解决,这也反映了发展中国家的立场。

---

① Asoke Mukerji, "International Cooperation on Cyber Space: India's Role," Ministry of External Affairs, Government of India, April 4, 2018, https://www.mea.gov.in/distinguished-lectures-detail.htm?743; Asoke Mukerji, "The Need for an International Convention on Cyberspace," *Horizons: Journal of International Relations and Sustainable Development*, Spring 2020, https://www.cirsd.org/files/000/000/007/54/8fd1e34b862f465603b0487d9c5dd1c0a9d6caef.pdf.

就印度参与网络安全规则的前景而言，一方面可以持续关注的，是印度可能会就网络反恐、社交媒体的内容监管等议题提出的规范主张，乃至可能会提出的制定综合性的网络空间国际公约的倡议，对于网络安全国际规则的生成将会产生的影响；另一方面则应持续关注印度在供应链安全、网络威慑等关键的规则议题的讨论中的参与对于中印之间的贸易往来、安全局势乃至地缘政治博弈所可能产生的影响。

（王蕾：复旦大学发展研究院博士后）

印度政府参与全球气候治理的新动向及其前景

王 晶

【内容摘要】 2014年5月莫迪政府上台以来,印度在全球气候治理领域涉入更深,表现得更为积极,一定程度上突破了历届政府消极减排的气候治理模式。论文将对莫迪政府的气变应对新动向进行阐述,这一动向主要体现在印度首次明确实现净零排放的时间、将清洁能源发展与印度战略相连接以及主动设置气候议程。而潜藏于其新动向背后的动力,既来自印度充当发展中国家"领头羊"的自身定位诉求,也在于其实现能源转型的现实要求,同时也与既有的气候治理模式存在关联。自2015年以来,印度在气候变化问题上的立场显示出"双重特性",间接地说明莫迪政府并未舍弃印度责任区分的减排传统,而是填补既有制度的空白,寻求两者并行。但是,印度若要真正将框架机制落到实处,其需要与中国等发展中国家共同发声,扩大影响力,提高气候变化应对的话语权。

【关键词】 莫迪政府;气候变化问题;全球治理;新动向

一、引　　言

2015年《巴黎协定》的签署,标志着全球气候治理越来越依赖于各国的"国家自主贡献"(INDCs)。作为世界碳排大国,中国、印度等发展中大国的减排承诺备受关注。美国国务卿克里(John Kerry)曾在赞扬中国气候变化应对方案的同时,对印度表示担忧,"我们竭力劝说印度与我们站在一起,尽管收效甚微"。[①]这与印

---

① Vaibhav Chaturvedi, Kanika Chawla, "Vaibhav Chaturvedi, Kanika Chawla," *Mint*, December 17, 2015,https://www.livemint.com/Opinion/ClSfXZgUsT0TwdyW5MZ5IL/Indias-climate-leadership-at-Paris. html.

度传统上消极的减排态度直接相关。一方面,印度是世界上贫困人口最多的国家,[1]其历史积累排放和人均排放水平较低,所以其有理由区别碳排责任;另一方面,在亚洲,印度是仅次于中国的第二大新兴经济体,为保持国内经济增速,其或持续扩大碳排量,这势必拖累全球减排进程。

随着莫迪(Narendra Modi)政府上台,印度对气候变化问题的涉入逐渐加深,对能源转型的关切远超从前。印度不仅没有反对大会通过《巴黎协定》,[2]而且加强了与发达国家的资源联动,已在联合国以外先后发起国际太阳能联盟(International Solar Alliance,ISA)和抗灾基础设施联盟(CDRI),加强气候治理的行动改善。对此,不少发展中国家认为,印度在气候变化领域发挥了"建设性"作用。然而与此同时,细致观察印度在 2015 年对气变问题的立场,可以发现其传统上"气候正义"(climate justice)的主张,及反对量化国家碳减排的立场并未改变。这说明,印度并非改变了既有的制度弹性,而是引入了新制度规则让两者并存,以实现自身目的。本文首先梳理印度在气候变化问题上的观念转变,其次对莫迪政府以来印度的气候变化政策动向作出分析,最后讨论其对未来的发展前景。

二、印度在气候变化问题上的观念流变

印度应对环境问题始终坚持在"共同但有区别的责任"原则下,承担相应的国家义务。1972 年,印度前总理英迪拉·甘地(Indira Gandhi)在斯德哥尔摩联合国环境峰会上发表标志性演讲,认为发达国家应对全球环境问题负主要责任;而发展中国家在解决气候问题的同时,还必须帮助数百万民众在不平等的全球秩序中脱贫。[3]"共同但有区别"的减排理念,便逐步发展为之后印度历届政府参与全球环境治理的核心减排原则。但相比于其他方面,印度在全球气候变化应对领域一直扮演着"麻烦制造者"的角色。但 2015 年国际太阳能联盟的建立,印度在气候变化中

---

① World Data Lab, "Poverty Search," World Poverty Clock, https://worldpoverty.io/headline.

② Urmi A Goswami, "India's renewable energy targets catch the attention of global investors, still need ground work," The Economic Times, July 2, 2016, https://economictimes.indiatimes.com/news/politics-and-nation/indias-renewable-energy-targets-catch-the-attention-of-global-investors-still-need-ground-work/articleshow/53015707.cms.

③ Ministry of External Affairs, Government of India, "Youth and Education," MEA, https://www.mea.gov.in/youth-and-education.htm.

的角色得到更大的关注。

莫迪政府执政之前，印度结合实际需求，其气候变化观念主要经历了两次转变。其第一次重要转变始于 20 世纪 80 年代，标志性事件是印度环境和森林部（MoEF）①的成立。1980 年印度建立起处理环境问题的职能机构，并于 1985 年更名为印度环境和森林部（简称"环境部"）。需要说明的是，自印度环境部成立以来，其责任始终具有"国际性"。这主要表现在两个方面。一是，与印度外交部共同参与国际环境和气候治理进程，且两部门合作组成了印对联合国气候变化框架公约谈判代表团；②二是坚持南北责任分治的气候治理逻辑。这一方面是因为，印部分严重的环境破坏案件，如博帕尔毒气泄漏和可口可乐工厂用水过度等，均由国际公司导致。这强化了印"责任区分"的观念，即发达国家是恶化环境的始作俑者，而发展中国家是受害者。③另一方面，其也受到非政府组织的影响。印科学与环境中心（CSE）④在较早的一份气候变化应对报告中写道，让发展中国家减排属于"环境殖民主义"（environmental colonialism）；⑤并于 1991 年推出"人均排放"（Per capita emissions）概念，即二氧化碳排放总量除以人口总数所得出的数值。⑥这意味着，人人都有平等享受大气资源的权利，因而"人均排放"指标应被视为评判气候责任的最为公平的前提。⑦这一概念跳出了西方以 GDP 为减排标准的思维。从这一视角看，尽管印度是全球主要的温室气体排放国，但其人均排放量远低于发达国家。这意味着，发达国家没有理由要求发展中国家直接迈向零碳目标。在 1995 年《联合国气候变化框架公约》（UNFCCC）第一次缔约方会议上，印度环境谈判代表团首次将"人均排放"概念推向国际。

---

① 印度环境和森林部全称为：Ministry of Environment and Forests。

② Solveig Aamodt, "Environmental Ministries as Climate Policy Drivers: Comparing Brazil and India," *Journal of Environment & Development*, Vol.27, No.4, 2018, pp.355—381.

③ Lele, S., "Climate change and the Indian environmental movement," In N.K. Dubash et al., *Handbook of climate change in India: Development, politics and governance*, London, England: Earthscan, Routledge, 2012, pp.208—217.

④ 该中心全称为：Centre for Science and Environment。

⑤ Agarwal, A., & Narain, S., *Global warming in an unequal world*, New Delhi, India: Centre for Science and Environment, 1991, p.1.

⑥ Global Commons Institute, "'Contraction & Convergence' Definition Statement," GCI network, http://archive.parliament.scot/business/committees/environment/inquiries/cc/13_GCI%20annex.pdf.

⑦ Dr. Manmohan Singh, "National action plan on climate change," Prime Minister's Office, https://archivepmo.nic.in/drmanmohansingh/press-details.php?nodeid=754.

第二次转变始于在 2007 年，印度将应对气变程度提升至国家级别。政府间气候变化专门委员会（IPCC）第四次评估报告显示，印度为极易受气候变化影响的国家。[①]印度时任总理曼莫汉·辛格（Manmohan Singh）认为，制定国内气候政策符合本国利益，并首次将应对气变程度提升至国家级别，并于次年成立了印气候变化总理委员会（Prime Minister's Council on Climate Change）。其成员既有政府部门，也有媒体、企业及非政府组织的代表，各方共同商讨制定减排方案。然而当年，国家行动计划（NAPCC）中所包含的国内减排目标，超出了辛格政府所预定的国家减排责任。印度环保部不支持政府松动减排政策，认为气候治理国内与国际两个层面的政策应当彼此独立，拒绝将前者纳入由其负责的《气候变化框架公约》（UNFCCC）和《气候变化专门委员会》（IPCC）国际政策谈判中。[②]2009 年，辛格总理任命经济学家贾伊拉姆·拉梅什（Jairam Ramesh）为环境部长。拉梅什不同意印环境部关于《气候变化框架公约》的主要制度逻辑，认为印在国际气候政策方面发挥领导和积极作用符合自身利益。[③]因此，在第 15 次缔约方会议之前，拉梅什将国家行动计划中的国内减排目标作为对该公约的自愿承诺。在 2010 年坎昆举行的第 16 届联合国气候变化大会上，印度表示，所有国家都应该"以适当的法律形式"作出具有法律约束力的承诺。[④]拉梅什在气候领域一系列的"大胆"改变，一方面令国际社会感受到，印度正在转变国内减排的强硬抵制；另一方面，拉梅什也违背了环境部传统的气候治理逻辑，而遭到政府各方的严厉批评。2011 年，那塔阿拉贾（Jayanthi Natarajan）接替了拉梅什担任环境部长，其再次分离国内和国际气候政策。[⑤]

根据环境政策类研究预计，环境部若在国家气变政策治理中处于核心地位，那么其将成为推动该国气候治理的重要驱动力。但是通过上述梳理可以发现，正是

① Aamodt，S.，& Stensdal，"Seizing policy windows: Policy influence of climate advocacy coalitions in Brazil，China，and India，2000—2015," *Global Environmental Change*，Vol.46，2017，pp.114—125.

② Dubash，N.K.，& Joseph，N.B.，"Building institutions for climate policy in India," New Delhi，India: Centre for Policy Research，July 10，2015，https://cprindia.org/briefsreports/building-institutions-for-climate-policy-in-india/2.

③ Regalado，A.，"Carlos Minc pushes a bold agenda as Brazil's environmental chief," Science，Vol.326，No.5957，2009，p.1175.

④ Solveig Aamodt，"Environmental Ministries as Climate Policy Drivers: Comparing Brazil and India," *Journal of Environment & Development*，Vol.27，No.4，2018，pp.355—381.

⑤ Thaker，J.，& Leiserowitz，A.，"Shifting discourses of climate change in India." *Climatic Change*，Vol.123，No.2，2014，pp.107—119.

因为印度环境部坚持认为,发达国家应为减排"买单",发展中国家不需要气候应对政策,所以印度很长一段时期都在消极参与全球气候治理。而拉梅什短暂的气变主导力,却向国际社会传递了"非同寻常"的信号,即印度反对碳排的强硬态度可以得到"消解"。

三、莫迪在气变问题的新动向

2014年莫迪政府上台后,印度在气变问题上的表现发生了变化。其主要的变化是:过去印度并不希望为气变问题承担过多责任,或者将国内减排政策与外交政策相连。然而,莫迪政府的政策明显有所不同,这主要表现在以下三个方面。

一是印度首次承诺实现净零目标的期限。2021年11月,莫迪在第26届联合国气候大会(COP26)上承诺,到2070年实现净零碳排放的目标。这是印度首次就这一问题明确时间。同时,印度对与碳减排等气候变化相关的能源问题进一步细化了时间表,以作为2070年净零排放的重要支持。莫迪宣布,到2030年,印度将把经济当中的碳强度进一步降低45%。此前印度计划2030年的碳排放强度比2005年的水平降低33%—35%。印度计划在2030年实现500吉瓦的可再生能源,此前这一计划是450吉瓦。同时,2015年,印度曾提出,到2030年,印度非化石燃料来源的电力占全部电力构成的40%。莫迪在COP26上进一步将这一目标提至更为大胆的50%。[①]尤其需要说明的是,就在其宣布净零时间的前几天,印度环境部秘书古普塔(R.P. Gupta)还曾公开表示,净零排放不是解决气候危机的办法,让全球制定减少排放的途径,避免全球气温继续升高才是关键。[②]这间接说明,印度气候变化政策的制定逻辑已在一定程度上再次发生改变。

二是莫迪将减排路径聚焦能源的转型。莫迪政府执政之初,着力发展清洁能源,形成较为清晰的发展思路。[③]印度可再生能源行业被列为全球第三大最具吸引

---

① MEA Media Center, "National Statement by Prime Minister Shri Narendra Modi at COP26 Summit in Glasgow", November 02, 2021, https://www.mea.gov.in/Speeches-Statements.htm? dtl/34466/National + Statement + by + Prime + Minister + Shri + Narendra + Modi + at + COP26 + Summit + in + Glasgow.

② Kabir Agarwal, "Days After Environment Ministry Says No Net-Zero, Modi Announces 2070 Target," *WIRE*, November 2, 2021, https://thewire.in/government/cop26-modi-announces-2070-net-zero-target-in-expanded-bouquet-of-climate-pledges.

③ 张帅:《印度发展清洁能源的动因、特点与前景分析》,《印度洋经济体研究》2018年第5期。

力的可再生能源市场。①印度的风电装机容量排名第4,太阳能发电装机容量排名第5,可再生能源装机容量排名第5。可再生能源装机容量在过去几年中不断加快,2016—2020财年的复合年增长率为17.33%。政府的目标是到2022年实现227吉瓦的可再生能源装机容量,其中包括114吉瓦的太阳能装机容量和67吉瓦的风电装机容量,这已超过《巴黎协定》设定的175吉瓦的目标。②2020—2021年,印度累计可再生能源发电机达到151.4吉瓦,其中大型水电装机46.5吉瓦,太阳能装机为49.3吉瓦,风电装机容量为40吉瓦;10.2吉瓦生物质能;4.8吉瓦小型水电项目以及400兆瓦的垃圾焚烧炉。③与此同时,印度还形成主要依靠国内资本发展清洁能源的格局。印度每年的晴天数量超过250天,全年太阳辐射时常可达3 000小时,每年太阳能日照量为5 000万亿千瓦时,大部分地区太阳能资源可以达到每平方米4—7千瓦时。④印度当前是全球第三大太阳能市场,全球7大太阳能电厂中有4个位于该国,其中世界排名第2的太阳能电厂就位于安得拉邦,其发电容量可达1 000兆瓦。⑤对印度而言,太阳能的实用性和安全性较强。因为在利用得当的前提下,汲取部分太阳能几乎可以满足整个国家的电力需求。

三是印度表现出为小国及岛屿国家提供"公共产品"的意愿。过去印度虽然顶住西方施压主张气候变化制度改革,但并没有为该领域提供公共产品或可被国际社会共同接受的替代方案。所以其一直被发达国家视为减排谈判的"搅局者"。但莫迪政府执政之初,就在《联合国气候变化框架公约》第21次缔约方会议召开首日,联合法国发起了国际太阳能联盟。莫迪表示:"我们应本着伙伴精神,共同发展和满足(发展中国家对)清洁能源和健康生态的需求,而非各自为营。印度将与各国政府、实验机构和工业界合作,降低太阳能技术成本,促进发展中国家向清洁能源转型。"⑥尤其是自2017年,在全球第二大碳排放国美国宣布退出《巴黎协定》,

①　Invest India,"创造一个可持续发展的世界,"Invest India, https://www.investindia.gov.in/zh-tw/sector/renewable-energy。

②　IBEF, "Growth of Renewable Energy Industry in India-Infographic," IBEF, https://www.ibef.org/industry/renewable-energy/infographic。

③　PV Magazine, "India has installed more than 49.3 GW of solar", January 13, 2022, *PV Magazine*, https://www.pv-magazine.com/2022/01/13/india-has-installed-more-than-49-3gw-of-solar/。

④　Ministry of New and Renewable Energy, "Solar Energy Overview," MNRE, https://mnre.gov.in/solar/current-status/。

⑤　"Profiling the top five states for solar power production in India," ns energy, March 26, 2021, https://www.nsenergybusiness.com/features/top-states-solar-power-production-india/。

⑥　N. Modi, "The rich must take greater responsibility for climate change," *Financial Times*, November 29, 2015, https://www.ft.com/content/03a251c6-95f7-11e5-9228-87e603d47bdc。

严重阻碍全球减排进程的背景下,莫迪在多个外交场合公开表示,将继续履行其减排承诺。与此同时,国际太阳能联盟已经发展成为一个正式的国际组织,并于2021年被授予联合国大会观察员地位。印度认为莫迪的气候行动愿景已得到国际社会的强烈认同。[①]另一个典型的例子是,抗灾基础设施联盟的成立。这是莫迪于2019年,在其第二任期内发起的第二个主要联盟,旨在为成员国在生态、社会和经济基础设施中发展抗灾能力,并大幅减少因灾难而遭受的经济损失。[②]尤其需要说明的是,其一,印度在推动国际太阳能联盟和抗灾基础设施联盟落地的同时,始终坚持发展中国家身份。也就是说,其气候变化治理理念并未改变。但是这两个机制同时得到了发展中国家与发达国家的认可,美、英、欧纷纷加入其中。其二,印度找到南南与南北应对气候变化的合作领域。例如世界银行认为,国际太阳能联盟推出的全球太阳能地图集(Global Solar Atlas)会为各国的能源研究节省数百万美元。[③]其三,印度主导的上述模式具有较强的包容性。虽然上述机制具有章程和条款,但这并非一个约束性的国际治理机制,其仍倾向于激发成员国间的主观能动性。这些举措及其实践,都为气候治理做出了实际贡献。

总而言之,莫迪政府在气变问题的新动向表现在:一是从拒绝作出净零承诺到首次就这一问题明确时间;二是从以往国内、国际减排政策分离逐步转向将清洁能源发展与印度战略相连接;三是从避免在国际社会付出减排成本,发展为主动设置气候议程。

四、莫迪政府在气候治理领域的"双重立场"及其原因

尽管莫迪政府在气候变化问题上表现更加积极,但是是否会改变政府气候治理的基本立场呢?2015年至今,莫迪在推动气候治理中显示出的双重立场,能大致反映印度是如何考虑气候变化应对问题的。

---

① The Hindu, "Observer Status granted to International Solar Alliance," *The Hindu*, December 10, 2021, https://www.thehindu.com/news/international/observer-status-granted-to-international-solar-alliance/article37927868.ece.

② Coalition for Disaster Resilient Infrastructure, "Call for Abstracts," CDRI, https://www.cdri.world/.

③ Wendy Prabhu, "World Bank Launches Global Solar Atlas in Partnership with international-solar-alliance," Clean Energy Insights, January 19, 2017, https://mercomindia.com/world-bank-launches-global-solar-atlas-partnership-international-solar-alliance/, August 18, 2022.

（一）印度在气候变化立场的双重性

需要认识到的是,印度在气候变化问题上确实存在自身直接的利益关切。一方面,气候变化应对关乎民生。印度是全球受气候变化危害最严重的前十个国家之一。印度每年因遭遇洪水、雷击等极端事件侵袭,导致数千人丧生、数百万人流离失所,年经济损失最高时接近 100 亿美元。加之空气污染已成为印度人死亡的第一大因素。[①]同时,节能减排是保障印度能源安全的基本路径。煤炭发电作为印度最主要的电力来源,在为印度提供发展动能的同时,也极易导致能源供应断裂的危险。2021 年 10 月,印度深陷能源危机就是这一问题的典型。此外,莫迪政府正着力塑造其"大国领导力",而印度在气候变化治理领域的边缘角色与之诉求相悖。

另一方面,减排并不是印度的首要任务。这不仅在于印度始终认为,发达国家是导致当前环境污染的核心。莫迪政府曾宣称将在继续为"气候正义"(climate justice)而战,发达国家应为气候治理所实施的措施买单。[②]更重要的是,对印度而言,经济发展处于战略优先地位。印度认为,贫困人群和弱势群体往往受气候变化影响最深。因此,加强民众应对气候变化能力的前提是提高国内的经济水平。还有一个不容忽视原因是,印度各个领域对不可再生能源的依存度仍然较高,急于脱碳,很可能导致整个国家生产链的瘫痪。

2014 年,莫迪政府执政不满一月,印度政府就将环境和林业部(MoEF)"增容"为环境、林业和气候变化部(MoEFCC),正式确定了该部在气候变化问题上的职能。其还将原来的煤炭部、电力部和新能源部合并为能源部,旨在简化有关领域的行政流程和避免部门间职能重叠,提高决策效率。[③]在国际上,由环境部和外交部领导的联合国气候变化框架公约代表团,坚持将气候作为外交政策的核心战略,推动发达国家采取更多的行动,而莫迪正在与美国、法国等发达国家签订双边协议,气候友好型技术和清洁发展机制项目的双边合作。[④]一位曾参与美国气候谈判的

① Sharan Poovanna, "Over 120K died due to air pollution in India in 2020: Greenpeace," February 18, 2021, https://www. hindustantimes. com/india-news/over-120k-died-due-to-air-pollution-in-india-in-2020-greenpeace-101613628725846.html.

② France 24, "India vows to take up 'climate justice' combat at COP26," October 27, 2021, France 24, https://www.france24.com/en/live-news/20211027-india-vows-to-take-up-climate-justice-combat-at-cop26.

③ Aamodt, S., & Stensdal, "Seizing policy windows: Policy influence of climate advocacy coalitions in Brazil, China, and India, 2000—2015," *Global Environmental Change*, Vol.46, 2017, pp.114—125.

④ Goswami, U., "India, France come together to reiterate their climate commitment," *The Economic Times*, March 11, 2018, https://economictimes. indiatimes. com/news/politics-and-nation/india-france-come-together-to-reiterate-their-climatecommitment/articleshow/63255314.cms.

代表表示："我注意到2014年前后，印度谈判人员的明显变化。随着莫迪政府的上台，印度在气候变化问题上的参与度明显上升。在早期的国会政府中没有任何迹象表明这一点。"[1]

尤其是印度在格拉斯哥气候峰会（COP26）之初，莫迪作出2070年实现排放净零、2030年前减排10亿吨、可再生能源份额提高到50%等承诺。印度雄心勃勃的目标受到美国、英国等的欢迎。但印度在会议通过前的最后一分钟，忽然叫停"淘汰煤炭"承诺。协议敲定后，部分国家纷纷表达出对印度这一改变的失望，称"淘汰煤炭"是维持1.5摄氏度目标的主要支柱。作为回应，印度环境部长亚达夫（Bhupender Yadav）再次要求发达国家为发展中国家的减排及技术提供更多的技术支持。他表示："文本中有很多关于减排的内容，每个国家需要做什么，每年必须提交什么，甚至包括即将举行的高级别会议的细节等等，但财务方面只字不提。我们怎么能说这是一个平衡的文本呢？"[2]印度这一系列看似"中规中矩"的操作，与其过去立场也较为一致，但是部分国家则担心印度会退回2014年之前的抵触立场。

然而仔细分析就会发现，尽管莫迪政府近乎在同一时期，在积极应对气候变化问题的同时，也展示出其对"共同但有区别"责任原则的坚持。简言之，印度对气变问题的态度具有双重性，从行为表现上看，其并非持一个统一的立场。事实上，通过对印度气候变化应对观念的整体把握才能明白，莫迪是将气候变化问题作为凸显印度大国形象、解决国内能源安全的一个抓手，继而从气候治理领域的边缘角色逐步成为推动规则改革的"建设者"。

（二）印度气候变化问题立场"双重性"的原因

印度过去将气变责任承担问题与印度在国际社会中的身份定位和国家能力挂钩，认为三者之间存在内在联系。通过前文对印度气变观念流变的脉络梳理，可以发现，印度认为，国际社会不能指望印度提供与其地位不符，或超出其能力的公共产品；同时，印度正处于快速发展阶段，经济发展不能快速脱碳。贫困人群和弱势群体往往受气候变化影响最深。加强民众应对气候变化能力的前提是提高国内的

---

① A. Ayres, *Our Time Has Come： How India is making its Place in the World*, New Delhi： Oxford University Press，2018，pp.164—166.

② 纳文·辛格·卡德加：《气候峰会："淘汰煤炭"承诺缩水 中国与印度所扮演角色受质疑》，2021年11月17日，BBC中文网，https://www.bbc.com/zhongwen/simp/world-59320504。

经济水平。①顺延这一逻辑,如果莫迪政府要在新一轮的国际秩序重塑中追求"世界领导性力量",那么为国际社会提供公共产品,就应该成为其从崛起大国转变为实力大国的必然体现。

　　就 2015 年印度在气变问题上的观念转变而言,这确与莫迪凸显自身发展中国家"领头羊"这一定位挂钩。一方面,随着中国的日益崛起,特别是 2010 年成为世界第二大经济体以来,不少发达国家鼓噪拒绝认同中国"发展中国家"地位。这使得印度希望取中国而代之,成为广大发展中国家的"真正代表"或"真正群主"。在印度看来,这是一种自然而然的"回归",因为印度在尼赫鲁时代即曾是发展中国家的"领头羊"。②因此,印度认为自己有理由深度"介入"气候变化问题了。正因如此,印度开展了一系列为发展中国家提供能源转型的公共产品。例如莫迪领衔构建的国际太阳能联盟,旨在投资 1 万亿美元推动 121 个国家的太阳能产业发展。迄今为止,已有 88 个国家签署《太阳能联盟协定》。③其次,《巴黎协定》后,全球气候治理体系从以联合国成员国谈判为核心逐渐演变为以多利益攸关方为治理主体的复合结构,涌现出许多由少数国家组织的小多边论坛与合作机制。④印度抓住这一机遇,提出和参与多个合作机制,试图掌握更多气候治理的领导权与话语权。比如,印度提出"清洁能源筹资论坛""国际太阳能联盟"等论坛与机制,积极参加历届清洁能源部长会议,并与法国等欧洲国家开展了太阳能等清洁能源的合作,还不断深化与美国在"美印促进清洁能源伙伴关系"框架下的合作。⑤

　　另一方面也应该看到,印度气候治理实际是为其总体战略利益服务的。

　　印度本身是能源消费和温室气体排放大国,加之其不可再生能源资源禀赋不佳。虽然印度煤炭资源丰富,但其质量低,灰分含量达到 45%,而南非、俄罗斯、印度尼西亚等国的煤炭灰分仅为 15%。⑥同时,印度能源"缺油少气"的特点加剧了其

---

①　A. Narlikar, "India's role in global governance: a Modification?", *International Affairs*, Vol. 93, No. 1, 2017, p. 98.

②　胡仕胜:《印度对多边机制的形态明显生变》,2020 年 12 月 15 日,环球网,https://m.huanqiu.com/article/416gifQa6DE。

③　International Solar Alliance, "Member Countries," ISA Network, https://isolaralliance.org/membership/signatory.

④　李慧明:《全球气候治理制度碎片化时代的国际领导及中国的战略选择》,《当代亚太》2015 年第 4 期。

⑤　张帅:《印度发展清洁能源的动因、特点与前景分析》,《印度洋经济体研究》2018 年第 5 期。

⑥　Pravakar Sahoo, "India's Energy Mix and the Pathways to Sustainable Development," NBR, March 5, 2021, https://www.nbr.org/publication/indias-energy-mix-and-the-pathways-to-sustainable-development/.

能源市场的安全风险。然而相较而言,印度的可再生能源资源禀赋丰富。在这种情况下,印度具有发展清洁能源、改变能源结构,从而实现能源转型的强烈诉求。这就倒逼印度宁愿"罔顾"国内能源问题的现状,也要力推清洁能源产业的发展,必须从能源转型与全球权力格局的战略高度来看待清洁能源。从这个视角来看,莫迪政府雄心勃勃的清洁能源发展战略的本质在于通过充分发掘自身清洁能源的优势和潜力,推动清洁能源产业的发展、掌控清洁能源的"能源链",从而在未来全球能源体系中做一个"有声有色"的能源大国。[1]

对此,美国全球事务评论员艾尔斯指出,在全球气候变化的背景下,印度已经从其早期的反对立场,转变为在清洁能源方面提供替代路径和全球领导力的国家。其认为"在不到十年的时间里,印度已经从在气候变化问题上的'消极角色',转变为以符合印度核心关切制定全球议程的领导力。"[2]这似乎可以显示出,莫迪政府已经在很大程度上接受了国际社会的气候治理框架,并通过重组气候谈判代表小组,积极参与甚至主导气变议程。

另一个导致印度在气候变化问题上持双重立场的原因,则在于当前气候变化规则的主导国对既有减排制度具有较强的否决能力以及既有制度本身弹性较弱。这需要从印度选择的制度变迁的视角分析。[3]印度的气候变化应对路径可细分为两种。一是构建新的国际机制,如由印度主导的国际太阳能联盟和抗灾基础设施联盟。印度利用这两个新兴机制减少对既有减排机制的依赖,支持以发展中国家为主导的机构发展。简言之,印度这一路径选择并没有挑战或替代既有的碳排放模式。二是明确碳排放承诺。事实上,这一路径与以西方为主导的减排观念相符,属于融合模式。那么为什么印度会选择这一改革路径呢? 这是因为主流的气候治理规则仍然掌握在发达国家手中,以美国为主的西方国家在碳排放经验与标准等方面仍具有较强的话语权和公信力,而且发达国家仍掌握或控制了部分现金的能源转型技术,这些因素共同构成既有主导国在气候变化应对领域的强大制度否决能力。在这种环境下,印度很难采取替代型或者转换型的国际制度改革路径,所以可以选择叠加和融合。那么印度的具体选择是什么呢? 在制度弹性方面,《巴黎协定》等文本尽管不像国内法有强约束力,但是通过联大气候会议协商后定下的将

---

① 张帅:《印度发展清洁能源的动因、特点与前景分析》,《印度洋经济体研究》2018 年第 5 期。

② A. Ayres, *Our Time Has Come: How India is making its Place in the World*, New Delhi: Oxford University Press, 2018, pp.164—166.

③ 朱杰进:《崛起国改革国际制度的路径选择》,《世界政治与经济》2020 年第 6 期。

全球升温控制在 1.5 摄氏度或 2 摄氏度范围,这是一个客观的衡量标准,其弹性较低。因此,莫迪政府的确在气候变化领域发挥了"建设性"作用,但这并不意味着印度放弃了既有的应对气候变化原则,完全融入既有制度;而是以"空白弥补"的方式与既有制度共存。

还有一个不容忽视的因素则是,当得到政府首脑的支持时,雄心勃勃的气候变化目标更容易发起和执行,正如拉梅什改革。然而,如果这些改变要产生持久的气候政策影响,则需要一个更大的机构支持基础。拉梅什没有得到这种支持;而莫迪政府在推动其气候政策变革的时候,允许非政府组织、企业、媒体、医学等领域的代表早期进入政策制定小组。这样一方面可以从不同视角了解气候变化问题的实质影响,进而商讨在尽量降低减排成本的情况下,实施有步骤、分领域的执行。

五、结　语

莫迪政府在气候变化应对问题上更加积极和主动。影响环境部门气候政策雄心的因素主要有四个方面。一是"共同但有区别"的减排原则,是印度历届政府始终遵守的历史传统;二是印度对其在国际社会中的角色定位。在莫迪政府之前,环境部和外交部均不支持将新能源和可再生能源与其国内减排目标,纳入国际谈判。但莫迪塑造国际领导力的诉求,促使其在能力范围内,提供全球气候的公共产品;三是环境部在国际气候谈判中的角色。由于印度环保部至今仍然认为,不应量化减排目标,而应寻找符合各国国情的减排路径,所以这一理念在很长一段时间,一直影响印度气候变化问题的应对立场;四是制度气候逻辑的后续发展。莫迪选择了叠加型的创新制度路径,在明确气候变化既有秩序主导力及现存制度弹性的空间后,选择填补既定空白的模式与之共存。这四个因素交叠,使莫迪政府在气候变化问题上表现出更加明确的立场。

基于如上分析,印度未来在气候变化问题上或将继续保持这一逻辑,不会刻意寻求与气候变化规则主导国对抗,但是期望印度成为气候治理的领导者也是不切实际的。其国内问题或成为阻碍印度实现"能源强国"的最大挑战。印度既不可能放任其领衔的联盟、组织仅是象征性的存在,但若真正落实的开展合作则仍需要经过双边或多边的协商。印度的立场更多只是将这一问题作为其彰显大国影响力和确保国内发展战略需求的手段,从 2015 年莫迪筹建太阳能联盟时的发言中就可以发现这一特点。而若分析印度的气候变化立场对中国的影响,有两个方面值得关注。一是中国、印度两国同时面对相似的气候变化应对问题和能源转型需求。两国可借助金砖机制、上合组织、联大气候变化大会等平台,合力为推动气候治理规则改革发声;二是鉴于印度将中国视为影响其全球影响力的强大竞争者,两国合作恐难推进;然两国能源市场的发展潜力巨大,双方或可尝试聚焦到某一个实际领域或项目中,通过经验交流带动实践合作。简言之,中印在气候治理中的关系整体上保持平稳,中印关系中的气候变化问题是可以合作的。

（王晶：外交学院国际关系专业博士研究生）

新冠肺炎疫情背景下新开发银行的改革及发展趋势研究

薛志华

【内容摘要】 新冠肺炎疫情的大流行造成一种全球性的紧急情况,其特点是严重的健康影响和广泛的社会经济影响。在此背景下,为回应成员国需求,实现国际社会共同利益的目标,新开发银行在组织职能、机制建设、吸纳新成员国等方面作出了改革。这些改革既包括正式制度的变化,也包括组织理念的革新。结合国际组织理论和银行运营实践看,这些改革仍然存在合法性和有效性不足的问题。中国可通过推动完善董事会解释权力的限制程序、提升贷款机制实施效果、促进新老成员国合作三方面,促进新开发银行发展,推动全球金融治理体系变革。

【关键词】 新冠肺炎疫情;新开发银行;制度改革;中国

国际组织改革体现了组织发展的动态化进程,主要包括正式制度改革和组织文化改革两方面内容。[1]正式制度改革是指国际组织的职能目标、决策权力、成员国权利义务内容的变化,组织文化改革是指国际组织的理念、政策基于实践的需求而发生变化。[2]新冠肺炎疫情的大流行造成一种全球性的紧急情况,其特点是严重的健康影响和广泛的社会经济影响。各国采取了大量社会隔离和封锁措施来遏制疾病的传播,从而使本国贸易、投资等经济活动承受着巨大的压力。世界各国尤其是发展中国家应对危机的资金不足问题充分暴露,亟须外部资金进行救助。此外,新冠肺炎疫情影响的广泛性和对生命健康威胁的严重性要求这一援助必须迅速、

---

① Kenneth W. Abbot, *International Organization as Orchestrators*, Cambridge: Cambridge University Press, 2015, pp.15—19.

② Barbara Koremenos, Charles Lipson and Duncan Snidal, "*The Rational Design of International Institutions*," *International Organization*, Vol.55, No.4, 2001, pp.35—40.

及时。出于回应发展中国家需求，实现国际社会共同利益的目标。也为回应成员国需求，金砖国家新开发银行在组织职能、机制建设、吸纳新成员国等方面作出了改革，这对促进金砖国家和其他发展中国家防控疫情具有积极意义，但是这些改革实践也存在合法性、有效性不足的问题，需要在全面分析这些问题的基础上，提出对应的解决方案。

一、新冠肺炎疫情与新开发银行改革的原因

新开发银行改革受到成员国、组织自主性以及国际环境的多重因素影响。金砖国家在新冠肺炎疫情的侵袭下，需要外部资金援助以防控疫情，组织自主性能够促进新开发银行在危机中发挥自身作用，提升自身作为国际金融机构的正当性和权威性。新冠肺炎疫情暴露出的全球金融治理中的问题，也使得新开发银行改革具有推进国际法治发展的动因。

（一）国家中心主义视野下新开发国家应对新冠肺炎疫情的考量

新现实主义者以及其他支持更广泛的现实主义观点的学者认为，国际组织只是大国间强权政治的一种附带现象。[①]国际组织改革源于国家功能性需求的转变，旨在实现国家利益。新冠肺炎疫情的冲击使世界各国尤其是发展中国家应对危机的资金不足问题充分暴露，亟须外部资金进行救助。[②]此外，新冠肺炎疫情影响的广泛性和对生命健康威胁的严重性要求这一援助必须迅速、及时。出于回应成员国需求，实现国家间共同利益的目标，促使新开发银行进行改革。

首先，疫情发生冲击成员国医疗卫生体系。金砖国家尽管具有一定的经济发展基础，但是仍然面临卫生系统薄弱，对疫情大流行准备不足的问题。而卫生系统薄弱和资源更加不足的最不发达国家更可能会受到这一流行病的影响。发展中国家公共财政能力不足严重限制对医疗卫生基础设施建设的投入，应对疫情冲击的卫生体系韧性不足。

---

① Kai He, *Contested Multilateralism 2.0 and Asian Security Dynamics*, Abingdon: Routledge, 2020, p.22.

② Marcos Troyjo, "Address by New Development Bank President to the Leaders of BRICS Countries During the 12th BRICS Summit," New Development Bank, November 17, 2020, https://www.ndb.int/president_desk/ndb-president-reports-brics-leaders-outlines-priorities-new-development-bank/.

其次，疫情蔓延影响金砖国家经济增长。新冠肺炎疫情引发的供应链危机、粮食危机等次生危机，在一定程度上拖累了金砖国家的经济增长。尽管根据金砖各国央行和世界银行的数据，金砖国家在 2021 年经济保持了正增长，但是增长的速度有所放缓。巴西、印度、南非采取的扩张性经济政策，导致本国通胀水平不断提升。受俄乌冲突以及西方制裁的影响，俄罗斯的经济发展遭受打击。中国经济也面临着需求收缩、供给冲击、预期转弱的三重压力。

最后，疫后重建受到发达经济体不负责任经济政策的干扰。主要发达经济体采取不负责任的经济政策，不能管控好政策溢出效应，给发展中国家造成严重冲击。继 2022 年 3 月、5 月分别加息 25 个基点、50 个基点后，美联储在 6 月议息会议声明中，宣布上调联邦基金利率 75 个基点至 1.50％—1.75％目标区间。美联储加息不仅是对美国产生较强的冲击，更会对全球金融市场带来较大的震荡。因为加息会直接推动美元汇率上升，全球资金回归美国市场的可能性极大地增强，更会让全球各经济体尤其是发展中经济体的资金大量涌向美国金融市场，金砖国家吸引外资的压力加大，经济复苏面临巨大压力。

（二）国际组织自主性视野下新开发银行的发展演进

国际组织自主性是将国际组织视为独立的行为主体，具有能动性，能够实施影响国家的行为。从理论上进行划分，又可以分为"委托—代理"理论的视角和社会学制度主义的视角。"委托—代理"理论是将国际组织视为国家的代理人，但是为了实现共同利益，国家通过制度设计、规则制定赋予了国际组织独立性。国际组织所具有的集中性和独立性的制度特征能够为成员国提供各种独立行动无法实现的收益。而在确认国际组织独立性的基础上，国际组织就不再是单纯实现国家利益的附属品，而成为能以自己名义实施法律行为的主体。社会学制度主义从国际组织科层结构和文化独立的角度，提出国际组织可以通过自身具有的资金、技术、人力对外在环境产生影响，进而塑造国家行为。芬尼莫尔等学者进一步指出国际组织具有理性权威、专业权威和道德权威，通过利用这些权威地位来制定规则和产生社会知识。

金砖国家决定设立新开发银行时便决定授予其发展合作的职能，并通过条约的形式确认了新开发银行独立的法律人格。职能性原则是国际组织实现设立宗旨和目的，开展对外交往的基础。新开发银行的职能由《成立协定》的规定确定下来，作为其实施组织行为的基本依据。作为国家的派生物，国际组织及其制定的规范在很长一段时间均被认为是仅具有内部效力的规范,并不能独立产生意义。①毕竟依据《国际法院规约》第 38 条的规定,国际组织决议并未被列入国际法的渊源。然而伴随着全球治理的兴起,国际组织帮助促进了被认为适用于进行国际规制的主题的范围,并且激发产生了制定国际标准的新方法。②有学者认为二战以来国际法产生的多数变化是在国际组织框架内发生的,国际组织的造法对国际事务的规制,对国家行为、非国家行为体的调整作用逐步显现。③

在这一条件下,新开发银行可以以自己的名义行使权利和履行义务。通过科层制的治理结构设计,新开发银行的董事会和管理层获得了执行组织宪章文件的独立性权力,这为其通过自主解释应对规则落后于实践的问题提供了便利。新冠肺炎疫情这一突发性事件的出现即暴露了新开发银行在应对这类问题上的不足之处。由于缺乏应对此类危机的职能授权,新开发银行难以发挥自身的自主性,以及时回应成员国的发展需求,解决新冠肺炎疫情对成员国经济、社会和卫生体系造成的影响以及成员国由此产生的紧急援助需求。④

(三)制度主义视角下推动国际法治发展

长期以来,以应对传染病危机为内容的国际发展合作多是由发达国家及其建立的国际机构主导,如世界银行、经合组织。这些组织以贷款条件为核心,建立了一整套影响借款国国内事务的管理体制。这一体制从理念上具有美国主导下的自由主义性质,表现为在美国主导的金融法律秩序下,其对于盟友与非盟友的政策具有明显的选择性,通过其掌握的制定运用金融规则的优势,影响干预规则的实施。正如加德纳所言,布雷顿森林协定重点关注的是战后英国与美国之间的关系处理,其尽管带有"开发"的字样,但是并没有将欠发达国家的发展问题作为主要关注事项。⑤出于实

---

① Inis L. Claude Jr, "Collective Legitimization as a Political Function of the UN," *International Organization*, Vol.20, No.3, 1966, p.291.

② Kenneth W. Abbot, "Modern International Relations Theory: A Prospectus for International Lawyers," *Yale Journal of International Law*, Vol.14, 1989, p.335.

③ Thomas Franck, *The Power of Legitimacy Among Nations*, Oxford: Oxford University Press, 1990.

④ Marcos Troyjo, "Address by New Development Bank President to the Leaders of BRICS Countries During the 12th BRICS Summit," New Development Bank, November 17, 2020, https://www.ndb.int/president_desk/ndb-president-reports-brics-leaders-outlines-priorities-new-development-bank/.

⑤ Richard Gardner, *Sterling-Dollar Diplomacy: The Origins and Prospects of Our International Economic Order*, New York, Toronto, Sidney, London: McGraw-Hill Book Co., 1969, p.30.

现美国国家利益的考量,美国关照的国家可分为"政治相近"(political proximity)和"政治运动"(political movement)的国家,前者是指与美国结盟或者价值观相近的国家,后者是仅为获得贷款的目的,而向美国靠近的国家。依据美国的国内法,美国国会享有对美国多边开发银行政策的制定权。这一规定为美国将其在世界银行中的制度性优势同自身的国家利益挂钩创造了条件。依托其决策权优势,美国可以充分将国家利益的考量与贷款的发放相挂钩,从而帮助实现其特定的战略目的。[1]

作为发展中国家建立的多边开发机构,新开发银行致力于推动国际法治进程,推进国际关系民主化。在应对疫情的进程中,各个国家孤立的主权转变为连带性主权,通过相互合作采取行动。同时非国家行为体在应对疫情行动中的作用不断提升。它们与国家已经在不同的国际层面相互组织起来。如国际组织承担了统筹协调、资金融通的角色。然而市场规律下的私人投资者出于规避风险的动机很大程度上不会将资金投入风险不确定、信息不透明的发展中国家卫生基础设施项目,这就使得发展中国家难以获得充足的外部资金用于本国的发展。

在应对新冠肺炎疫情的行动中,新开发银行可以基于自身职能,通过融资的手段,弥补市场调节的不足,发挥资金、技术、人力和知识上的优势,创造有利于经济转型的环境。同时,新开发银行通过改革可以进一步运用公私合作的方法,以扩大私营部门的解决方案,并密切关注结果,通过自身的环境社会政策、执行机制设计,还可以介入原本属于市场调整的范围,直接对国家的政策制定、企业的经营和投资行为产生影响。

二、新开发银行改革的内容

新开发银行的改革源自应对新冠肺炎疫情的现实需求,为解决金融工具不足的问题,新开发银行董事会就发展职能的内涵进行了自主解释,在此基础上建立了应对新冠肺炎疫情的紧急贷款机制,并通过扩员程序,使更多的国家可以使用新开发银行提供的资金促进疫后经济恢复与重建,进一步提升新开发银行在全球金融

---

[1] 美国曾为获得埃及在海湾战争中的支持,为其获得 IMF 贷款提供便利。尽管埃及并未满足 IMF 提出的实施标准,但在美国的斡旋下,IMF 依然向其发放了贷款。具体可参见 Bessma Momani, "American politicization of the International Monetary Fund," *Review of International Politic Economy*, Vol.11, 2004, pp.880—904;曹勇:《国际货币基金组织贷款的政治经济学分析:模型与案例》,《国际政治研究》2005 年第4 期。

治理中的影响力。

(一) 扩张发展职能

新冠肺炎疫情对成员国经济、社会和卫生体系造成的影响以及成员国由此产生的紧急援助需求。① 由于现行贷款制度框架缺乏对项目贷款以外其他类型贷款的规定,新开发银行只能通过豁免申请和程序调整来满足成员国的资金需求。造成这种情况的主要原因在于:依据贷款政策文件,新开发银行的贷款职能限于项目贷款,不包括规划贷款。新冠肺炎疫情产生的资金需求不是针对具体项目的融资,而是为控制疫情扩散和提升卫生服务能力所需的融资。这类融资具有规划贷款的性质,是用于帮助借款国恢复国际收支平衡或填补政策改革和制度建设方面的资金缺口而提供的非项目贷款。② 鉴于新开发银行并未获得发放规划贷款的职能授权,这使得新开发银行贷款政策文件难以适用于与新冠肺炎疫情有关的贷款申请。为了及时回应成员国的发展需求,新开发银行董事会对《成立协定》第2条关于职能的规定作出解释,认为"基础设施和可持续发展项目"包含银行发放规划贷款的职能授权,从而为新开发银行发放规划贷款提供了依据,由此也扩张了银行的发展职能。③

针对新开发银行职能范围的演变,国际组织自主性理论可以给予充分的解释。依据该理论,国际组织凭借自身权威,将宽泛的国际组织目标转化为实际运作的规则、程序和方式。④ 而当崭新的威胁、危机和紧急事件出现的时候,国际组织往往倾向于遵循灵活性和动态性的理念,改变它们的现行政策,以适应不同利益相关者和不断变化的外部环境的需求。⑤ 满足借款国需求、实现主导国利益、回应国际政治经济环境变化成为催生职能扩张的直接动力。对基本文件进行自主解释从而扩张

---

① Marcos Troyjo, "Address by New Development Bank President to the Leaders of BRICS Countries During the 12ᵗʰ BRICS Summit," New Development Bank, November 17, 2020, https://www.ndb.int/president_desk/ndb-president-reports-brics-leaders-outlines-priorities-new-development-bank/.

② 刘音:《多边开发银行政策贷款条件性的国际法问题研究》,云南美术出版社2010年版,第4页;廖凡:《比较视野下的亚投行贷款条件研究》,《法学杂志》2016年第6期。

③ Olav Stokke, Aid and Political Conditionality: Core Issues and State of the Art, London: Routledge, 1995, pp.4—10.

④ Michael Barnett, Martha Finnemore, *Rules for the World: International Organization in Global Politics*, New York: Cornell University Press, 2004, pp.22—29.

⑤ Daniel D. Bradlow, "The Reform of the Governance of the International Financial Institutions: A Critical Assessment," *World Bank Legal Review*, Vol.3, 2012, pp.44—46.

职能授权范围,是新开发银行采用的方法。在基本文件未对相关的现实问题进行规定时,董事会结合业务实践对基本文件的宗旨目的、对基本文件模糊不清或者原则性的内容进行具体化,从而为职能拓展奠定基础。此外,实现组织职能的扩张,还可以通过组织造法的形式固定下来。即董事会借助制定业务政策文件的权力,通过发布约束调整银行管理工作人员的政策文件,间接性影响借款国的行为。这些做法是在银行制度结构缝隙中产生的,而不是规制贷款政策的章程明确认可的产物。[①]其作用在于帮助银行管理层和工作人员用于决定审批贷款项目或者指导某些项目的实施。

(二)建立紧急贷款机制

新冠肺炎疫情不仅暴露成员国卫生基础设施建设投入不足的短板,而且庞大的疫情防控工作支出也使部分成员国出现了国际收支失衡、国内卫生政策改革需要资金投入的需求。而此类需求已经不单是项目贷款的问题,涉及规划贷款的问题。规划贷款相较于项目贷款,旨在解决影响成员国资金使用的政策和制度性问题,对成员国国内事务的影响相较于项目贷款介入程度更深。为回应需求,新开发银行转而寻求制定专门性贷款政策解决该问题,从而促成董事会通过《新开发银行紧急贷款政策文件》。依据该文件,新开发银行设立了紧急贷款机制。[②]这种拓展源于崭新的威胁、危机和紧急事件的出现,国际组织倾向于遵循灵活性和动态性的理念,改变它们的现行政策,以适应不同利益相关者和不断变化的外部环境的需求。[③]

依据《紧急贷款政策文件》的规定,新开发银行承诺紧急贷款机制的资金规模为100亿美元。其中50亿美元用于成员国防控疫情的资金支持,剩余50亿美元用于推动成员国经济恢复。根据新开发银行董事会的设计,紧急贷款机制用于支持受新冠肺炎疫情影响的成员国应对危机,具体职能为:(1)支持成员国采取健康措施来检测、测试、治疗、控制和消除新冠肺炎疫情,并加强应对和预防未来突发事件的能力;(2)支持成员国加强社会安全网,以应对新冠肺炎疫情的直接社会经济

---

① Dinah Shelton，"Introduction，" in Dinah Shelton，eds.，*Commitment and Compliance*，Oxford：Oxford University Press，2000，p.12.

② New Development Bank，"Policy on Fast-track Emergency Response to COVID-19，" June 10，2020，p.2.

③ Daniel D. Bradlow，"The Reform of the Governance of the International Financial Institutions：A Critical Assessment，" *World Bank Legal Review*，Vol.3，2012，pp.44—46.

影响;(3)支持成员国采取紧急经济复苏措施。①从机制设计的内容看,紧急贷款机制担负着短期和中长期两项职能。短期职能是为成员国发现、处置新冠肺炎疫情提供资金支持,以阻止病毒传播并减轻其影响;中长期职能是促进成员国经济恢复,增强成员国卫生体系韧性和应对危机的能力。

新开发银行紧急贷款机制具有帮助成员国抗击新冠肺炎疫情,降低疫情对社会经济的负面影响,增强对脆弱人群保护等功能。正如新开发银行行长马科斯·特罗如(Marcos Troyjo)所言,紧急贷款机制为满足成员国需求,深化同成员国、其他国际金融机构的开展应对危机合作具有积极意义。②紧急贷款机制是金砖国家增强应对危机的能力,实现可持续发展的重要保证。就当前而言,紧急贷款机制为金砖国家防控新冠肺炎疫情提供了大量急需的资金,为阻止病毒在国内传播,恢复正常经济生活,维护社会秩序稳定作出了重要贡献。就未来而言,紧急贷款机制将成为新开发银行贷款制度篮子的"重要工具",不仅可以为成员国提供处置应对突发事件亟须的资金,还可以为增强成员国国内卫生体系和应急管理体系的能力建设提供助力。

此外,紧急贷款机制为有效加强国际发展合作提供了协作平台。《紧急贷款政策文件》规定了加强新开发银行与其他国际多边开发银行通过联合融资合作支持发展中国家防控新冠肺炎疫情的内容。紧急贷款机制为新开发银行开展联合融资合作提供了便捷的平台。具体而言,紧急贷款机制对借款主体的条件、贷款资金的使用与审计、环境社会框架实施等内容的规定为合作提供了现实依据。面对不同国际金融机构紧急贷款规则差异的现状,新开发银行紧急贷款机制为处理不同规则之间的关系,灵活确定贷款项目的规则设计提供了现实可能。

(三)启动扩员程序

2021年9月,新开发银行正式宣布启动扩员程序,阿联酋、乌拉圭、孟加拉国成为新成员国。2022年1月,埃及加入新开发银行的申请获得董事会批准。待完成国内的批准程序后,埃及也将成为新成员国。至此,在新开发银行成立5年后,

---

① New Development Bank, "Policy on Fast-track Emergency Response to COVID-19," June 10, 2020, p.4.

② Marcos Troyjo, "Address by New Development Bank President to the Leaders of BRICS Countries During the 12th BRICS Summit," New Development Bank, November 17, 2020, https://www.ndb.int/president_desk/ndb-president-reports-brics-leaders-outlines-priorities-new-development-bank/.

实现了两轮扩员,这对于增强新开发银行的代表性,扩大影响力,提升综合实力具有积极意义。依据新开发银行发布的接受新成员国的政策文件,扩员程序主要包括三部分内容:资格条件—准备程序—银行准入。

依据新开发银行扩员的文件,申请加入成员国需要满足一般性资格条件和特别资格条件。一般性资格条件包括:申请国为联合国会员国;承诺认购银行的股本;接受董事会确定的实收资本支付时间表;接受董事会就新成员在董事会中的代表性制定的方法。

特别资格条件包括:愿意受新开发银行的成立协议和章程约束并承担由此产生的所有其他义务;接受理事会批准的本行战略目标和原则;接受董事会批准的银行政策和程序;遵守确认其成为成员所需的内部程序。其中,新开发银行成立协议和章程明确规定了设立的宗旨和目的,是为了提供有力的工具促进金砖国家间的经济合作,满足新兴市场经济体和发展中国家基础设施和可持续发展融资的需求。

新开发银行启动和完成扩员程序,对增强其在全球金融治理中的代表性,提升银行影响力具有重要意义。新开发银行成立之初,发达国家学者多将其视为金砖五国建立的小圈子金融俱乐部,旨在对抗美国主导的国际金融秩序。甚至于一些发展中国家的学者也认为新开发银行的合法性应通过增加国家的代表性而获得。通过此次扩员,新开发银行践行了职能授权中关于推进同新兴市场和发展中国家基础设施和可持续发展合作的规定。对新加入的成员国而言,可以借助新开发银行这一平台,在新冠肺炎疫情冲击的时代背景下,在卫生基础设施建设、可持续发展等领域与其他成员国和开发机构夯实伙伴关系,共同推进落实2030年可持续发展议程,对重振多边主义,提升全球发展治理的公平性具有积极意义。

三、新开发银行改革存在的问题

新开发银行改革需从组织现有的法律体系框架下进行审视,借助对《成立协定》《紧急贷款政策文件》等法律规范的分析,运用国际组织和国际法的基本理论,可以将挑战归纳为职能扩张程序、紧急贷款机制设置、扩员后带来的组织运行影响三方面的内容。

(一)职能扩张程序瑕疵

合法性分析是指依据新开发银行的设立文件、政策制定程序和标准对紧急贷款机制进行规范性评价。对发展职能进行自主解释是新开发银行建立紧急贷款机制,发放规划贷款的前提条件。从国际组织的理论看,新开发银行的解释权力来源于《成立协定》。国际组织解释和制定任何法律都需要经过国家同意,并同《成立协定》保持一致。如果《成立协定》规定了解释程序,则需要严格按照解释的程序进行。由于《成立协定》具有条约的性质,根据《维也纳条约法公约》的规定,首要的解释规则是根据条约的通常含义进行解释。通常含义的解释方法在国际组织实践中经常出现模棱两可的结果。造成这一现象的原因在于为实现国际法律规则的达成,国际条约通过采用模糊性或者原则性条款表达相关内容,或者在情势需要时允许对其作出修改。这就为解释者提供了充足的解释空间。关于解释权力的来源,还存在国际金融机构专业管理人员与国家间的信息获取不对称的原因。专业管理人员利用这种信息获取不对称可以获得独立于创建和委任他们的那些国家的政策和利益的管辖权。

解释权力的行使固然可以比较好地解决条约规定模糊、原则性强的问题,但是若不能对解释权施加限制,可能使国际组织获得其成员国本未授予的权力,进而对国家同意这一国际法的基础性原理产生影响,进而影响到国际组织的公正性和权威性。以世界银行的实践为例,世界银行颁布的环境和社会管理政策文件并不具有产生规范性后果的意图,其作用在于帮助银行管理层和工作人员用于决定审批贷款项目或者指导某些工程的实施。但是由于这些政策文件的内容是通过对宪章文件的自主性解释而制定的,从内容上看,已经超出了宪章文件的规制范围。借助世界银行的贷款管理体制,这些文件得以实施,考察这些规范的制定程序,不难发现其并未通过普遍的代议制正当性的政治机构通过,[1]而是由世界银行董事会基于对自身职责和业务的理解而通过的,缺乏正当程序。

新开发银行董事会的做法存在通过自我解释和授权的方式扩大职能范围的嫌疑。同时董事会关于"可持续发展项目"的解释与管理层的表态存在不一致之处。新开发银行副行长兼首席财务官莱思列·马斯多普(Leslie Maasdorp)在2015年接受媒体采访时指出,新开发银行的业务聚焦可持续发展项目,主要面向绿色金融、可再生能源等领域。[2]董事会与管理层对"可持续发展项目"表态差异性的原因

---

① Jacob Katz Cogan, "Representation and Powering in International Organization: The Operational Constitutional and Its Critics," *American Journal of International Law*, Vol. 103, No. 2, 2009, pp. 210—216.

② Leslie Maasdorp, "A New Bank for a New Era," *The Africa Report: Finance Special*, October-December 2015, pp. 26—27.

固然可归结于因客观形势变化导致组织职能的动态演进,但是这种差异性不利于统一董事会与管理层关于银行业务范围的理解认知,也不利于为成员国和其他利益相关主体提供稳定的制度框架。[1]理念的执行还需要考虑到上下级机构之间的协调行动。以行长为核心的管理层既是董事会意志的执行机构,也是与借款国直接开展交往的业务机构。在缺乏可持续金融理念引领的情况下,管理层的理念认知和价值观将不可避免地影响与借款国的业务交往和决策。[2]同时,由于缺乏对可持续金融内涵和外延的界定,执行部门在贷款项目选择、风险评估的过程中缺乏可遵循的标准,在认知上容易产生偏差。而以董事非常驻、定期会议作出决策的董事会运作模式,对于管理层的工作缺乏有力领导,增大了因可持续理念认知不一致导致业务审批陷于僵局的可能。这不仅会影响机构的运转效率,还会使借款国融资的目标落空,破坏金融机构的形象。

(二)紧急贷款机制有待优化

紧急贷款机制的政策文件除了对管理层和职员具有约束力之外,在机构之外也具有重要影响。这种影响已经促使诸如世界银行这类的多边开发机构建立了非正式、透明和参与性的程序,以确保与政策文件内容有关的利益攸关方获得发表意见的途径和机会。[3]《紧急贷款政策文件》的内容不仅会影响到新开发银行、借款国政府,还会对与卫生产业相关的企业、贫困人群产生影响,新开发银行紧急贷款机制有必要明确潜在受影响主体参与政策制定的程序和途径。

紧急贷款机制的设立与运行还需关注问责问题,即确保机制的创立主体和实施主体得到有效监督。在新开发银行治理结构框架下,由理事会对董事会决策进行监督。由于理事会召开会议的频次不高且会期较短,使得理事会对董事会在政治和法律上的监督存在困难。银行管理层和工作人员是紧急贷款机制的实施主体。以灵活性为典型特征的紧急贷款机制需要确保工作人员具备必要的社会和文化背景,以了解其工作所在的国家和人民,并具备满足成员国要求的技术专长和专

---

① Sabino Cassese, "Administrative Law Without the State? The Challenge of Global Regulation," *New York University Journal of International Law and Politics*, Vol.37, No.4, 2005, pp.663—670.

② Marianne Bertrand and Antoinette Schoar, "Managing with Style: The Effect of Managers on Firm Policies," *The Quarterly Journal of Economics*, Vol.118, No.4, 2003, pp.1169—1208.

③ World Bank, "The World Bank's Safeguard Policies, Proposed Review and Update: Approach Paper," October 10, 2012, pp.13—17.

业经验。这对工作人员的履职能力和履职效果提出了严格要求,更增强了加强机制建设实现前述要求的必要性。

在贷款项目评估的过程中,新开发银行对于风险较高的项目实施事前评估的模式,对于风险较低的项目进行事后管理。由此带来的问题是,如何有效地在项目未实施前,就项目风险进行合理判断。同时,金融风险出现的直接原因往往是风险评估人员与金融机构管理人员相互分离,风险评估仅仅着眼于某一特定项目,而忽略了与金融机构的发展战略相结合。[1]新开发银行将与决定贷款资金发放与否直接相关的环境影响评价交由借款国以及项目企业负责,其仅就评价结果进行审核。[2]此种做法可以提升贷款审批效率,并且可以尽可能地避免对于借款国国内事务的干涉,但是,出于逐利性的考量,项目企业是否能够秉承诚实信用和商业操守,忠实地履行环境影响评价责任,是个未知数。

(三)扩员后稳健运营遭遇挑战

新开发银行建立之初,以平均分配表决权作为不同于传统多边开发银行的特色。在完成扩员后,创始成员国的股权被稀释,但仍然保持了平均分配的格局(均为19.42%),新加入的阿联酋、孟加拉国股权比率分别为1.83%、1.08%。[3]

扩员完成后,成员国数量增加增大了利益协调一致的难度。尽管金砖国家之间仍然维持了平等分配表决权的均势现状,但是却形成了创始成员国与新成员国之间在表决权分配中不平等的情况。考虑到《成立协定》中有关于确保创始成员国对新开发银行控制权的规定,这表明金砖国家已经预料到在新成员加入后可能出现的不平等现实。处理这种不平等,确保不平等的表决权分配不会影响到成员国间开展基础设施和可持续发展合作显得尤为重要。必须说明的是,新开发银行之所以能够成立,也是得益于金砖国家人为自身在世界银行的代表性和话语权不足,基于这种改革者身份认同,拥有共同的兼容性修正主义目标有助于金砖国家提升合作的凝聚力,同时在共同身份和共同发展模式下的合作有机会在西方国家力量

---

[1] See Risk Management and Corporate Governance,http://www.keepeek.com/Digital-Asset-Management/oecd/governance/risk-management-and-corporate-governance_9789264208636-en#.WpkjKntuJhg#page14.2018-10-20.

[2] See New Development Bank Policy on Processing of Loans with Sovereign Guarantee,http://www.ndb.int/wp-content/uploads/2017/08/3-Policy-on-Processing-Sovereign-Loan-201601211.pdf.2018-10-20.

[3] "Shareholding of the New Development Bank," https://www.ndb.int/about-us/organisation/shareholding/.

相对衰弱的背景下塑造多极化秩序。[①]新开发银行要规避新老成员国在发展理念、融资决策领域存在的不平等问题。在现有的扩员政策文件、贷款管理政策文件中尚未有专门的建立新老成员国增进发展合作共识的规定,对于在银行内部统一发展合作认识,凝聚共同的发展偏好和发展利益造成挑战。

新开发银行贷款机制的有效运行离不开固定的借款国和金砖国家合作机制两项重要条件的支撑。金砖国家合作机制则为成员国凝聚发展共识,推进发展合作,理解彼此的发展理念提供了平台。如金砖国家领导人约翰内斯堡峰会提出"基础设施、投资和国际发展援助项目是可持续经济发展与增长的基石,能够提高生产率,促进一体化";德里峰会提出"世界银行的性质必须从主要协调北南合作转变为加强同所有国家的平等伙伴关系,以解决发展问题,并不再使用过时的'捐助国—受援国'分类"等共识。这些共识对深入理解金砖国家的发展需求,并通过新开发银行的贷款项目设计进行反映提供了契机。成员国数量增加对贷款制度的约束力造成挑战。伴随着成员国的增加,深入理解新加入成员国的需求也成为新开发银行紧急贷款机制运行的重要命题。由于新开发银行尚未形成理解借款国发展需求的标准和规则,识别和判定借款国发展需求并使需求与现有贷款机制相衔接存在难度。

四、中国推动新开发银行发展的路径

扩员后新开发银行的建设仍应将增强组织合法性和有效性作为基本目标,在此基础上,在现行法律体系框架内容,完善董事会自主解释宪章文件的监督程序,使解释行为和解释权力合法、受控。同时完善紧急贷款机制,提升紧急贷款机制的实施效果,保障新开发银行的稳健运营。

(一) 完善银行自主解释的监督程序

自主解释导致职能扩张既涉及董事会的解释问题,也涉及管理层人员利用信息不对称所采取的自主行动。为此,有必要从董事会决策流程完善和管理层人员两条路径着手,加强对自主解释的监督。董事会通过对《成立协定》进行解释,扩张

---

① Christian Brütsch and Mihaela Papa, "Deconstructing the BRICS: Bargaining Coalition, Imagined Community, or Geopolitical Fad?" *The Chinese Journal of International Politics*, Vol. 6, No. 3, 2013, pp.299—327.

发展职能的内涵,对支持成员国应对危机发挥了重要作用,这为董事会的解释行为提供了道德上的合法性。然而根据《成立协定》关于解释权限的划分,董事会并未获得作出此类解释的授权。为了解决这一问题,新开发银行理事会可通过事后授权的方式允许董事会对该问题进行解释,或者通过修订《成立协定》的方式明确扩展新开发银行的贷款职能范围。同时,为了确保董事会作出自主解释的合法性,有必要建立专门性的程序机制来加以约束。

首先,董事会应建立解释前的先期评估机制,在对规则进行解释时,需要仔细确认解释它的目的、它会给对社会带来什么影响、产生什么作用,即立法的目的是什么,所涉及的因素和影响范围。①明确解释的目的和范围将直接影响到规则实施的效果。法规的作用和影响均是较为抽象的内容,需要通过具体明确的指标予以展示。对法规的作用和影响,需要评估的内容包括:能否取得较好的经济效益;对环境造成的影响和变化;该立法是否有较高的技术要求;立法活动是否会在大范围引起公众震动;是否与现有规则存在矛盾或冲突;是否引起法规体系的变化。②这些指标既涉及规则实施的目的、解释活动可能产生的社会影响,也涉及解释活动与现有规则的矛盾和冲突,通过对这些问题的事前梳理,可以明确法规制定实施后的潜在影响,也可以未雨绸缪,就存在的潜在问题和挑战,提前形成解决方案。在明确了解释的目的和作用后,进一步对解释的必要性展开实体论证。具体而言,解释的必要性论证旨在说明法律规制所确立的制定目的和管理目标是否只能通过解释才能实现。换言之,是否存在替代性而且成本更低的方法实现解释目标。之所以这么做主要是考虑到解释的成本较大,所涉及的时间成本和人力成本,投入的资源众多,需要对解释持审慎的态度。

其次,建立公开化的通报和评论程序。董事会应考虑到管理政策文件在机构之外也具有广泛的影响力,而外部的利益攸关方也会因政策文件的内容规定产生影响。为了确保这种外部性影响给利益攸关方带来不利影响,董事会应在对相关内容进行解释时,通过公开征集建议、通报的程序,保障受政策影响的企业、社区和普通民众的知情权,同时建立专门性评论程序,鼓励非政府组织、社会团体和可能受政策影响的民众发表意见,提出建议。董事会应当以清单方式明确列出公开的内容及时限要求,并根据实际情况动态调整。在确定公开内容时,重点包括下列信

---

① 杨解朴:《德国的反腐败机制》,《党建》2006 年第 1 期。

② 《德国廉政文化与廉政监督体系建设》,2013 年 11 月 19 日,北京法院网,http://bjgy.chinacourt.gov.cn/article/detail/2013/11/id/1146776.shtml。

息：与利益攸关方生产生活密切相关的信息；对经济、社会、环境影响较大的信息；直接关系借款国切身利益的信息。公开内容原则上以长期公开为主，如果涉及公示等阶段性公开的内容，应当予以区分并作出专门规定。

最后，加强对管理层和工作人员的监督。鉴于专门管理人员利用信息不对称和自身独立性，可能会增强新开发银行行为的自主性，还有必要建立专门性的问责机制加强对专门管理人员的规范和约束。强化管理层在治理结构中的职责与作用。在董事会作为非常驻机构开展工作的情况下，新开发银行管理层对业务决策和政策实施的影响会进一步增强，确保管理层将与项目有关的环境信息纳入项目选择和审核环节，不仅有助于及时为可持续基础设施项目提供资金，也有助于树立勇于承担社会责任的形象。①为此，新开发银行需要高度重视对于管理层在落实政策文件上的监督与约束。一方面，适时修订《董事会成员行为准则》和《商业行为和伦理守则》，将忠实履行银行管理政策作为管理层的职责内容，加强董事会对于管理层履责行为的监督。另一方面，细化关于管理层权力运用的规定，注重解释的结果导向，以是否能够实现可持续发展目标，来衡量解释行动的合法性，要求管理层在处理受项目影响社群的申诉时，应综合考量项目对于可持续发展的潜在影响，审慎作出决策，并定期向董事会汇报项目执行情况，从而对管理层权力形成制约。

（二）提升紧急贷款机制的实施效果

新开发银行正在从常规运营重新定位，为应对特殊危机帮助发展中国家应对突发性事件。新开发银行帮助成员国应对目前面临的双重挑战：（1）应对 2019 冠状病毒疾病对健康的威胁以及社会和经济的影响；（2）保持其长期的发展愿景。借助设立紧急贷款机制，新开发银行从制度设计上巩固了自身拥有发放规划贷款授权的职能定位。这为在以后应对危机的过程中，帮助借款国恢复国际收支平衡或填补政策改革和制度建设方面的资金缺口提供了保障。因此，提升紧急贷款机制的实施效果尤为重要，这需要从反馈机制建设、监督机制完善、组织文化塑造三方面展开。

首先，建立有效的反馈机制。反馈机制是指及时反映项目开展过程中对借款国产生的不利或潜在影响。以世界银行为参照，世界银行通过评价成果的反馈将

---

① 施懿宸：《建立以 ESG 为基础的银行授信机制》，《环境经济》2020 年第 7 期。

实践中获得的经验教训应用于其成员国的发展合作活动,具体的形式包括通过出版处发布评价报告、建立评价信息管理系统、召开成果反馈讨论会、通过合作伙伴关系进行经验推广等行动。新开发银行也可以通过发布出版物的形式,按项目规模、区域、国家和行业等进行分类并有相应的评价报告,这些报告在吸取评价项目相关的部门和机构的意见后上报董事会和相关管理部门,用以调整相关部门的决策行为,加强其决策能力。同时建立项目评价管理系统,涵盖项目后的评价方法、已评价项目的产出结果和正在评价中的项目信息等。已完成的评价信息主要按国家、地区、行业、报告类型和语言类别进行分类,包括评价办公室的所有报告及其项目相关的所有文件,在项目信息摘要中显示了通过对该项目进行后评价所获得的经验教训。正在评价中的项目信息包括评价目的、评价小组、评价进度等,评价过程高度透明化,加强监督管理作用。

其次,完善第三方监督机制。新开发银行的监督机构包括独立评估部,合规部和审计、风险预算合规委员会三大部门组成。这三个监督机构分别从财务、法律、管理三个领域对于新开发银行的运营工作进行监督,具有明显的以管理为中心和对上级负责的特点。考虑到发展治理主体的多元性,最大程度上吸纳利益攸关方的参与是增强发展有效性,实现可持续发展的关键。[①]新开发银行支持的发展归根结底还是"人"的发展。通过独立检查小组,受到新开发银行支持项目影响的基层民众可以表达诉求,也可以就与项目建设实施相关的政策标准执行问题,提供意见、建议,这对于改善新开发银行工作,构建和谐稳定的发展合作关系大有裨益。独立检查小组的定位应作为连接新开发银行执行董事会与受项目影响的基层民众之间的连接通道。在行政隶属关系上,独立检查小组直接对执行董事会负责,向其汇报工作;在部门功能上,其负责接受个人或社区意见、建议以及申诉,并就相关问题进行汇总,作出初步处理意见,供执行董事会作出决定。独立检查小组受理申诉的范围至少应包括:与执行环境社会保障政策相关的问题;造成环境退化或环境污染的问题;原住民、移民安置问题;维持并改善非自愿性移民生活水平问题等。为防范干涉借款国的内政,独立检查小组开展工作应做到三点:聚焦项目本身,不干涉借款国国内政治经济事务;在进行现场调查、访问前,应征得借款国的同意,并寻求获得当地政府配合;遵守借款国国内的法律法规,遵循新开发银行制定的人员管理规范。

---

① See "Citizen-driven Accountability for Sustainable Development," World Bank, October 20, 2018, http://ewebapps.worldbank.org/apps/IP/IPPublications/CitizenDrivenAccountability.pdf.2018-10-20.

第三,加强组织文化塑造。促进以可持续为导向的组织文化培养,新开发银行的董事会和管理层需坚持将可持续金融作为长期战略,持续加大对绿色环保行业的资金支持,有序压缩、停止不符合绿色发展要求的金融支持,不断完善绿色金融相关的风险管理政策,评估相关项目时,综合考量 ESG 因素,与政府、企业一起形成绿色发展的广泛共识和文化氛围。此外,借款国的国情复杂需要确保工作人员具备必要的经济和社会文化背景,以了解其工作所在的国家和人民,并具备满足借款国要求的技术专长和专业经验。只有这样,才能更好地确保新开发银行的发展理念得到更好地贯彻落实。

(三)保障组织运营的稳定性

新开发银行的设立是金砖国家合作深化的产物,反映了金砖国家共同的发展远景。为确保新成员的加入与新开发银行坚持的理解借款国发展需求的运营理念保持一致,有必要建立分析理解借款国发展需求的具体标准。

为了解决这些问题,中国可充分发挥《国家伙伴关系框架》的作用,使新开发银行在成员国的业务与国家自身的战略发展重点和需求、总体战略的目标相一致。同时充分运用"金砖 +"机制,积极协同其他新开发银行成员国,推动"金砖 +"对话合作持续向前迈进,逐步建立起全球伙伴关系网络,不断提升"金砖 +"合作的魅力和吸引力。以开放包容的形式开展合作,不强加于人,不搞非此即彼,各方在寻找利益最大公约数的基础上开展平等合作。此外,同新成员就发展理念、发展合作方式寻求共识和一致,并将这些共识反映到贷款业务的设计、运行实践中。为了增强操作性,新开发银行应在总结成立以来项目运营实践的基础上,通过数据分析、实地调研、政策咨询等方式,建立理解借款国需求的标准与规则,为管理层和工作人员执行贷款政策提供依据。

对本国体系引发的贷款规则标准多元化、借款国实施能力不足的问题,新开发银行需注重从不同借款国项目贷款实践中提炼总结共通性的标准,继而通过董事会专门决议的形式将其上升为对各方具有约束力的原则规则,从实践到规则以确立新开发银行探索创设可持续金融规范的特色路径。新开发银行可通过将与借款国发展有关的政治性议题纳入贷款审批条件的方式,确保投资在财务上的可持续性,审慎作出贷款批准决定,同时在贷款实施阶段,引入中立第三方评估机制,对贷款实施效果进行分析评价,以确保贷款目标的实现。

五、结　　论

新冠肺炎疫情的大流行造成一种全球性的紧急情况,世界各国尤其是发展中国家应对危机的资金不足问题充分暴露,亟须外部资金进行救助。此外,新冠肺炎疫情影响的广泛性和对生命健康威胁的严重性要求这一援助必须迅速、及时。出于回应发展中国家需求,实现国际社会共同利益的目标。为回应成员国需求,新开发银行在组织职能、机制建设、吸纳新成员国等方面作出了改革。

新开发银行董事会通过对"发展职能"的扩张解释,使新开发银行拥有了发放规划贷款的职能。新开发银行董事会通过解释《成立协定》第2条关于新开发银行职能的规定,将"基础设施和可持续发展项目"的职能授权解释为包括发放规划贷款的授权。依据《成立协定》第45条的规定,董事会的解释权限为"负责成员国与新开发银行或成员国之间关于《成立协定》条款的解释问题"。而《成立协定》中"可持续发展项目"的内涵问题是对《成立协定》条款本身的解释,超出了董事会解释权限的范围。

紧急贷款机制是新开发银行为成员国提供规划贷款的专门性法律机制。它作为新冠肺炎疫情背景下金砖国家建立紧急援助合作的重要实践,对巩固金砖国家合作、维护国际金融体系稳定具有重要意义。紧急贷款制度注重理解借款国需求。以需求为导向制定符合借款国国情的贷款规划;坚持平等原则同借款国进行贷款谈判、订立贷款协议,但也存在有效性不足、监督机制不健全的问题。

扩员完成后,成员国数量增加增大了利益协调一致的难度。尽管金砖国家之间仍然维持了平等分配表决权的均势现状,但是却形成创始成员国与新成员国之间在表决权分配中不平等的情况。成员国数量增加对贷款制度约束力造成挑战。

为确保董事会作出自主解释的合法性,有必要建立专门性的程序机制来加以约束。董事会应建立解释前的先期评估机制,建立公开化的通报和评论程序,加强对管理层和工作人员的监督。从反馈机制建设、监督机制完善、组织文化塑造三方面提升贷款制度的实施效果。为确保新成员的加入与新开发银行坚持的理解借款国发展需求的运营理念保持一致,有必要建立分析理解借款国发展需求的具体标准。为了解决这些问题,新开发银行可充分发挥《国家伙伴关系框架》的作用,使新开发银行在成员国的业务与国家自身的战略发展重点和需求、总体战略的目标相一致。

（薛志华:武汉理工大学法学与人文社会学院讲师）

金砖国家参与全球治理的"金砖+"路径[*]

谢乐天

【内容摘要】 "金砖+"合作模式是由中国首先提出并率先开展的金砖国家用以加强同新兴市场国家和发展中国家交流合作的对话模式。这一模式在 2017 年金砖国家厦门峰会期间首度实现并于 2018 年得到延续发展。但从 2019 年开始，"金砖+"对话会因各种原因而被迫中断三年。在此期间，国际格局发生深刻改变，全球发展治理亟待新方案。2022 年中国担任金砖国家轮值主席国之后恢复举办"金砖+"对话会并推动"金砖+"合作模式走向历史发展新时代。就未来发展来看，"金砖+"合作模式应通过解决机制化和常态化症结、以创新驱动发展为导向、充当金砖扩员"试验田"、成为沟通南北合作的对话桥梁等方式推动"金砖+"合作模式的发展以及全球治理赤字问题的最终解决。

【关键词】 金砖国家；"金砖+"；合作模式；新兴市场国家和发展中国家；全球治理

2022 年 6 月 22 日，习近平主席在出席金砖国家工商论坛开幕式上并发表主旨演讲时提出了"世界百年变局和世纪疫情相互交织，各种安全挑战层出不穷，世界经济复苏步履维艰，全球发展遭遇严重挫折。世界向何处去？和平还是战争？发展还是衰退？开放还是封闭？合作还是对抗？"①的时代之问。世纪疫情和百年变局交织叠加带来的大动荡和大调整既给全球治理带来了巨大挑战，同时也为金砖

---

* 本文系四川外国语大学研究生科研创新项目（市级项目）"金砖国家参与全球治理的'金砖+'路径研究"阶段性研究成果。

① 习近平：《把握时代潮流　缔造光明未来——在金砖国家工商论坛开幕式上的主旨演讲》，《人民日报》2022 年 6 月 23 日。

国家推进全球治理良性变革提供了重大机遇。①值此历史重要转折关头,中国该走向何方? 金砖国家合作该走向何方? 全球发展该走向何方? 亟待破题。金砖国家合作意味着新兴市场国家和发展中国家为国际秩序注入新活力,但伴随着国际体系的不确定性,金砖国家自身也面临着相当大的压力。为寻求和平稳定,金砖国家就应当推动新的战略。②在此背景下兴起的"金砖 +"合作模式则为强化金砖国家团结协作内核,提升金砖国家向心力、凝聚力,持续扩大金砖"朋友圈",同广大新兴市场国家和发展中国家实现共同发展繁荣③注入了独特的"金砖 +"动力。

2022 年,金砖国家外长会晤期间,再度担任金砖国家轮值主席国的中国将不仅重现业已中断三年的"金砖 +"对话会,而且还将"金砖 +"合作模式进一步创新,举办了外长层级的"金砖 +"对话并努力推动"金砖 +"合作的机制化、常态化和多样化。同时,金砖扩员也被提上日程。④显然,金砖国家合作已经进入历史发展的新时代。

因此,回答金砖国家如何更好地参与全球治理?"金砖 +"合作模式在这一过程中究竟能起到何种作用? 能有效地为中国如何积极推动金砖国家合作向前发展以及全球治理赤字问题的解决起到推动作用,具有极强的现实价值和学理价值。

一、已有文献回顾

人类正处在一个挑战层出不穷、风险日益增多的时代。世界经济增长乏力,金融危机阴云不散,发展鸿沟日益突出,兵戎相见时有发生,冷战思维和强权政治阴魂不散,恐怖主义、难民危机、重大传染性疾病、气候变化等非传统安全威胁持续蔓延。⑤显而易见的是,全球问题的应对之道就是全球治理(Global Governance)。⑥此

① 贺文萍:《金砖"中国年":发展机遇与未来挑战》,2022 年 8 月 3 日,人民论坛网,http://www.rmlt. com.cn/2022/0803/653241.shtml.

② Marco António Martins, "The BRICS in the Global Order: A New Political Agenda?", in Marek Rewizorski eds., *The European Union and the BRICS: Complex Relations in the Era of Global Governance*, Cham: springer, 2015, pp.27—37.

③ 《携手合作 开创未来——习近平主席引领金砖国家合作、推动全球发展述评》,《人民日报》2022 年 6 月 22 日。

④ 《金砖国家外长会晤关于"应对国际形势新特点新挑战 加强金砖国家团结合作"的联合声明》(摘要),《人民日报》2022 年 5 月 20 日。

⑤ 习近平:《共同构建人类命运共同体——在联合国日内瓦总部的演讲》,《人民日报》2017 年 1 月 20 日。

⑥ 江时学、李智婧:《论全球治理的必要性、成效及前景》,《同济大学学报》(社会科学版)2019 年第 4 期。

外,由于全球治理针对的是解决全球发展过程中面临的所有传统与非传统安全挑战,所以说全球治理涉及领域较广,可谓是对全球性问题进行有限、必要的国际管理。① 为了应对这些问题,国家间合作逐步走向制度化,各国创建了更多的全球性和区域性国际组织,并为它们配备了越来越多的职能,以帮助所有成员国集体处理和解决共同问题。②

可是众多国际行为体有着各自的利益诉求,甚至彼此之间可能存在难以调和的冲突。进而反应到全球治理层面便是可能的全球治理失灵。当前国际社会面临着以治理体系赤字和缓解碎片化现象③为代表的全球治理失灵说明现行规则体系不能充分和有效地发挥全球性治理功能。④为推进全球性问题的解决,各种国际组织和机制应运而生。同时,首脑外交、多边外交等也日益成为各国协调的重要方式。⑤其中,新兴市场国家和发展中国家为更好地应对 2008 年金融危机而形成金砖国家合作机制。这一机制经过十余年发展已对推进全球治理起到一定正面效果,即以发展中大国为代表的发展中国家群体改革全球经济治理体系为代表的国际体系改革的努力和成果。⑥为此,国内外已有诸多学者从创新全球治理体系角度入手,对金砖国家深入参与全球治理这一问题展开了有益研究。

秦亚青在金砖国家合作开始后不久就察觉到了这一合作对后金融危机时代重塑全球治理的重要性。他认为,当今世界的一个显著特征是以金砖国家为代表的一批新兴市场国家的崛起。虽然从历史教益来看,崛起国往往会挑战现有国际体系和秩序,但"金砖国家"崛起的现状却为世界创造了机遇。金砖国家不寻求挑战现有秩序,而是试图维护并改善现有秩序。⑦同样,在回顾自己提出的"金砖国家"概念时,"金砖之父"吉姆·奥尼尔(Jim O'Neill)也认为虽然金砖国家的发展历程喜忧参半,部分金砖国家发展潜力放缓且五国在全球治理问题上尚未占据核心地位,但仍应对金砖国家充满期待,特别是在全球治理问题上金砖国家应当展现出更大雄心,利用新冠肺炎疫情深刻改变国际秩序的契机积极,推动全球治

---

① 庞中英、王瑞平:《全球治理:中国的战略应对》,《国际问题研究》2013 年第 4 期。

② Panke, D. et. al, "Who performs better? A comparative analysis of problem-solving effectiveness and legitimacy attributions to international organizations", *Cooperation and Conflict*, 2022.

③ 任琳、郑海琦:《虚弱的联盟扩容与全球治理秩序》,《国际政治科学》2022 年第 1 期。

④ 秦亚青:《全球治理失灵与秩序理念的重建》,《世界经济与政治》2013 年第 4 期。

⑤ 凌胜利:《中国外交能力建设:内涵与路径》,《国际问题研究》2022 年第 2 期。

⑥ 杨洁勉:《乌克兰危机下的世界秩序变局和发展中国家的使命担当》,《国际问题研究》2022 年第 4 期。

⑦ 秦亚青:《世界格局、国际制度与全球秩序》,《现代国际关系》2010 年庆典特刊期。

理体系向前发展。①

　　显然,国内外主流观点及多数学者均对金砖国家合作的出现及其为"沉闷"的全球治理注入"金砖活力"这一问题报以关注并坚定支持金砖国家全面深入地参与全球治理问题。②但对于曾经主导世界秩序的西方国家来说,金砖五国的崛起实质上是一种"他者的崛起",向世界展现了不同于西方国家的国家治理模式和价值观,使得西方支配世界的能力受到冲击。③所以,前文所述之研究大多并未看见或刻意淡化金砖国家群体性崛起所带来的影响,即"全球南方的崛起"(the rise of the Global South)对现有国际格局造成了极大冲击和重塑。④

　　针对这一问题,阿姆里塔·纳里卡(Amrita Narlika)指出金砖国家合作机制是一种对原有国际秩序的威胁与挑战,这一机制将威胁到当前大多数国际合作的进程,客观上导致整个全球治理体系陷入举步维艰的境地。⑤显而易见的是,部分学者从修昔底德(Thucydides)所言之"雅典实力的增长以及由此引发的斯巴达的恐惧"角度出发,尝试分析金砖国家崛起给国际秩序受冲击以及守成国对此所做出的反应。

　　具体来看,他们将东方形容为"正在迅速崛起几个野心勃勃的强者"⑥,主张:金砖国家的崛起不可避免地激化了南北国家之间的矛盾,进而导致原本脆弱的国际秩序遭到进一步冲击,甚至在金砖国家重塑全球秩序的时候还会导致国际体系

---

① Jim O'Neill, "Poised for strong future", *China Daily*, September 10, 2021, https://www.china-dailyasia.com/article/237833.

② 代表性文献参见卢静:《当前全球治理的制度困境及其改革》,《外交评论》(外交学院学报)2014年第1期;赵可金:《中国国际战略中的金砖国家合作》,《国际观察》2014年第3期;朱杰进:《金砖国家合作机制的转型》,《国际观察》2014年第3期;纳尔尼贾·尔博赫尔:《金砖国家在全球改革中的作用:我们的愿景是什么?》,周余云、栾建章主编:《金砖在失色?——"金砖国家治理体系和治理能力现代化建设国际研讨会"论文集》,中央编译出版社2016年版,第169—177页;奥利弗·施廷克尔:《金砖国家与全球秩序的未来》,钱亚平译,上海人民出版社2017年版;王蕾:《金砖国家间安全利益的关联与安全合作前景》,《拉丁美洲研究》2017年第4期;John Kirton, Marina Larionova, *BRICS and Global Governance*, Taylor and Francis, 2018; Philani Mthembu, "South Africa and BRICS in a multipolar world-towards a diffusion of power and ideas?", *Africa Insight*, 2019, Vol.48;沈陈、徐秀军:《新冠肺炎疫情下的金砖国家合作:挑战、机遇与应对》,《当代世界》2020年第12期;Cooper Andrew F., "China, India and the pattern of G20/BRICS engagement: differentiated ambivalence between 'rising' power status and solidarity with the Global South", *Third World Quarterly*, Vol.42, No.9, 2021.

③ 刘德斌:《国际关系研究的历史路径》,社会科学文献出版社2022年版,第310页。

④ 陈晨晨:《谁的发展融资更能改善非洲的经济和生活条件》,《世界经济与政治》2022年第3期。

⑤ Amrita Narlika, ed., Deadlocks in Multilateral Negotiations: Causes and Solutions, Cambridge University Press, 2010.

⑥ 兹比格涅夫·布热津斯基:《战略远见:美国与全球权力危机》,洪漫等译,新华出版社2020年版,第200页。

的根本性改变。①虽然金砖合作仍面临着损害相互信任的内部因素依然存在、开展安全合作的利益基础仍不牢固和开展安全合作的外部环境严峻三大挑战,但这并不意味着金砖合作就没有光明的前景。②十分明显的是,他们所做的研究更多以一种"西方视角"展开,强调"修正主义的大国"(revisionist power)的中国试图改变部分或全部的现有秩序。③为此,他们也将有中国参加的金砖国家合作视为威胁并刻意诋毁金砖国家合作的正面作用。因此,这些研究不能完全反映出金砖国家对现有国际秩序究竟造成了多大冲击,甚至极易掉入"有色眼镜"的歧途。

从国际力量对比角度来看,我们无法否认金砖国家合作机制的出现在一定程度上改变了国际格局。其原因在于在全面重塑世界格局之际,金砖合作机制提出了多极化的构想,世界上相当一部分国家希望参与到这个没有美国霸权的合作机制中来。④因此,西方将面对的不是俄中联盟,而是团结起来捍卫自身利益和希望重建世界秩序的大批国家。⑤所以说,我们不难发现,金砖国家无意颠覆现有国际秩序,仅仅是提供了一种国际政治领域"西方中心论"的替代性解读。⑥金砖合作强调的是"做现行国际秩序坚定维护者",绝非"另起炉灶"。金砖合作反对的是个别国家构建"小院高墙"、打造"平行体系"、挤压新兴市场国家和发展中国家的发展空间和资源甚至是分裂世界的做法。⑦

---

① 代表性文献参见 Ramesh Thakur, "Geopolitics trumps economics," *The Japan Times*, July 22, 2014;李形、奥斯卡·奥古斯丁:《相互依存式霸权:"第二世界"和金砖国家的崛起透析》,崔洋、林宏宇译,《国际安全研究》2014 年第 1 期;Kwang Ho Chun, *The BRICs Superpower Challenge*, Taylor and Francis, 2016;Thies Cameron G, Nieman Mark David, *Rising Powers and Foreign Policy Revisionism: Understanding BRICS Identity and Behavior Through Time*, University of Michigan Press, 2017;Mohammed Nuruzzaman, "Why BRICS Is No Threat to the Post-war Liberal World Order", *International Studies*, Vol.57, 2019, pp.1—13。

② 刘超:《金砖国家安全合作:机遇、挑战与对策》,《亚太经济》2017 年第 3 期。

③ Cliff Kupchan, "Bipolarity is Back: Why It Matters", *The Washington Quarterly*, Vol.44, No.3, 2021, pp.123—139.

④ 俄媒:《有别于美国主宰的"金字塔",金砖机制倡导平等受欢迎》,2022 年 7 月 16 日,参考消息网, http://column.cankaoxiaoxi.com/2022/0716/2485637.shtml。

⑤ 俄媒:《"集体东方"崛起重塑世界秩序》,2022 年 7 月 13 日,参考消息网,http://column.cankaoxiaoxi.com/2022/0713/2485324.shtml。

⑥ Andal Aireen Grace T., Muratshina Ksenia G., "Adjunct rather than alternative in global governance: An examination of BRICS as an international bloc through the perception of its members", *Social Science Information*, Vol.61, No.1, 2022, pp.77—99.

⑦ 王毅:《要抵制个别国家构建"小院高墙"、打造"平行体系"分裂世界》,2022 年 5 月 19 日,外交部, https://www.mfa.gov.cn/web/gjhdq_676201/gjhdqzz_681964/jzgj_682158/xgxw_682164/202205/t20220519_10689613.shtml。

正如俄罗斯学者格奥尔基·托洛拉亚(Georgy Toloraya)强调的金砖正成为公平游戏规则基础上更公正国际秩序的旗手,金砖越来越被视做"21世纪的新选择"①一样,金砖国家合作是广大新兴市场国家和发展中国家全面深入参与全球治理的生动写照。在这一过程中,由中国率先提出并加以施行的"金砖+"合作模式究竟能为全球治理注入怎样的"金砖活力",提供何种"金砖方案"值得我们关注。

因此,本文着眼于金砖国家参与全球治理的"金砖+"路径这一研究问题,尝试在围绕"金砖+"合作模式历史沿革进行梳理以及对近年来"金砖+"合作模式所发生的新变化加以分析的基础上,探究作为一个整体的金砖国家合作机制(BRICS)如何通过"金砖+"机制深入参与全球治理且这一过程有何创新点与不足。以便对症下药,为"深化金砖伙伴关系建设,为全球发展注入更多金砖力量"②贡献绵薄之力。

二、全球治理的"金砖+"路径

(一)"金砖+"合作模式:缘起与发展

从金砖国家自身的发展情况来看,金砖国家合作机制自诞生之日起便主张"彼此之间并同其他伙伴开展密切合作"。③这一战略选择一方面与金砖合作机制发展处于初期有关,另一方面也与当时全球治理新趋势,即二十国集团(G20)成为国际经济合作主要论坛④有关。开展金砖国家合作很大程度上是出于加强金砖国家成员在G20乃至联合国的沟通对话,形成一致立场,共同应对全球挑战的考量。但我们同样需要明确的是,正如莫斯科国际关系学院鲍里斯·马丁诺夫(Boris Feodorovich Martynov)教授强调的,金砖国家作为非西方性质的全新合作机制,不受西方固有规则与观念束缚,可以集体提出一些解决全球问题的新方法。⑤

2011年中国首度担任金砖国家轮值主席国期间,由于金砖机制展现出巨大的

---

① 外媒:《金砖国家欲重塑由美国主导的世界美欧金融统治成金砖黏合剂》,2014年7月16日,观察者网,https://www.guancha.cn/strategy/2014_07_1 6_247074.shtml。

② 王毅:《金砖国家要做三个表率》,2022年5月19日,外交部,https://www.mfa.gov.cn/web/gjhdq_676201/gjhdqzz_681964/jzgj_682158/xgxw_682164/202205/t20220519_10689631.shtml。

③ 《"金砖四国"领导人俄罗斯叶卡捷琳堡会晤联合声明》,《人民日报》2009年6月17日。

④ 二十国集团(Group of 20, G20),外交部,https://www.fmprc.gov.cn/web/gjhdq_676201/gjhdqzz_681964/ershiguojituan_682134/jbqk_682136/。

⑤ Boris Feodorovich Martynov, "The BRICS: Paradigm Shift in Dealing with New Challenges", Vestnik RUDN. International Relations, Vol.19, No.2, 2019, pp.201—206.

包容性和发展潜力,南非选择加入金砖国家合作。与此同时,借着金砖扩员的"东风",在中国的积极推动下,金砖五国均同意在《三亚宣言》写入"我们愿加强同其他国家,特别是新兴国家和发展中国家,以及有关国际、区域性组织的联系与合作"①的文本。这是《金砖宣言》层面首度明确同其他国际行为体展开各类型交流合作的美好愿景。

此后的几年,其他金砖国家先后开展了"拓展模式"(out-reach)在内的诸多金砖国家同某一特定区域内特定地区性组织的对话会。虽然这一做法在相当程度上起到了密切联系金砖国家同广大南方世界的作用。但此种对话形式仍拘泥于某一特定区域和某些特定组织,并不能将金砖发展的成果惠及更大范围,而且轮值主席国均倾向于将对话伙伴设置为本国"势力范围"内国家,并不利于金砖合作展现包容性,甚至可能增添金砖合作所面临的误解与非议。

在此基础上,2017 年当中国再度担任金砖国家轮值主席国之后,习近平主席高瞻远瞩,决定开创"金砖＋"合作模式并邀请墨西哥、埃及、几内亚、泰国、塔吉克斯坦五国与会。五国分别作为拉美、阿拉伯、非洲、东南亚、中亚代表参与。②由此可见,"金砖＋"对话会在展现金砖国家合作的全球视野的同时,也为金砖国家后续进一步深化同新兴市场和发展中国家的合作并致力于同其他新兴市场和发展中国家建立广泛的伙伴关系,开辟金砖国家团结合作的第二个"金色十年"③打下了坚实基础。显而易见的是,"金砖＋"概念的提出、"金砖＋"合作的深化,都离不开中国的积极倡导和大力推动。④中方的勇于担当完美诠释了积极探索务实合作新领域新方式,拉紧联系纽带,让金砖合作机制行稳致远⑤的发展使命。

对于金砖国家合作机制而言,想要充分挖掘合作潜力、发挥合作动能,就必须持续扩大在互利议题领域的合作广度、深度与效能,使其成为重要的多边合作平台。⑥因此,

---

① 《三亚宣言——金砖国家领导人第三次会晤 2011 年 4 月 14 日　中国海南三亚》,《人民日报》2011年 4 月 15 日。

② 几内亚是时任非盟轮值主席国、墨西哥是拉共体成员国、塔吉克斯坦则代表中亚地区与"一带一路"沿线国家、泰国是东盟成员国、埃及是阿拉伯国家联盟的创始倡议国,又是阿盟总部的所在地,同时还是非盟的重要成员。

③ 《金砖国家领导人厦门宣言》,《人民日报》2017 年 9 月 5 日。

④ 《"金砖＋":为合作而生　为发展而兴》,《人民日报海外版》2022 年 6 月 22 日。

⑤ 习近平:《深化金砖伙伴关系　开辟更加光明未来——在金砖国家领导人厦门会晤大范围会议上的讲话》,《人民日报》2017 年 9 月 5 日。

⑥ Panova Victoria V., "Age of Multilateralism: Why is BRICS Important despite Possible Weaknesses? A Perspective from Russia", *Global Policy*, Vol.12, No.4, 2021, pp.514—518.

"金砖＋"合作模式的出现是金砖国家合作机制发展到一定阶段的必然产物。同样，对于全球治理而言，在发达世界的一体化和自由化势头减弱的情况下，重振世界经济则显得十分必要。而这一进程需要一个足够强大的启动引擎、一个新的发展平台，以弥补来自发达国家"旧平台"的动力不足。①显然，"金砖＋"合作模式能成为极其重要、充满希望且及时的解决方法，其所强调的以"去中心化"为主要特征的"无核心—无边缘"框架（"no core-no periphery" framework）②能够为提振全球治理赤字提供充足信心。

除此之外，从建构主义的概念出发，角色概念是通过期望改变和自我期望两个过程建构的。③对于广大南方国家特别是那些中等强国，它们的崛起需要得到国际社会的承认与支持。为此，它们的发展同样也离不开金砖国家的支持与帮助。想要更好地参与全球治理就需要寻找可靠的合作伙伴，即调动与"志同道合"国家进行协调外交所需的资源以应对全球挑战。④所以说，中方有关创设"金砖＋"合作模式的提议一经推出便获得绝大多数新兴市场国家和发展中国家的支持。诸如2017年泰国总理巴育（Prayuth Chan-ocha）在出席首次"金砖＋"对话会时明确对媒体表示，"金砖＋"反映了大多数新兴市场国家与发展中国家的共同愿望。泰国希望与金砖国家加强合作，扩大金砖国家"朋友圈"，让"金砖＋"机制惠及本国经济发展。⑤

2018年南非接棒金砖国家轮值主席国之后，同样也举办了"金砖＋"对话会。与2013年的德班峰会相比，2018年的约翰内斯堡峰会邀请的非洲国家数量更多，覆盖面更广。值得注意的是，此次对话会将"拓展模式"同"金砖＋"合作模式有机融合，即立足于邀请非洲国家的同时还邀请了阿根廷、牙买加、土耳其三国与会。⑥从这个意义上讲，正如金砖国家早就表明的那样，或许新兴市场国家和发展中国家是"金砖＋"合作最主要的对话伙伴，但其他国家包括发达经济体也不应该被排除在未来合作的框架之外。"'金砖＋'模式不仅可以成为南南合作的重要平

---

①② Yaroslav Lissovolik, "BRICS-Plus：Alternative Globalization in the Making? Expert Discussion", *Valdai Papers*, No.69, 2017, p.11.

③ Moch Faisal Karim, "Middle Power, Status-Seeking and Role Conceptions：the Cases of Indonesia and South Korea", *Australian Journal of International Affairs*, Vol.72, No.4, 2018, pp.343—363.

④ Charalampos Efstathopoulos, "Southern Middle Powers and the Liberal International Order：The Options for Brazil and South Africa", *International Journal*, Vol.76, No.3, 2021, pp.384—403.

⑤ 丁子：《"金砖＋"是一种创新模式——访泰国总理巴育》，《人民日报》2017年9月7日。

⑥ 牙买加是时任加勒比共同体轮值主席国、阿根廷是时任G20轮值主席国、土耳其是时任伊斯兰合作组织轮值主席国。

台,而且还可以凭借金砖国家联系发达国家和其他发展中国家的特殊优势,在推动南北合作的进程中发挥桥梁作用"。①

但令人遗憾的是,由于 2018 年底巴西政党轮替的发生,博索纳罗(Jair Messias Bolsonaro)新政府毫不掩饰地将主要利益放在与美国和解上而非在重塑世界秩序的旗帜下加紧团结全球南方国家(Global South)并摒弃自卢拉(Lula da Silva)政府以来一贯的亲金砖立场,重新考虑了巴西在金砖合作中的优先事项、目标和目的。②2019 年巴西担任金砖国家轮值主席国,试图赢得全球北方的盟友(allies in the Global North)的外交转向③对 2019 年的金砖合作产生极大冲击:从 2019 年起,"金砖＋"对话会甚至一度中断。显然,成员国的异质性和战略沟通不足严重阻碍着金砖合作的健康发展。④之后的 2020 年和 2021 年两年,又受到突如其来的新冠肺炎疫情影响,"金砖＋"对话会也并未重新举办。

"金砖＋"对话会的暂时停歇一方面使得金砖国家丧失了一个同新兴市场国家和发展中国家就全球治理问题展开沟通协调的重要机会,另一方面也使得广大南方国家对金砖国家合作的兴趣降低,使得金砖国家"前景暗淡"。需要注意的是,以"金砖＋"趋冷为代表的金砖国家合作整体发展受挫并不意味着金砖合作机制失去吸引力并趋于崩溃。对此,南非金山大学国际关系系副教授马尔特·布罗斯格(Malte Brosig)将其形容为:由于金砖国家合作为金砖五国及金砖伙伴提供了涵盖经贸财金、政治安全、人文交流"三根支柱"的诸多发展实惠。因此,我们几乎没有理由相信金砖国家会就此衰落。⑤所以 2019 年至 2022 年三年时间内,金砖国家合作只是处于发展的调整期与蛰伏期。

（二）"金砖＋"合作模式:重现与新生

值此百年变局叠加世纪疫情,经济全球化遭遇逆流,落实联合国 2030 年可持

① 王磊:《"金砖＋"要为金砖加什么》,2017 年 9 月 2 日,光明网,http://news.gmw.cn/2017-09/02/content_25968023.htm。

② Dmitry Razumovsky, "BRICS — How Will the Organisation Get a 'Second Wind'?", Valdai Discussion, Club, July 14, 2022, https://valdaiclub.com/a/highlights/brics-how-will-the-organisation-get-a-second-wind-/?sphrase_id＝1382422.

③ Diko Nqophisa, Sempijja Norman, "Does participation in BRICS foster South-South cooperation? Brazil, South Africa, and the Global South", *Journal of Contemporary African Studies*, Vol. 39, No. 1, 2021, p.151.

④ 王叶飞:《金砖国家间的战略沟通研究》,《国际观察》2016 年第 3 期。

⑤ Malte Brosig, "Has BRICS lost its appeal? The foreign policy value added of the group", International Politics, 2021, pp.1—19.

续发展目标(Sustainable Development Goals)面临前所未有的挑战之际,国际社会迫切期待实现更加公平、更可持续、更为安全的发展。[①]为了破除治理赤字、信任赤字、和平赤字、发展赤字难题,中国接棒金砖国家轮值主席国之后便宣布"中方将高举发展旗帜,携手其他金砖伙伴,着眼新兴市场和发展中国家的共同利益,为加快落实 2030 年可持续发展议程汇聚强大合力,为五国和世界人民带来实实在在的福祉"。[②]

具体来看,中方将"金砖 + "合作模式列为 2022 年金砖国家合作重点事项,决定恢复已停办三年的"金砖 + "对话会,并希望借此机会邀请更多国家和国际组织参与"金砖 + "合作,不断扩大金砖国家"朋友圈"。[③]

一方面,在原有领导人对话层面,中方举办全球发展高层对话会,邀请阿尔及利亚、阿根廷、埃及、印度尼西亚、伊朗、哈萨克斯坦、塞内加尔、乌兹别克斯坦、柬埔寨、埃塞俄比亚、斐济、马来西亚、泰国等国领导人与会,同金砖五国领导人一道围绕全球发展倡议重点领域展开广泛讨论。[④]此举不仅为金砖国家打通同其他国际组织间对话合作提供了绝佳契机,[⑤]而且还将"金砖 + "对话合作提升至凝聚促进发展的国际共识、营造有利于发展的国际环境、培育全球发展新动能、打造全球发展伙伴关系[⑥]的历史新高度,为全球发展治理注入强劲的发展动能。

另一方面,中方还对"金砖 + "合作模式进行适度创新,首度开创外长级别的"金砖 + "对话会,即在金砖国家外长会晤期间召开金砖国家同新兴市场和发展中国家外长对话会,就弘扬多边主义、合作战胜疫情、促进共同发展、加强团结合作等议题进行了广泛深入的讨论。[⑦]这一创新同时也得到金砖伙伴以及各位嘉宾国外

---

① 和音:《为构建全球发展共同体贡献智慧、凝聚合力》,《人民日报》2022 年 6 月 20 日。

② 《外交部副部长马朝旭就中国担任今年金砖国家主席国接受媒体采访》,2022 年 1 月 21 日,外交部,https://www.mfa.gov.cn/web/gjhdq_676201/gjhdqzz_681964/jzgj_682158/xgxw_682164/202201/t20220121_10631579.shtml.

③ 主题议题概念文件,2022 年 2 月 21 日,金砖国家领导人第十四次会晤,http://brics2022.mfa.gov.cn/chn/zg2022/ztytgnwj/.

④ 《习近平主持全球发展高层对话会并发表重要讲话》,《人民日报》2022 年 6 月 25 日。

⑤ 印尼担任 2022 年 G20 轮值主席国、泰国担任 2022 年 APEC 轮值主席国、柬埔寨担任 2022 年东盟轮值主席国、塞内加尔担任 2022 年非盟轮值主席国、阿根廷担任 2022 年拉共体轮值主席国、斐济担任 2022 年太平洋岛国论坛轮值主席国、乌兹别克斯坦担任 2022 年上合组织轮值主席国、哈萨克斯坦担任 2022 年独联体轮值主席国。

⑥ 习近平:《构建高质量伙伴关系 共创全球发展新时代——在全球发展高层对话会上的讲话》,《人民日报》2022 年 6 月 5 日。

⑦ 《王毅谈金砖国家同新兴市场和发展中国家外长对话会成果》,2022 年 5 月 20 日,金砖国家领导人第十四次会晤,http://brics2022.mfa.gov.cn/dtxw/202205/t20220520_10690301.html.

长的普遍支持和赞誉。①这一举动标志着中国以及金砖国家聚焦在全球治理中发挥新兴市场和发展中国家作用,有效促进新兴市场和发展中国家团结合作。②与此同时,中国还在卫生、环境、发展、教育、人文等领域举办多场"金砖＋"活动。诸如2022年金砖国家工商论坛就吸引了包括除金砖五国外,哈萨克斯坦、阿根廷、泰国、印度尼西亚在内的13个国家工商界代表与会。③总体而言,2022年有50多个非金砖国家参与"金砖＋"活动,充分表明该机制顺应时代潮流,符合加强和完善全球治理的需要。④

而作为"重头戏"的领导人层面"金砖＋"对话会同样也会在金砖峰会召开的次日举行。金砖国家领导人和有关新兴市场国家及发展中国家领导人共同出席并围绕"构建新时代全球发展伙伴关系,携手落实2030年可持续发展议程"⑤的主题展开讨论。

金砖国家机制自成立以来,就同广大新兴市场国家和发展中国家的命运紧紧联系在一起。⑥在中国同其他金砖国家以及广大新兴市场国家和发展中国家的共同努力下,契合金砖"中国年"所强调的"构建高质量伙伴关系,共创全球发展新时代"的主题,用以聚焦全球发展"金砖＋"对话会不仅将金砖国家合作推向了历史发展新时代,而且找到了金砖国家发展新路径,更是走出了全球发展治理的新航向。

三、"金砖＋"合作模式参与全球治理的评估

(一)"金砖＋"合作模式:成绩与收获

总体而言,金砖国家在推进"金砖＋"合作模式以及全球发展治理议题上的积极作为再度证明了习近平主席所言之"金砖国家不是碌碌无为的清谈馆,而是知行

① 王毅谈金砖国家同新兴市场和发展中国家外长对话会成果。

② 和音:《全力推动金砖合作走深走实》,《人民日报》2022年6月19日。

③ 《2022年金砖国家工商论坛将在京举办》,2022年6月17日,中国国际贸易促进委员会,https://www.ccpit.org/a/20220617/20220617sbap.html。

④ 科菲·库阿库:《金砖国家合作机制顺应时代潮流》,《人民日报》2022年7月17日。

⑤ 《习近平将主持金砖国家领导人第十四次会晤、全球发展高层对话会并出席金砖国家工商论坛开幕式》,2022年6月17日,外交部,https://www.mfa.gov.cn/web/gjhdq_676201/gjhdqzz_681964/jzgj_682158/xgxw_682164/202206/t20220617_10704809.shtml。

⑥ 《2022年8月3日外交部发言人华春莹主持例行记者会》,2022年8月3日,外交部,https://www.fmprc.gov.cn/fyrbt_673021/202208/t20220803_10733353.shtml。

合一的行动队"①的正确性。同时,而"金砖＋"合作模式则"扩大了金砖合作的辐射和受益范围,打造开放多元的发展伙伴网络,让更多新兴市场国家和发展中国家参与到团结合作、互利共赢的事业中来"。②更为重要的是,"金砖＋"合作模式不仅代表新兴市场国家和发展中国家利益,更是当今世界唯一具有全球影响力的南南合作机制。③"金砖＋"合作模式为全球治理注入了全新的活力。

具体来看,"金砖＋"合作模式从以下四个方面,为全球治理注入了"金色活力"。

首先,"金砖＋"对话伙伴多元互补。以往的诸多有关全球治理的各类型国际组织大多聚焦于从综合国力标准划分对话伙伴。诸如七国集团(G7)国家就抱团打天下,企图打造"小院高墙"的排他性全球治理体系。即便国际社会存在着从"G7时代"向"G20时代"的重大转变趋势,④但不可否认的是,二十国集团(G20)之所以能升格成为领导人峰会以应对全球性的金融风险、参与全球治理,原因还是在于时任轮值主席国美国的影响。美国和二十国集团引领的全球金融治理机构提出了建立宏观审慎性金融监管的解决方案。⑤这使得我们可以将二十国集团在一定程度上视作七国集团体制的"附属品"。此外,联合国193个成员国只有其中20个进入了全球经济高决策层,这本身就会导致很多中小国家质疑二十国集团的合法性。⑥因此,对二十国集团框架进行改革是广大新兴市场国家和发展中国家的共同呼声。在金砖国家看来,当前的全球治理体系并不能准确地反映南方世界群体性崛起的新现实,广大全球南方国家被排除在决策过程之外。⑦"金砖＋"对话模式则顺应了这一诉求。在对话伙伴的选择上,金砖国家不拘一格,强调将采取平等和灵活的方式同其他国家开展对话与合作。⑧为此,金砖国家决定同世界各地区的具有代表性的国家开展对话。需要注意的是,这些对话伙伴多为当年度其他重要国际或地区组织的轮值主席国。显而易见的是,此举在相当程度上能弥合金砖国家同其他国际或地区组织间分歧,为金砖国家进一步加深同其他组织间合作,形成优势

①② 习近平:《共同开创金砖合作第二个"金色十年"——在金砖国家工商论坛开幕式上的讲话》,《人民日报》2017年9月4日。

③ 《金砖:全球发展的新未来》,《人大重阳"全球治理"系列研究报告》第11期。

④ 崔志楠、邢悦:《从"G7时代"到"G20时代"——国际金融治理机制的变迁》,《世界经济与政治》2011年第1期。

⑤ 张发林:《全球金融治理议程设置与中国国际话语权》,《世界经济与政治》2020年第6期。

⑥ 朱杰进:《二十国集团的定位与机制建设》,《阿拉伯世界研究》2012年第3期。

⑦ Francesco Petrone, "The future of global governance after the pandemic crisis: what challenges will the BRICS face?", *International Politics*, Vol.59, No.2, 2021, p.248.

⑧ 《金砖国家领导人厦门宣言》。

互补提供可能。这种多元对象选择使得金砖国家能最大限度凝聚广大新兴市场国家和发展中国家的共识,形成改革促进全球治理向前发展的"南方合力"。

其次,"金砖+"对话突破地域限制。除了"金砖+"对话之外,也有一些国际或地区性组织并未排除本组织同其他国际行为体展开对话的可能性。但这些对话合作大多受限于地域因素,即对话伙伴往往来自本地区或相邻地区。"东盟10+3"合作机制便实现了东南亚和东北亚的有效联动。亚欧会议的五轮扩大也呈现明显的地区间主义特征,地区身份定位比较模糊的其他国家在入会之前也需要厘清本国身份定位并根据"双钥匙原则"得到相应支持。①相对而言,"金砖+"对话伙伴除前文所述之强调同其他组织开展对话的多元互补性之外,在"金砖+"对话伙伴选择问题上,并不局限于轮值主席国所在地区、所在大洲的地域限制,而是具有独到的全球化视野,关注以往被传统全球治理所忽略的"边远地区"。其原因在于没有任何一个金砖国家希望金砖合作成为各自地区内孤立的"繁荣之岛"。②2017年首次"金砖+"对话会就选择了五个来自拉美、北非、西非、东南亚和中亚不同地区的国家与会。2018年鉴于非洲大陆的幅员辽阔,在聚焦非洲不同区域的同时仍然邀请了南美、加勒比和中东的域外三国与会。2022年则邀请了北非、南美、西非、中亚、太平洋岛国等地区的具有代表性的南方国家参与。不同地域的对话伙伴深入参与不仅能够切实提升金砖国家所强调的作为南南合作重要平台的代表性,而且聚焦"边缘地区"也顺应了金砖合作一以贯之的包容性原则,为金砖国家在更大范围、更广领域开展南南合作,携手应对各种全球性挑战,培育联动发展链条,实现联合自强③提供发展契机。

第三,"金砖+"对话主题前瞻新颖。过去各国和各组织关注全球治理时一般从政治和经济角度入手,侧重讨论改变全球治理体系或聚焦如何推动经济的发展。例如二十国集团的成立就与2008年全球金融危机的冲击相关。亚太经合组织(APEC)的成立与发展更是把经济合作视为合作的重中之重。与之不同的是,"金砖+"对话会除了关注传统的政治经济问题之外,"金砖+"对话会长期聚焦发展问题,将联合国2030年可持续发展目标作为发展导向。2017年第一届"金砖+"对

---

① 朱天祥:《"双钥匙原则"下亚欧会议扩大进程比较分析》,《国际关系研究》2020年第2期。

② Alissa Wang, "From Xiamen to Johannesburg: The Role of the BRICS in Global Governance", BRICS Information Centre, March 2, 2018, http://www.brics.utoronto.ca/analysis/xiamen-johannesburg-event.html.

③ 习近平:《深化互利合作 促进共同发展——在新兴市场国家与发展中国家对话会上的发言》,《人民日报》2017年9月6日。

话会便将"深化互利合作，促进共同发展"确定为对话主题，并围绕"落实可持续发展议程"；"建设广泛的发展伙伴关系"等问题进行深入讨论交流。[①]2018年第二届"金砖+"对话会则将可持续发展目标同非洲大陆实际情况相结合，围绕"金砖国家在非洲：在第四次工业革命中共谋包容增长和共同繁荣"的对话主题，就如何在社会信息化和新工业革命的背景下聚焦发展、包容和共同繁荣展开讨论，最终达成以平衡和综合的方式推进经济、社会和环境三个可持续发展维度的协调发展的共识。[②]同样，时隔三年后重新举办的"金砖+"对话会仍然将"构建新时代全球发展伙伴关系，携手落实2030年可持续发展议程"确定为会议主题并且还把"金砖+"对话会重新命名为"全球发展高层对话会"。在《主席声明》中，中方还特别强调"将发展问题置于国际合作议程的核心位置，致力于落实2030年可持续发展议程"。[③]显然，在践行联合国可持续发展目标、推动第四次工业革命、共谋包容增长与繁荣等方面留下了浓墨重彩的"金砖+印记"。

最后，"金砖+"对话成效立竿见影。不同于其他国际组织可能出现的勾心斗角以至于最终协议遭多轮修改，甚至是未达成最终协议[④]的全球治理困局，务实合作一直是金砖合作行稳致远的基础，也始终是金砖合作的亮点。[⑤]基于问题导向是金砖国家建立共识的真正驱动力。[⑥]为此，"金砖+"对话会往往能在最短时间内最凝聚共识并达成一系列实质性成果。诸如2022年所举办的全球发展高层对话会所发布的《主席声明》便明确列出了对话会达成的以成立全球减贫与发展伙伴联盟、实施"化学地球"大科学计划、开展"发展中国家信息通信技术能力建设计划"、发布《全球发展报告》在内的共32项实质性对话成果。[⑦]需要明确的是，这些对话成果均紧紧围绕发展这一"金砖+"对话合作的大主题展开，涵盖全球卫生、气候、

① 《新兴市场国家与发展中国家对话会主席声明》（全文），2017年9月5日，厦门·金砖，https://brics.xmnn.cn/xmxc/201709/t20170906_5111150.htm。

② Statement by H. E. President Cyril Ramaphosa on the occasion of the Post-10th BRICS Summit Media Briefing, International Relations & Cooperation, July 27, 2018, http://www.dirco.gov.za/docs/speeches/2018/cram0727.htm.

③ 《全球发展高层对话会主席声明》，《人民日报》2022年6月25日。

④ 2018年11月，在巴布亚新几内亚举行的APEC峰会上，受保护主义和单边主义影响，会议结束后并未向对外发布《联合公报》；2021年11月，在英国格拉斯哥举行的第26届联合国气候变化大会（COP26）上，受大国博弈和全球极化影响，《格拉斯哥气候公约》的最终文本一再修改并延期发布。

⑤ 徐秀军：《金砖国家合作：推动经济全球化持续前行》，《世界知识》2022年第14期。

⑥ Angela Min Yi Ho, "Will Osaka's BRICS Summit Spur the G20 Toward Success?", BRICS Information Centre, June 27, 2019, http://www.brics.utoronto.ca/commentary/190627-hou.html.

⑦ 参见《全球发展高层对话会主席声明》。

粮食、数字经济、绿色经济等可持续发展目标具体领域。这些实打实的合作成果不仅标志着"金砖+"合作能够为深化全球非传统安全治理提供来自南方国家的新思路、新方法,而且还意味着 2021 年 9 月,习近平主席在第 76 届联合国大会一般性辩论时提出的全球发展倡议开始落地生根。①显然,自 2017 年金砖厦门峰会以来,"金砖+"合作模式不断深化拓展,日益发展壮大并成为新兴市场国家和发展中国家开展南南合作、实现联合自强的典范。②除此之外,"金砖+"合作模式所取得的一系列丰硕成果还能为广大新兴市场国家和发展中国家参与全球治理提供相应依托,进而为推动全球发展倡议,如期实现 2030 年可持续发展目标注入"金砖+"动力。

(二)"金砖+"合作模式:限度与不足

虽然"金砖+"合作模式经过数年发展已取得不小成绩,但我们也不应忽视"金砖+"合作模式遇到的一些风险与挑战以及这些问题对后续参与全球治理所起到的负面作用。

第一,在机制化方面,"金砖+"合作模式极易遭受内外部不利因素冲击,面临着一定的"断档风险"。从 2017 年"金砖+"概念正式提出至今,在 6 年时间内,"金砖+"对话会仅仅召开了三次,有一半的时间并没有展开类似对话活动,这也不由得使外界对于"金砖+"合作模式能否持续产生疑问。由于"金砖+"对话会并非金砖合作框架内的强制度安排,这使得"金砖+"合作模式存在"先天不足"。如果轮值主席国缺乏相应对话意愿或是出于某些原因拒绝承担举办"金砖+"对话会或类似多边外交活动,那么其他金砖国家或者是有意愿参与对话的潜在伙伴是否有可供解决的备选方案存在?而且备选方案的提出与实行是否会导致喧宾夺主,进而产生更大分歧?2019 年巴西决定不举办"金砖+"对话会则是出于本国新政府外交政策出现重大调整以及金砖五国在是否邀请委内瑞拉参会问题上存在较大分歧有关。在"遵守联盟的预期收益-预期成本>0"这一维持联盟的基本条件③成立的情况下,成员国若从"金砖+"对话中感受不到收益,便会导致对话难以维系。除此之外,来自外界的不可抗力因素同样也会对"金砖+"对话会的开展产生影响。新

① 《谱写人类发展进步新篇章——王毅国务委员兼外长谈习近平主席主持金砖国家领导人第十四次会晤和全球发展高层对话会》,2022 年 6 月 25 日,金砖国家领导人第十四次会晤,http://brics2022.mfa.gov.cn/dtxw/202206/t20220625_10709995.html。

② 黄仁伟、朱杰进:《全球治理视域下金砖国家机制化建设》,《当代世界》2022 年第 7 期。

③ 任琳、郑海琦:《联盟异化的起源》,《国际政治科学》2021 年第 2 期。

冠疫情暴发后,金砖国家合作本身就已自顾不暇。为此,"金砖+"对话会的开展难度也就随之大大增加,以至于有着强烈对话意愿的俄罗斯不得不取消举办对话会。2021年担任轮值主席国的印度则因为本国遭遇了多轮"新冠海啸"的强烈冲击,金砖峰会也不得不继续采取线上方式举行。如果连对话会都开展不了,那我们怎么能奢求"金砖+"合作模式推动全球治理向前发展呢?

第二,在对话开展方面,"金砖+"合作模式尚未同发达国家展开直接对话,参与全球治理的广度仍较为欠缺。从现有三次"金砖+"对话会以及一次外长级别的"金砖+"对话会来看,参与的对话伙伴均为新兴市场国家和发展中国家。虽然这种安排与金砖国家一贯强调的自身作为新兴市场国家和发展中国家参与全球治理的主要代表和重要平台有关。与此同时,金砖国家为了弥补这一缺憾,也采取了一些有意义的方式方法,即在二十国集团层面频频发力,多次邀请二十国集团成员国甚至是时任二十国集团轮值主席国参与对话以期寻求同发达国家开展间接对话的可能性。合法性是国际组织发挥作用的核心所在。[1]发达国家的长期缺席也会在一定程度上削弱"金砖+"对话会为全球治理赤字问题的最终解决所提供的新的解决路径的合理性与正当性。在批评以西方大国为中心的所谓"自由国际秩序"时,我们常将其形容为少量发达国家位居中心,广大发展中国家则处于边缘位置甚至成为被治理的对象,进而导致南北差距不断扩大,全球贫困触目惊心,全球性问题悬而未决,全球治理体系被玩弄于股掌之间。[2]如果金砖国家在开展"金砖+"对话会之前不向发达国家发起对话邀请或公开释放对话意愿,那么发达国家可能会以此作为把柄,攻击"金砖+"合作模式的合理性与正当性。显然,这种留人口实不仅违背了《三亚宣言》所强调的"包容性"和"非对抗性"的对话初衷,使得其他国家参与对话的积极性大减,而且还可能会导致"金砖+"合作模式参与全球治理进程,推动全球治理发展难度大大增加。

第三,在总结评估方面,"金砖+合作模式"缺乏"回头看"评估体系,参与全球治理的深度很难得到质的提升。参与全球治理不仅需要"向前看",制定一系列的发展规划。同时还需要"回头看",即对正在进行或已经完成的各项《主席声明》中所开展的工作进行相应成果评估。从已有先例来看,在"金砖+"对话主题长期关注的可持续发展目标方面,其倡议者、执行者与监督者的联合国,联合国经济和社会事务部就会定期编写出台《可持续发展目标年度报告》,概述迄今为止在世界范

---

① Jonas Tallberg, Michael Zürn, "The legitimacy and legitimation of international organizations: introduction and framework", *The Review of International Organizations*, No.14, 2019, p.581.

② 李长成:《论全球治理变革的中国方案:理念、制度与实践》,《湖湘论坛》2022年第3期。

围开展的目标落实工作,着重指出取得进展的领域以及需要采取更多行动的领域。同样,在金砖国家层面,在历届峰会以及各级部长级会议层面,均会对以往所开展的各类型工作进行相关回顾评估并对后续工作的开展进行适当更正修改。诸如2022年正式启动的金砖国家疫苗研发中心便是2018年《约翰内斯堡宣言》中所提出的"我们致力于加强金砖国家在疫苗研发领域的合作,欢迎建立金砖国家疫苗研发中心"①的最佳体现。疫情暴发后的2020年《莫斯科宣言》同样也提及"我们忆及《金砖国家领导人第十次会晤约翰内斯堡宣言》决定建立金砖国家疫苗研发中心,鼓励中心尽早投入有效运作"。②除此之外,在非官方层面,俄罗斯总统国民经济与公共管理学院和加拿大多伦多大学三一学院全球治理项目组也会对历版《金砖宣言》中所作出的承诺以及优先事项的完成情况进行相应分数评估。③但是在"金砖+"层面,这种"回头看"评估较为薄弱,从而导致"金砖+"合作难以朝着更为深入的领域发展,容易陷入"重复做功"的困境。

四、"金砖+"合作模式参与全球治理未来蓝图

华东师范大学国际关系与地区发展研究院的孙溯源副研究员指出,利益互惠、未来预期、行为体数量和权力分配是影响国际合作和国际制度的成败与效果的主要因素。④进入历史发展新时代的金砖国家合作并不意味着不存在任何潜在的发展风险,也不意味着金砖合作应就此止步停歇。对于刚恢复举办的"金砖+"合作模式更是如此。但鉴于"金砖+"对话会参与成员多、范围广、各自优先目标不一、可能存在双边冲突等问题,⑤若在没有擘画宏观发展蓝图的情况下就贸然采取行动,只会增加"金砖+"合作的不确定因素。对此,科威特海湾科技大学穆罕默德·

---

① BRICS in Africa: Collaboration for Inclusive Growth and Shared Prosperity in the 4th Industrial Revolution 10th BRICS Summit Johannesburg Declaration, BRICS Information Centre, July 26, 2018, http://www.brics.utoronto.ca/docs/180726-johannesburg.html.

② XII BRICS Summit Moscow Declaration, BRICS Information Centre, November 17, 2020, http://www.brics.utoronto.ca/docs/201117-moscow-declaration.html.

③ See in 2020 Moscow Summit Final Compliance Report, BRICS Information Centre, September 6, 2021, http://www.brics.utoronto.ca/compliance/2020-moscow-final.html; 2021 New Delhi Summit Final Compliance Report, BRICS Information Centre, June 22, 2022, http://www.brics.utoronto.ca/compliance/2021-new-delhi-final.html.

④ 孙溯源:《制度匮乏下亚欧合作的选择:议题、形式和方向》,《当代亚太》2011年第3期。

⑤ Ekaterina Arapova, Yaroslav Lissovolik, "BRICS+: The Global South Responds To New Challenges (in the Context of China's BRICS Chairmanship)", *Valdai Papers*, No.118, pp.9—10.

努鲁扎曼（Mohammed Nuruzzaman）就将其称为金砖国家因其内部构成、政治和意识形态的异质性、外交政策目标和偏好缺乏强有力的趋同性，进而难以形成一个适合更广泛国际社会的世界秩序愿景。[①]因此，勾画在第二个"金色十年"内"金砖＋"合作模式未来发展蓝图至关重要。

首先，"金砖＋"合作模式应尽快解决机制化、常态化问题。从金砖国家合作入手，金砖五国信任关系呈现出不稳定的状态，最终阻碍着金砖合作的深度与力度。[②]对此，王学人认为金砖组织形成的背景和偶然性，意味着金砖组织就是一种缺乏特定政治目的和动机的松散组合，因而只是具有特定共同利益的国家组成的松散联盟而已。[③]江时学则更进一步，将无章程、无明确的宗旨、无常设秘书处的金砖国家合作机制形容为地地道道的"三无"组织。[④]若从"金砖＋"合作模式入手，同样可以发现，伙伴关系实际上是一种弱关系，即在双方互动的强度、密度和互惠程度较低。[⑤]虽然维持现有机制比较稳妥，峰会、论坛相对灵活，易于达成共识，峰会宣言约束力小，落实余地大，但若设立秘书处，不但能解决协调事务时找不着人、找不对人的弊端，还能为金砖合作提供发展规划、事务磋商、法律保障，更可为轮值主席国提供议题草案、峰会和论坛设计等技术支持。[⑥]在短时间内无法实现设置金砖国家合作机制常设秘书处的情况下，从《金砖宣言》《金砖国家建章立制文件》《对话会主席声明》等文件入手，明确"金砖＋"合作模式的地位、性质、宗旨等内容，从而最大程度地避免"金砖＋"失位，进而更好地将"金砖＋"合作推向机制化、常态化，从而助力金砖国家乃至广大新兴市场国家和发展中国家在解决全球治理问题上的代表性。

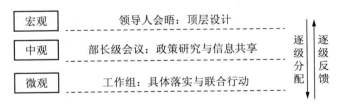

图1 未来"金砖＋"合作模式层次设计

① Mohammed Nuruzzaman, "Why BRICS Is No Threat to the Post-war Liberal World Order", *International Studies*, Vol.57, No.1, 2020, pp.51—66.
② 戴薇薇：《人类命运共同体视域下金砖国家信任建设的挑战与对策》，《西部学刊》2021年第17期。
③ 王学人：《金砖国家扩员问题研究》，《南亚东南亚研究》2020年第3期。
④ 江时学：《金砖国家合作：宗旨、成效及机制》，《国际关系研究》2015年第3期。
⑤ 孙学峰、丁鲁：《伙伴国类型与中国伙伴关系升级》，《世界经济与政治》2017年第2期。
⑥ 王友明：《国际秩序变革需要更强"金砖声音"》，《环球时报》2022年8月16日。

其次,"金砖＋"合作模式可充当后续金砖扩员的"试验田"。2022 年 5 月 19 日金砖国家外长会所发布的金砖国家外长会晤关于"应对国际形势新特点新挑战加强金砖国家团结合作"的联合声明首度明确金砖国家扩员的重要性与必要性。而 6 月 23 日金砖国家领导人峰会及会后公布的《金砖国家北京宣言》同样也对这一问题进行了关注。就目前情况而言,金砖国家扩员发展势头强劲。一方面,以阿根廷、阿尔及利亚、埃及、印度尼西亚、伊朗、土耳其、尼日利亚、沙特等国为代表的一批新兴市场国家和发展中国家宣布有意加入金砖国家或已递交申请书或被视为有希望成为金砖成员国。①另一方面,新开发银行(New Development Bank)迎来两轮扩员,接纳阿联酋和孟加拉加入新开发银行,乌拉圭和埃及则正在履行入会必要手续。②并且根据《新开发银行第二个五年战略(2022—2026 年)》路线规划,在未来将按照渐进、地域平衡原则,持续推进扩员工作。③此外,"金砖＋"对话会的持续开展以及广大新兴市场国家和发展中国家所展现出来的巨大对话热忱应当被金砖国家所重视,否则就会打击各国积极性甚至还会削弱金砖国家一直强调的包容性和代表性原则。因此,金砖国家可将"金砖＋"合作模式上升至全新高度,将其列为金砖扩员必经环节,在综合考察候选伙伴的基础上还能倒逼"金砖＋"合作模式的机制化与常态化发展,进而推动金砖国家在全球治理问题上发出更响亮的声音。

最后,"金砖＋"合作模式还成为沟通南北对话的重要桥梁。虽然历次"金砖＋"对话伙伴国均属于南方国家序列,但我们同时也需要明确的是,2018 年阿根

---

① See in Ayatollah Raisi in the virtual summit of BRICS＋ leaders: We consider the transformation of global justice into an all-encompassing global discourse an undeniable necessity, Islamic Republic of Iran Ministry of Foreign Affairs,2022-06-24,https://en.mfa.gov.ir/portal/NewsView/684680;Argentina consiguió el respaldo de China para ingresar a los BRICS,2022-07-07,Ministerio de Relaciones Exteriores,Comercio Internacional y Culto Argentina,https://www.cancilleria.gob.ar/es/actualidad/noticias/argentina-consiguio-el-respaldo-de-china-para-ingresar-los-brics;Three more countries set to join BRICS—official,Russia Today,July 14,2022,https://www.rt.com/news/558960-saudi-turkey-egypt-brics/;《尼日俄大使:尼日利亚不反对成为金砖国家成员国》,2022 年 7 月 18 日,俄罗斯卫星通讯社,https://sputniknews.cn/20220718/1042559740.html;《金砖机制计划吸纳新成员,国际影响力和吸引力将不断提升》,2022 年 7 月 19 日,俄罗斯卫星通讯社,https://sputniknews.cn/20220719/1042579107.html;Algeria meets,to a large extent,conditions to join BRICS,Embassy of the People's Democratic Republic of Algeria to the People's Republic of China,August 1,2022,http://www.algeriaembassychina.net/news/20220803_348.html;《克宫不排除俄土总统讨论土耳其加入金砖国家的可能》,2022 年 8 月 5 日,俄罗斯卫星通讯社,https://sputniknews.cn/20220805/1042912619.html。

② NDB'S MEMBER COUNTRIES,New Development Bank,https://www.ndb.int/about-us/organisation/members/.

③ New Development Bank General Strategy For 2022—2026:Scaling Up Development Finance For A Sustainable Future,New Development Bank,p.26.

廷担任二十国集团轮值主席国期间参与当年度"金砖+"对话会,2022年的"金砖+"对话伙伴国中,沙特阿拉伯和印度尼西亚先后担任2020年和2022年二十国集团轮值主席国。显然,金砖国家并未放弃任何同发达国家进行对话的可能性并寄希望于邀请部分重要国际组织轮值主席国或重要国际会议承办国与会,打通南北对话桥梁。对此,早在2018年约翰内斯堡峰会上习近平主席就曾明确指出:"要在联合国、二十国集团等框架内拓展'金砖+'合作,扩大新兴市场国家和发展中国家共同利益和发展空间,推动构建广泛伙伴关系,为世界和平与发展作出更大贡献"。①同样,《国会山报》(The Hill)也曾直言不讳地称"如果G7不邀请发展中国家加入,很快就会遭到60亿人口和世界一半经济体的反对"。②可是,金砖国家在寻求南北对话上所做的努力极有可能被视为"威胁"之举。诸如莫斯科国际关系学院教授谢尔盖·卢涅夫(Sergey Lunev)指出,二十国集团可能将成为一个两极组织,其两个极点分别由七国集团和金砖国家定义,他们都将追求各自的议题以及全球议程。③如果世界分裂成为两个并行的治理体系,不仅违背了金砖国家合作机制发展的初衷,而且会对全球治理产生难以估量的负面影响。所以,金砖国家应释放善意,公开呼吁愿同任何有意愿国家展开任何形式的对话合作,努力打通南北对话的桥梁。

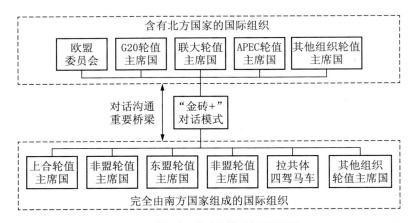

图2 "金砖+"对话模式桥梁作用

---

① 习近平:《让美好愿景变为现实》,《人民日报》2018年7月27日。

② Akhil Ramesh, "An out-of-touch G7 could lose global leadership to BRICS", The Hill, June 29, 2022, https://thehill.com/opinion/international/3541533-an-out-of-touch-g7-could-lose-global-leadership-to-brics/.

③ The West has paralyzed the G20 by pursuing confrontation with Russia and China, but the organization remains indispensable, Russia Today, July 9, 2022, https://www.rt.com/russia/558684-agony-of-g20-why-paralyzed/.

五、结　语

2019 年习近平总书记在金砖国家领导人巴西利亚会晤上的讲话中明确提出"人类社会发展史是一部多元文明共生并进的历史。不同国家、地区、民族,不同历史、宗教、习俗,彼此交相辉映、相因相生,共同擘画出这个精彩纷呈的世界"。①在当前文明竞合的历史长周期内,各大文明体均不同程度地形成自己的世界秩序主张,倡导并致力于构建具有自身文明特色的新秩序。②分属五种截然不同文明的金砖国家通过 16年的良性互动不仅为全球治理提供了无可替代的"金砖方案"。更为重要的是,金砖国家还"为世界文明交流提供了最佳实践"。③为对话而生、为发展而生、为包容而生,邀请来自不同大洲、不同地区、拥有不同国情参与对话合作的"金砖＋"合作模式高举联合国秘书长古特雷斯(António Guterres)提出的"以联合国为基石,建立更强大、更为网络化、更具包容性的多边体系"④这一多边主义旗帜并体现了费孝通先生所言之"各美其美、美人之美、美美与共、天下大同"的十六字箴言重要精神。

展望未来,正如中国国际问题研究院发展中国家研究所王友明所长指出的那样,金砖国家虽在全球治理的一些具体问题上有分歧,但这些矛盾和差异不占主流,并未掣肘五国在全球治理核心要素上寻求彼此利益最大公约数的努力。⑤金砖国家应在经贸财金、政治安全、人文交流"三轮驱动"合作框架的引领下,全面深化各领域合作,尤其是在全球发展治理问题上扮演更重要角色、发挥更积极作用,从而让更多国际伙伴认识到金砖国家对全球治理所起到的重要补充作用,⑥进而更好地开展各类型对话合作,构建更加全面、紧密、务实、包容的金砖伙伴关系,应对共同挑战,开创美好未来,⑦为打造"金砖国家命运共同体",为联合国 2030 年可持续发展目标的如期实现做出应有贡献,最终推动金砖国家合作在第二个"金色十年"内走向"星光璀璨"的美好明天!

(谢乐天:四川外国语大学金砖国家研究院实习研究员)

---

①③　习近平:《携手努力共谱合作新篇章——习近平在金砖国家领导人巴西利亚会晤公开会议上的讲话》。
②　薛力:《世界多文明竞合呈现新特征》,《半月谈》2022 年第 13 期。
④　《我们的共同议程——秘书长的报告》,2021 年 9 月 10 日,联合国。
⑤　王友明:《金砖国家的全球治理观与合作前景》,《当代世界》2022 年第 7 期。
⑥　Angela Min Yi Hou, "The G7 and the BRICS: Companions Not Competitors", BRICS Information Centre, June 25, 2018, http://www.brics.utoronto.ca/commentary/180625-hou.html.
⑦　金砖国家简介,金砖国家领导人第十四次会晤,2022 年 2 月 21 日,http://brics2022.mfa.gov.cn/chn/gyjzgj/jzgjjj/。

全球经济治理中的国家集团发展机制研究：
起源、变量与案例

田宇鹏

【内容摘要】 国家集团是国际经济治理中一项历久弥新的制度安排。欧盟、七国集团、二十国集团、金砖国家都是它的制度形式。学术界尚未就"国家集团"的定义达成一致，也缺少对这项国际机制的起源、发展动力的理论解释。本文试从经济治理历史的脉络出发，结合主流国际关系理论的不同范式，提出"领导力""经济增长目标"和"有计划的协调关系"是国际经济治理中的国家集团发展、变化的三个主要条件。并从"冷战时期美国的经济安全框架""欧洲与苏联半导体产业沿革的异同""金砖国家发展进程"三个历史和当代案例予以论证。意在为当前就国家和国家集团的发展动力研究提供简单的学理性建议。

【关键词】 国家集团；领导力；欧共体；金砖国家

20世纪初，美国幽默作家威尔·罗杰斯将"火、轮子和中央银行"比作人类最伟大的三项发明。在央行制度诞生之初，只有少数才智出众之人意识到这项安排对国内经济管理与海外贸易的显著影响，如今已是大象无形。伟大的构造起初只是一个简单的概念与看法，伴随着坚持不懈的实践、创新与合作，逐渐从无形到有形，从雏鸣到潮流，积聚起改变世界格局和人类生活的力量。在这些具有生命力的变革中，新兴国家无论从国家建设、区域发展还是全球治理都贡献了本国与集体的智慧。本文试从理论与历史维度，就国际经济治理中普遍存在的国家集团（如G7、金砖国家）的发展建设和变革历程提出一个合理的解释分析框架。

一、国家集团的定义、历史起源与分析框架

目前学术界尚没有对国家集团的一致定义，英文世界研究者往往用"联盟（alliance),集团(group),论坛(forum),集体行动者(collective actor),俱乐部(club)"互相替代。①概念变换的词源说明众多学者从不同角度不断延展它的内涵,这背后是行为体真切的务实合作充盈了理论研究的源头。而在经济学中"集团"概念粗略的讲,最初是一个国内经济现象,指企业间的规模化效应和产供销集群化,也指一个区域的经济一体化,因为这些经济规律如今在国际关系中也十分明显,于是经济学界用"集团经济"将企业间与国家间的经济联盟与集团化区分开来。②

为了充分阐述全球经济治理中国家集团的概念定义与影响其发展变革的决定因素,不仅需要梳理学术脉络,也要考察它在历史上的不同形态。由近及远,当代经济国家集团的案例来自布雷顿森林体系解体后,为应对浮动汇率与自由主义货币政策对世界市场的负面影响,发达经济体与新兴经济体等在全球市场中占有优势地位的国家,在领导国主导或多数国家共同参与全球经济治理的国际制度,包括世界贸易组织(WTO)、七国(八国)集团(G7/8)、二十国集团(G20)、金砖国家;以及聚焦于区域经济一体化安排的国际组织,包括亚太经合组织(APEC)、区域全面经济伙伴关系协定(RCEP)、全面与进步跨太平洋伙伴关系协定(CPTPP)。更宽泛来讲,一些专门的经济论坛与微观的经济安排也应计算在内,如世界经济论坛、博鳌亚洲论坛、《巴塞尔协定》、国际资金清算系统,这些安排如果缺少相关国家的政治与法律支持,则会降低它们的经济治理能力。考虑到这些论坛与经济安排有广泛的非国家行为体参与,因此不在本文统摄的定义之内。但是当代国家集团的"非正式""软制度""多层次合作"的特征已成为主流,因此在厘清学术定义的过程中,经济联盟应是一个减少使用的术语,并不是因为它定义不恰当,而是过于正式的修辞限制了更丰富的实践表达。在传统上国际政治有"高级"和"低级"之分,尽管这样的户牖之间不再被提倡,但是事关政治—军事联盟以及"联盟管理"的相关变量,如地缘、安全、文化、身份的考量;与经济集团更多发挥市场规则和相互依赖机制的管理方式还是具有明显的壁垒边界。虽然在政治经济学中很难区分追求权力与财富的区别,但政治治理与市场运行的差异大于共同点。③

除联盟理论外,中外学者从各自的理论范式对全球经济治理中的国家集团,起源与解释机制进行了梳理。从现实主义出发,国家集团的主要形成与发展动力和

① Oliver Stuenkel, *The BRICS and the Future of Global Order*. Londres: Lexington Books, 2015, pp.16—17.

② 顾保国:《企业集团协同经济研究.中国现实经济理论前沿系列》,经济管理出版社 2010 年版。

③ [美]罗伯特·吉尔平:《国际关系政治经济学》,杨宇光等译,上海人民出版社 2020 年版,第 18—19 页。

权力格局：是否有霸权国？是否有大国协调？以及机制的成员权（Membership）问题——关系到守成国家和新兴国家的矛盾。霸权稳定论可能是当代许多全球经济治理制度的初始条件，无论世界银行和国际货币基金组织乃至欧共体的成立都有美国权力的影子。霸权国领导下的国家集团以霸权国国际力量投射和国内政治变化为治理风向标，具有等级性，如北美自由贸易区的改革和美国退出跨太平洋伙伴关系协定（TPP）。除此之外，大国协调可能是最古老、历久弥新的治理方式。随着国际政治经济体系的不断变化，西方世界的硬实力下降，其他中等力量强国兴起，在全球和区域治理中大国协调再次发挥。学者从寻求"合法性、授权性、集中性"；"凝结共识"；回应"国际政治体系变化"以及"连续性"的角度：解释了七国集团到二十国集团的变化、东盟中心下的机制合作，以及一些次区域或微区域层次中等力量强国在特定经济领域的治理集团，如湄公河地区开发合作。①因为大国协调更看重这个自己群体的"代表性"，所以"成员权"较"议题设计"更受到关注，金砖国家概念的诞生起初就是为了讨论"欧洲货币联盟未来的成员资格"主张吸收金砖国家以实现更有效的全球决策。②从自由主义国际关系理论看，学者主要从"多边主义""集体行动的逻辑""成本—收益""国际机制理论"等角度同时兼用博弈论、计量方法论证国家集团的合作。③他们经常考虑的变量是"避免竞争""防范金融风险的扩大""成员间的互补""特殊的公共产品"。这里需要强调的是，正统自由主义范式不欣赏规模更大、成员更多的集体制度。这意味着有更多的成员来分享公共产品，这是集团不愿意看到的。自由主义集团更看中严格的成文规范来约束自身和排斥外来者，而通过非正式的方式吸收或动员"潜在集团/成员"来补充稀缺的或特殊的公共产品。因此，"集团行动的逻辑"总有滞涨的风险，把利好和风险圈在自己的群体内循环。对于这个问题的解答，需要细看"市场下的集团"和"政治合作的集团"的进一步区分。④最后，全

① 郑先武：《大国协调与国际安全治理》，《世界经济与政治》2010 年第 5 期；崔志楠、邢悦：《从"G7 时代"到"G20 时代"：国际金融治理机制的变迁》，《世界经济与政治》2011 年第 1 期；毕世鸿：《机制拥堵还是大国协调——区域外大国与湄公河地区开发合作》，《国际安全研究》2013 年第 2 期；余博闻：《新型大国协调：从国际体系到全球体系的转型》，《国际关系研究》2013 年第 5 期。

② Jim O'Neill, "Building Better Global Economic BRICs", *Global Economics Paper*, GS Global Economic Website, No.66, 30th November 2001, pp.9—10.

③ 汪婷：《国际机制深化与中国的战略取向：以金砖国家合作机制为例》，江天骄、贺平编：《金砖国家合作与全球治理年度报告 2020》，上海人民出版社 2021 年版，第 92—101 页。

④ Mancur Olson：*The Logic of Collective Action*：*Public Goods and The Theory of Groups*，Cambridge：Harvard University Press，1971，pp.8—14，p.68—70.［美］丹尼斯·缪勒《公共选择理论》，杨春学译，中国社会科学出版社 1994 年版，第 350—366 页。

球治理兴起后，非正式合作大大拓展了机制与机制间联系的内涵，各种灵活的制度组合和跨政府网络突破了国家的界限，使得"协调网络"成为国家集团与国际机制发挥治理能力的主要路径依赖，尽管国家集团的概念涵盖面要比全球治理狭窄一些，但这股势头也证实了政府间网络是迈向全球治理的重要且有效的一步。[①]如五国集团（G5）的扩大以及欧洲货币体系的诞生，离不开赫尔穆特·施密特和吉斯卡尔·德斯坦在担任财政部部长后成为德法国家领导这段时间及之后持久的私人关系和网络联系。

　　以上是关于全球经济治理中国家集团的理论综述，可以发现正如美国学者斯蒂芬·沃尔特所言："任何单一的研究路径都不能抓住当今世界政治的全部复杂性。"如果辅之以历史考察，国家集团参与经济治理的内容会更全面，手段更丰富，内涵更厚重。经济治理与世界市场的形成与人类商业活动的转变相关，国家同样不断参与与推动这一进程的发展。比较早期的国家经济集团形态是汉撒同盟与武装中立同盟，主要内容是保护航道，协议削减不合理关税。这一时期世界市场尚在拓展，国家间军事联盟带有争夺殖民地和控制经济带的色彩。拥有长期军事同盟的国家，政府对相互的商品走私与贸易配额的管理以及官方借贷会相应放松。[②]尽管不能将这种军事联盟的经济成分算作经济治理的起源，但应当明确国家以控制和统治的硬手段发展经济利益是一个常见的历史现象。这一时期的地理学和政治经济学是亲近的，地缘经济是地缘政治的起因，地缘政治又催生了安全的相互依赖。[③]直到依赖知识积累的技术革命取代了商品经济远洋贸易的优先性，自由主义贸易政策开始在第一批工业国家扩散。1776年亚当·斯密书写《国富论》，1817年大卫·李嘉图完成《政治经济学及赋税原理》，古典政治经济学一直关注国家财富增长，后来得到政治家的回应。19世纪30年代辉格党领袖帕默斯顿开始与荷兰、比利时、法国进行初步的自由贸易谈判；1860年英法签订《科布登条约》，《条约》确立了双方的最惠国待遇，并规定时限逐渐削减保护性关税，西欧的低关税区初步形成，双边的自由贸易协定也成为国家友好的辅助，争取盟友的手段。[④]尽管这一时

---

　　① 俞可平：《全球治理引论》，《马克思主义与现实》（双月刊）2002年第1期。

　　② 拿破仑战争后，奥地利为了维护与英国的盟友关系，梅特涅对英国商人的走私行为选择性忽视。见[英]克拉潘：《现代英国经济史》，[英]姚曾惙译，商务印书馆1975年版，第584—585页。

　　③ [英]巴里·布赞、理查德·利特尔：《世界历史中的国际体系：国际关系研究的再建构》，刘德斌译，高等教育出版社2004年版，第15—24页。

　　④ 《英法商约》是世界上第一个成熟的双边自有贸易协定，它的达成很大程度上来自拿破仑三世力排众议想要和英国达成军事联盟。见张彦刚：《理查德·柯布登与1860年英法商约》，苏州科技学院2011年硕士学位论文。

期保护性的贸易政策开始被国家放弃,但围绕金融与货币政策的波动而来的全球经济危机始终没有得到解决。一个原因是国家并没有系统的知识去有效管理各国的银行系统(尽管已普遍建立了中央银行制度),更没有能力在国际上确立国家间共同的货币政策,所以只能依托自己的殖民地和势力范围搞小团体的治理,如英镑集团。这种以邻为壑的国家集团,以两次世界大战和布雷顿森林体系的建立为终结。

综上,当代经济治理中的国家集团主要是依托中央银行、共同的关税、贸易政策等来克服自由市场中的无政府状态的国家间的政策协商制度。同时,结合历史情景,国家间也会因为大型的公共开支、鼓励私人部门和新兴行业、可持续发展等目的共同干预经济活动,如移民和环境保护而组成国家集团。①接下来将从"领导力""增长目标"与"有计划的协调关系"三个变量入手,结合第二次世界大战后美国的经济安全政策、苏联与欧共体半导体产业的发展异同以及金砖国家间的政策协调历史对全球经济治理的国家集团发展动力作进一步研究和阐释。

二、领导力:"二战"前后美国经济安全政策

第二次世界大战后,美国领导创建了布雷顿森林体系,该体系有三个政治基础,即权力集中于少数国家,这些国家的共同利益以及一个愿意并且有能力担任领导角色的国家。绝大部分国际关系研究者将"领导力"的阐释集中在,在无政府状态下缺少霸权就不能产生有效的国际制度。诚然,如果战后没有美国的经济实力、美国巨大的黄金储备、美国对美元转换黄金的承诺以及其他国家对美国的信心,就不会有当代国际经济治理的系统化开端。②布雷顿森林体系也倚靠西方发达国家集团由他们的意见一致和美国的霸权来维持。但这并不意味着美国的霸权就不会受到挑战,除了与苏联的战略对抗,欧洲和日本的经济复苏、美国的对外经济开支——战争与援助都时刻消耗着美国的霸权。实际上,为了维护自己的经济优势,美国自二战前后都致力于从战略角度,从硬实力转换为软实力,构建一个外部的经济安全框架来维护自己领导的国家集团。

---

① 实际上囊括公共工程和国家计划的内涵。见 Athur Feiler,"The Soviet Union and The Business Cycle", *Social Research*, Vol.3, No.3, August 1936, pp.287—289。

② Charles Kindleberger, The World in Depression 1929—1939, Calif: University of California Press, 1986;[美]琼·斯佩罗、杰弗里·哈特:《国际政治经济学》,吴义学译,人民出版社2017年版,第22—23页。

第二次世界大战欧战前夕，美国经济学界、政治界、舆论界开始主张像构建军事防御体系一样保护美国的经济利益，最先瞄准美洲国家旨在通过相互协议建立一个专门的美洲组织，以解决其贸易关系的基本问题。原因是这一时期纳粹德国利用对外贸易作为政治权力的工具，迫使经济疲弱的国家放弃从美国进口而转向德国，这种经济侵略引起美国的高度重视，美国国务卿布尔就告诫："武装力量不是征服国家的唯一工具。"经济学家威廉·卡尔博森也指出："如果美国控制的拉美工业出口的'顺差'被拉入纳粹的易货贸易轨道，美元的兑换将越来越难以支付股息和债券。这会使我们在拉美的投资步履维艰。德国可能通过其在安全和投资领域的巨大实力进一步扩大他最初通过贸易侵略实现的经济渗透力。最后，削弱美洲国家间的政治文化联系。"①于此，美国加紧在泛美联盟中开展经济合作，考虑在"贸易和工业事务中建立一个更广泛的美洲合作组织体系，并在经济、金融、货币和外汇领域提供可能立即需要的信贷措施和其他援助措施。"并且在必要条件下，美国愿意首先采取统购统销的方式增加对维护美洲国家经济生活至关重要的初级产品的消费。②

与此同时，在金融问题上，时任美联储主席西姆恰克（M.S. Szymczak）告诫自己的同僚，不要对国际国内环境坐视不管，"要积极地参与承担责任，实现国家所追求的目标……联邦储备系统的中央银行功能对我们的经济越来越重要，要去思考国内外发生的事情对我们经济结构的影响，现在以及战争结束后"。他要求比任何时期严格管理信贷资源，防止用于有害的投机用途，这些资源将来用于恢复与其他国家的贸易关系。正是在这个过程中，他认识到为了美国和整个世界的利益，必须创新对黄金储备的正确使用方法，减少对积累在美联储的黄金的重新分配，可以允许成员银行向他的客户动用更多的存款准备金，同时与其他政府部门监督存款的周转率和速度。③显然，这一时期美联储的金融政策安排十分具有前瞻性地满足了战后资本主义经济发展的要求，储备了美国创建战后世界金融系统的领导力。

二战结束后，美国政府除了出台马歇尔计划复兴欧洲经济和促进欧洲经济区域主义外，也没有放松巩固自身的经济能力。不过这一时期美国的经济实力处于大幅领先地位，所以美国政府大部分的精力集中在控制国际贸易和遏制社会主义

---

① Wiliam S.Culbertson, Economic Defense of the Americas, *The Annals of the American Academy of Political and Social Science*, Vol. 211, Sep. 1940, p.187.

② Ibid, p.190.

③ M.S. Szymczak, Economic Defense, *Social Science*, Vol. 17, No. 2, April 1942, pp.156—160.

阵营经济发展上。从杜鲁门到艾森豪威尔,美国维护自身经济领导力的手段是控制东西方贸易;储存战略物资;努力保护国外的战略产业,并确保供应保卫西方所需的关键商品。①在巴黎统筹委员会建立前夕,美国政府的经济官员便开始收集盟国的经济数据,研究"一个排他性的购买清单⋯⋯不断审查当前情报,加快委员会可能建议的此类个别排他性采购而必须作出的业务方面和行政安排;尽快就可用资金问题和建立便利获得此类资金的程序达成协议,以使美国能够在特定情况下迅速采取行动⋯⋯减少西方对苏联集团的经济依赖"。②紧接着修订《共同防御援助法》,把美国的援助与西欧集团对东方出口管制的合作联系起来。这个经济防御框架最终收获了一石二鸟的效果:通过国家集团的方式,美国为西欧国家制定替代供应来源方案和长期的市场计划。协调和团结西欧国家,从而提高他们在与苏联集团国家的贸易谈判中的讨价还价能力,最终使西方国家在贸易和战略资源的供应上依赖美国领导的经济体系。③这种美国对盟友严格的控制直到肯尼迪-约翰逊时期才有所松动,严格的审查被认为是过时的,为了"试图迫使苏联集团按照我们的条件进行交易,保持美国及其盟国的经济领先地位;促进新兴自由国家和友好的欠发达国家的健康的经济和政治增长⋯⋯构建一个倚靠规则和自由竞争的贸易秩序。"④

三、增长目标:欧共体、苏联半导体产业发展比较

经济治理的根本目标还是经济增长,只是在发达国家集团这个需要并不如发展中国家集团意图强烈。例如在 1974 年、1975 年和 1976 年第三世界会议上,七十七国集团起草了国际经济新秩序计划,南方国家和产油国家都会利用大宗商品价

---

① Memorandum by the Under Secretary of State (Webb) to the Executive Secretary of the National Security Council (Lay), FRUS: 1952—1954, General: Economic and Political Matters, Volume 1, Part 2, pp.823—827, https://history.state.gov/historicaldocuments/frus1952-54v01p2.

② Study Prepared in the Economic Defense Advisory Committee: Report on Organized and Coordinated Program of Covert Preclusive Buying, June 12, 1952, FRUS: 1952—1954, General: Economic and Political Matters, Volume 1, Part 2, Document 15, pp.848—850.

③ Memorandum by the Secretary of State and the Director of Mutual Security (Harriman) to the Executive Secretary of the National Security Council (Lay), April 23, 1952, FRUS: 1952—1954, General: Economic and Political Matters, Volume 1, Part 2, pp.835—837.

④ Summary Minutes of Meeting of the Interdepartmental Committee of Under Secretaries on Foreign Economic Policy: Problems of trade with Communist Bloc, January 10, 1962, FRUS: 1961—1963, Volume IX, Foreign Economic Policy, pp.664—669.

格上涨来实现国家经济增长目标或改善他们在国际经济结构中的不利地位。但是面对一个知识密集的新产业，发达国家集团自身内部发展也很不均衡，激烈竞争，常采取保护措施争取先机。以半导体产业为例，世界半导体产研历程（材料和产品）大体经过：二极管、传移电子器件、微波声学和通信网络；收音机、电视机、VCR；IC 芯片、个人电脑和因特网相关品；第三代移动多媒体终端；半导体照明（光伏）。每次半导体产业发展升级，欧洲都没有建立起自身的优势，还受到美国与日本的挤压。为了扭转劣势，欧共体采取了一系列共同措施提振欧洲半导体产业进步。无独有偶，苏联也是半导体研究的先进国。然而，自苏联解体后，原苏联国家和东欧地区的半导体产业并没有什么亮点可循。本节最后以此做反例，试图说明经济集团的增长目标必须符合市场规则这一前提条件。

欧洲半导体企业由于欧洲国家分散的特点，一直没有在国际市场上建立起领先力量。欧洲各国的产品总是使用不同的语言和使用方法，在工资和税收方面也高于美日。[①] 此外，欧洲半导体工业存在生产消费逆差，而日本和美国没有这种逆差。1998 年欧洲消费的半导体产品约占世界半导体产量的 20％，而生产的半导体产量仅占世界半导体产量的 10％。欧洲电子产品中所用芯片的三分之二来自美国和日本，大多数芯片制造设备也来自美日两国。造成这种局面的原因，一方面是欧洲国家科研较保守，在美国、日本的研发能力和知识产权保护要求上处处被动。1984 年 11 月 8 日美国颁布《半导体芯片保护法》，为集成电路和其他半导体产品的设计提供一种新的法律形式的保护。1985 年 5 月 31 日，日本立法机关通过一项规定电路布局权的法律。美国《半导体芯片保护法》是世界上最早的集成电路设计保护法，旨在保护原创性，打击企业间的抄袭行为。同一时期欧洲共同体也出台了自己的保护法，原因是担心"（集成电路设计）缺乏明确的保护，会使得许多欧洲共同体成员的半导体产品在未来、在重要的美国市场不被授予同样的保护。因此《欧共体半导体保护指令》，部分是为了应对在美国法律下需要互相给予保护；也是为了避免欧共体的内部市场被视为具有'实质性差异'而带来不利影响。"[②] 另一方面，美日由于半导体产业发展劲头相似，竞争激烈，反而因此私下和解达成损害第三方（欧共体）利益的双边协议。1986 年美国就日本消费半导体产品倾销问题达成一

---

① 成泉：《欧洲半导体工业的发展特点》，《世界电子元器件》1999 年第 11 期。

② Federal Republic of Germany: Semiconductor Protection Act Implementing the Directive of the European Communities, *International Legal Materials*, Vol. 28, No.6, November 1989, pp.1502—1503.

个五年协议。协议规定美国同意暂停对日本半导体制造商的贸易投诉,换取改善进入日本市场的机会,同时两国操控了部分产品的价格。此举引发欧共体的强烈不满,要求根据《关税与贸易总协定》与《国际反倾销法》就美日最近达成的半导体协议进行磋商。欧共体委员威利·德·克莱尔克表示:"这些安排的某些方面,损害国际贸易规则,并威胁到欧共体的合法利益。美日协议的一个目标是提高半导体价格,欧洲工业高度依赖半导体进口,而半导体是新技术的原材料。美国和日本任意地规定该产品种类的价格是很不正规的……其中就改善美国产品进入日本市场的情况更是不能接受的,它损害了竞争者的利益,这与在埃斯特角(乌拉圭回合)再次表达的使贸易自由化的决心公然矛盾。"①除此之外,在整个冷战期间美国通过巴黎统筹委员会管辖东西方贸易,面对英、法、联邦德国为改善国内经济和"内部政治压力"向苏联和东欧国家出口半导体消费品的请求,美国也多次因为安全考虑不予支持。②

为了在国际半导体产业竞争中不落下风,欧共体决定发挥国家集团的力量,自80年代至2000年初分别出台"欧洲信息、技术研究发展战略计划"(ESPRIT),"欧洲先进通信技术研究开发计划"(RACE),"联合欧洲半导体硅计划"(JESSI),以及"欧洲微电子应用发展计划"(MEDEA)。经过一系列的刺激计划,欧洲形成比较完善的半导体产业环境,在21世纪的头十年占有全球半导体市场份额的20%左右。尽管只拥有几家大型半导体企业——英飞凌、意法半导体、恩智浦、西门子、爱立信,但"产生了创纪录的生产率,为欧洲经济发展作出重大贡献,这一系列措施,扭转了欧洲的人才流失,促进了更多和更强大的多重伙伴关系,建立起部门框架,确保一致和高效的海关运营,以及汇集欧盟和国家机构的专业知识。"③

仅仅考察欧共体(欧盟)不能完全体现国家集团对经济增长目标的贡献,以及国家集团作为一种经济增长手段的可取之处,横向对比苏联这一优势便可以体现出来。苏联曾经是半导体研发的第一梯队,早期苏美在半导体领域研究差距不大。1947年,美国的贝尔实验室诞生第一根晶体管,苏联在1950年也研发出自己的第一根晶体管;1956年,美国研制出世界首台全晶体管计算机,1961年,苏联同样研

---

① European Community: Declaration Concerning Japan—United States Agreement On Semiconductor Trade, International Legal Materials, Vol. 25, No. 6 (November 1986), pp.1621—1622.

② Memorandum of Conversation: COCOM List Review, March 14, 1961. *FRUS*, 1961—1963, Volume IX, Foreign Economic Policy, Document 297, pp.649—650.

③ Richard Mumford, Europe's Semiconductor Industry Reports on Competitiveness, *Microwave Journal*, International Vol. 49, Jan 2006, p.56.

制出全晶体管的大型计算机；1957 年，美国硅谷诞生世界上第一家半导体公司仙童，苏联在 1959 年也有了自己的第一家半导体制造厂。然而从市场的角度出发，60 年代后期苏联的半导体产业便开始乏善可陈，在 80 年代更是无缘民用个人电脑的竞争。根本原因是苏联的增长目标缺乏消费动机，在与东欧与社会主义盟友的半导体产业布局中，苏联的主要目标是促进目标国实现在科研、航天和军事电子元件的"从无到有"，尽管在一定程度上促进了该行业在社会主义阵营的拓展，但没有成为增长产业。但科研层次，苏联的半导体建设还是具有相当成就的。例如，功能宽度是半导体制造商技术水平的一个重要指标，在 1979 年的一次展销会上，苏联展示的 16 000 位 RAM 和第二代苏联 4 000 位 RAM 的功能宽度只有 5 微米，与美国三年前销售的设备相当。这震惊了到场的美国技术和情报官员："不否认这些单个设备的先进性，以及他们在计算机和导弹制导系统中的威力。"但与此同时，苏联还需在交流会上进口一套霍尼韦尔设计的电脑系统来处理 1980 年莫斯科奥运会的新闻媒体需要。[①]总的来说，苏联的半导体产业主要用于满足军事电子元件、航天和通信领域，且由于指令经济的原因，长期面临着科研人员不足的问题。[②]实际上，二战结束后西欧各国对军用半导体也有强烈需求，多数半导体企业也在国家控制之下。1968 年，英国将当时最大的 ICT 电脑公司由于持续亏损与英国电气公司的计算机部门合并，在政府主导下成立了国际计算机有限公司 ICL，国家既持股又为研发拨款还订货。但当时大型电子计算机开始没落，个人电脑正在兴起，尽管政府一直予以大量援助，但 ICL 仍然没有让英国的计算机产业崛起。二战后的法国政府同样将国有化作为推动产业发展的手段。1958 年戴高乐再次上台决心通过推动国家领军企业和"宏伟计划"来振兴法国工业。不过，当时重点推动的产业是极具战略价值的原子能和航空业，直到 60 年代，面对 IBM 计算机的崛起，法国才开始重视本土计算机产业的培养。到了 80 年代，欧洲技术协调计划兴起后（尤里卡计划，JESSI 计划包含其中），欧共体各国开始放弃对半导体产业的国家控制，低价出售政府手中的股票允许企业重组，才形成几家大型的欧洲半导体巨头提升了竞争力。这再次证明国家集团为市场竞争提供了秩序约束和经济一体化的制度保障，可以使成员在不损害安全利益的情况下追求经济增长目标；而产业振兴又对国家集团起正反馈，在 2022 年面对亚太地区半导体产业的迅猛发展，欧盟再次酝

---

① Deborah Shapley, New Chips Shed Light on Soviet Electronics, *Science*, Vol. 204, No. 4390, Apr. 20, 1979, pp. 283—284.

② 王传林：《苏联发展电子计算技术所存在的问题》，《今日苏联东欧》1985 年第 4 期。

酿"芯片法案"维护自身竞争力。

四、有计划的协调：金砖国家发展历程

不同于上述具有历史基础的国家集团，金砖国家呈现出一种崭新的国家间合作局面。他的成员缺少因地缘联系而产生的安全相互依赖，也不具有文化、制度的相似性。从国际贸易考察，他们日益强劲的经济势头使各自的竞争性大于互补性。[①]对于金砖国家的形成，从国际机制理论解释可能是比较便易的：从"供给—需求"的角度，随着全球问题的日益突出、国家权力的变化，既有国际格局的治理赤字越来越明显，新国际机制的诞生是应运而为；从"机制变迁"的角度，国际制度的完整运作包括"相互依赖—集体行动—建立制度—结构变迁"的完整过程；从"机制深化"的角度，正式机制的规则和决策程序会不断强化成员间的共识和共同利益。但这些特征在当代所有运行完善的国际制度中都不难发现，大而化之难免失去金砖国家的精神特色（"开放、包容、合作、共赢"），即强大的适应性。金砖国家并不是一种依赖固定的法律规范和固定的行政机构的国际机构。它的诞生是国际政治深刻变革的表现，但这种表现是温和的、渐进的。金砖国家组织既不是要与其他国家集团争夺权力，也不是为了与现有的国际机制竞争；而是采取国家集团这种质朴的方式，发挥国家作为国际关系最重要的行为体的力量，既协调沟通新兴发展中国家的内部凝聚力，同时外部协调与其他治理平台的关系，做到"内谋发展，外促改革"。

有计划的协调关系是金砖国家集团的起源基础。早在 BRICS 概念提出之前和之后，金砖五国就因参与多种多样的国际制度和双边、多边关系有了初级的协调网络。在 2001 年中国加入世贸组织（WTO）以前，俄罗斯的经济实力、文化制度与西方发达国家集团接近，充当了发展中国家集团与西方制度接洽的排头兵。自苏联解体后，中俄两国就建立起定期会晤制度。1992 年叶利钦总统访华，中俄就两国元首互相访问建立起定期会晤制度，就中俄双边关系和重大国际问题交换意见，协调立场，发表联合声明。除此之外，中俄在上海合作组织会议、亚太经合组织会议期间也举行双边会谈。在政府层面，从 1996 年开始两国正式建立政府总理定期

---

① 武敬云：《"金砖国家"的贸易互补性和竞争性分析》，《国际商务》（对外经济贸易大学学报）2012 年第 2 期。

会晤机制以及人文合作委员会和能源谈判代表会晤三大机制,在此机制下又设立分委员会和工作小组覆盖从经贸、科学、能源等所有中俄合作领域。①在国际经济治理方面,俄罗斯在1997年成为八国集团成员,2004年开始中国财长才被邀请参加八国集团财长会,2005年才开始邀请印度、巴西、南非参加财长和央行会议。2006年金砖国家首次确立外长年度会晤机制。而中俄都是联合国安理会常任理事国,中俄参与七国(八国)集团的历程也较早,因此中俄协调机制一直走在金砖国家前面。

南南合作是印巴南三国的纽带,印度、巴西、南非是不结盟运动、七十七国集团和二十四国集团的重要成员。2003年成立的"印度、巴西、南非对话机制"是南方国家最重要的联盟之一,是南南合作的里程碑。然而,中俄与南方国家集团并没有完善的、有计划的多边协调机制。直到2008年美国金融危机带来的全球经济治理新需要从外部弥补了这个缺憾,为金砖五国的合作机制提供了新议题、新契机。2009年金砖国家领导人首次会晤,强调"发挥二十国集团在应对金融危机方面的作用,并承诺推动国际金融机构改革"。随后自2015年金砖国家建立轮值主席国制度,治理主题从经济中心向其他领域拓展。

金砖国家是从二十国集团、世贸组织制度改革中逐渐脱颖而出的经济治理集团,依托内部"有计划的协调关系",金砖五国国家间关系不断密切将内部动能转换为外部优势,将国际经济治理中的旧制度与新机能协调起来。2015年金砖国家新开发银行在上海落户,旨在"为金砖国家及其他新兴经济体和发展中国家的基础设施与可持续发展项目动员资源"。这与国际复兴开发银行(IBRD)、亚洲基础设施投资银行的目标与功能一致,随着金砖国家在国际经济组织中的话语权和资金认缴比重的逐渐提升。如何将这些国际机制协调起来发挥"1+1>2"的效果,还需金砖国家集体的智慧和外交努力。

五、结　语

纵观国际经济治理的国家集团发展历史与理论,"领导力""增长目标""有计划的协调"是国家集团制度发展变化最深刻的纽带。国家是国际关系中最重要的行

---

① 刘清才、张海霞:《中俄全面战略协作伙伴关系的发展前景》,《复旦国际关系评论》,上海人民出版社2012年版,第139—142页;欧阳晓、张亚斌、易先忠:《中国与金砖国家:外贸的"共享式"增长》,《中国社会科学》2012年第10期。

为体,新兴大国是全球经济治理中最重要的力量。担起领导责任,锚定发展目标,有计划地与各种国际力量开展合作与协调关系,不仅是国际政治经济变化最本质的要求,也是对意图领导人类命运的负责任大国的考验。

(田宇鹏:南京大学国际关系研究院博士研究生)

附录一 2020 年巴西、俄罗斯、印度、南非国内经济形势报告

2020 年巴西国内经济形势报告

一、2020 年巴西宏观经济形势

2020 年,巴西是全球新冠肺炎疫情最严重的国家之一,对巴西经济造成较大冲击。疫情阻止了许多商业活动正常运转,同时也影响了就业,使巴西国家的经济活动下降。从整体来看,虽然巴西仍是 2020 年拉丁美洲地区经济表现最佳的国家,降幅小于墨西哥(−8.3%)、印度(−6.8%)和哥伦比亚(−6.8%)等其他新兴国家,但巴西国内生产总值(GDP)下跌 4.1%,是巴西 GDP 连续三年增长后的首次下降,创下该国自 1990 年 GDP 下滑 4.3% 以来的最大年度跌幅。分季度来看,2020 年,疫情对巴西经济造成较长时间的副作用,因此四个季度都是同比下降。具体来看,第一季度巴西经济同比实际下降 0.3%,第二季度大幅下降 10.9%,第三季度下降 3.9%,第四季度下降 1.1%。按照行业分类来看,2020 年巴西农业增长 2%,其中,农业比重增加得益于产量增长与生产力提升,尤其是大豆(7%)和咖啡(24.4%),创下历史最高产量纪录;工业下降 3.5%,其中建筑行业(−7%)与制造业(−4.3%)再次下滑;服务业则因疫情导致全球旅行受阻,旅游业、酒店业受到重创,总体下降 4.5%。

面对突如其来的公共卫生事件,博索纳罗政府出台一揽子经济计划,投入约超 5 000 亿雷亚尔以缓解疫情带来的负面影响。在计划中最主要的支出是为低收入人群发放的紧急援助金,大约 2 930 亿雷亚尔。此外,还宣布了解决失业困难的方案,例如:对各州提供财政援助和信贷计划,提高借贷金额等。

2020 年,巴西通胀率严重。根据巴西国家地理统计局(IBGE)数据,2020 年巴西通胀率为 4.52%,高于巴西央行年初 4% 的目标。导致通胀的主要原因是对食品、饮料需求的增加以及国际大宗商品价格上涨,其中,食品饮料价格年均

增长 14.09%。疫情暴发以来巴西央行采取低利率政策,再加上政局动荡,造成外资大幅撤出,导致巴西雷亚尔对美元贬值幅度超过 25%,人均 GDP 降至仅 6 783.0 美元,同比大幅下降 24.1%,为 25 年来最低水平。2020 年巴西年均失业率为 13.5%,为 2012 年有记录以来的最高值,约相当于 1 340 万失业人口。

在经贸方面,根据巴西经济部统计,2020 年巴西货物贸易总额为 3 687.47 亿美元,同比下降 8.44%。其中,出口 2 098.17 亿美元,同比下降 6.91%;进口 1 589.30 亿美元,同比下降 10.38%。前五大出口目的地为中国、美国、阿根廷、荷兰、加拿大,前五大进口来源国为中国、美国、德国、阿根廷、韩国。巴西出口的主要商品有大豆、铁矿石、石油、牛肉、蔗糖、玉米、木浆等。2020 年,巴西前三大出口产品(大豆、铁矿石、石油)占出口总额的比重超过 35%。主要进口商品包括石油、汽车零配件、电子产品、浮船坞、医药产品等。

二、巴西经济主要问题

2020 年巴西经济极度萎缩的直接原因是由于新冠肺炎疫情的暴发。然而巴西经济复苏艰难是一个长期存在的问题,需要国家不断完善与调整相应的经济政策。2020 年,巴西主要面临以下经济挑战:

其一,巴西经济新老问题交织叠加,使国家经济复苏雪上加霜。随着新冠变异病毒加速传播,巴西疫情走势仍面临较大不确定性。同时,政府也因疫情增加了高额公共债务。巴西原本自身经济结构就存在一定缺陷,在疫情之下变得更岌岌可危,面临内需不足,增长不均衡等结构性问题。

其二,通胀飙升为巴西经济发展的一大障碍。从外部因素来看,随着全球能源价格上涨,供应链中断等原因,推高地区通胀水平。此外,受干旱等极端天气影响,巴西食品价格提升。从国内因素来看,由于现任政府为拉拢和巩固自身的支持率,可能会增加救济金等财政援助。虽然巴西央行已连续不断加息,但政策实施效果不容乐观。巴西央行的连续加息对通胀的缓解效果存在局限性,因为加息不能改善需求和供应这两个造成通胀的根源问题。此外,加息也会对巴西经济造成负面影响。例如,利率的升高意味着更高的外债成本和更大的财政赤字,对经济的长期复苏构成威胁。此外,加息也可能使社会融资减少,居民消费和生产性投资降低,财政收入进而减少,不利于巴西整体经济表现。

其三,在经贸方面,中国作为巴西的第一进口和出口贸易对象,同样受到疫情严重影响,给巴西带去联动效应。中国在疫情期间难以及时运送工业制成品,导致巴西国内产业生产放缓,对大宗产品和原材料需求的减少也对初级产品出口占近 46％的巴西经济产生显著影响。此外,在疫情期间,全球贸易保护主义和逆全球化逐渐呈上升势头,是巴西面临的另一重击。

截至 2020 年底,相关指标显示出巴西的生产和销售已在逐步恢复,但总体来看巴西的经济形势依然严峻,经济水平也未恢复到疫情之前水平。如何应对后疫情的经济挑战,包括发展本国产业、提高内需、提高公共投资等方面,是巴西刻不容缓需要解决的问题。

2020 年俄罗斯国内经济形势报告

在新冠肺炎疫情暴发、全球经济陷入衰退的背景下,俄罗斯国内经济受到严重冲击,萎缩 3.1％,进出口贸易大幅收缩,通货膨胀严重。2020 年俄罗斯通货膨胀率达到 4.9％,食品价格涨幅达到 6.7％,失业率最高时达到 6.4％。受疫情影响,俄罗斯大部分地区于 4 月起采取了为期两个月的封锁措施,导致商业活动基本陷入停滞,GDP 下降 28.3％,经济活动水平下降 33％,近四分之一的俄罗斯公司因受疫情影响将需要支持。随着新增病例数量的降低,俄罗斯于 6 月中旬逐步解封,并出台各项救济政策促进经济复苏。

一、2020 年俄罗斯宏观经济形势

俄罗斯 2020 年国内生产总值为 1.4 万亿美元,下降 3.6％。前三季度同比变化率分别为 1.6％、−8.0％和−3.4％,第四季度 GDP 受第二波疫情影响继续下滑,降幅为 3.8％。人均 GDP 为 10 126 美元,比上年降低 12.5％,失业率约为 6％,较上年上升 1.5 个百分点。俄罗斯居民的实际收入下降 5％,为连续六年来下降,但贫困人口数量有所减少。俄罗斯联邦统计局数据显示,2020 年收入低于最低生活保障线的俄罗斯居民数量有所降低,为 1 780 万人,较上年减少 30 万人,占比也从上年的 12.3％下降到 12.1％。

2020 年,俄罗斯的预算赤字达 4.1 万亿卢布,约占 GDP 的 3.9％。财政收入为 18.72 万亿卢布,比计划指标少 1.9 万亿卢布,主要原因是油气行业收入出现较大幅度下降;支出 22.82 万亿卢布,超出计划 16％,比上年提升 25％,主要原因是政府在疫情背景下采取宽松的财政政策,拨划大笔资金用于纾困。

受疫情影响,2020 年俄罗斯制造业活动也跌至创纪录的低位。制造业采购经理人指数(PMI)从上年初的47.5暴跌至31.3,远低于50的荣枯线。分项数据中,产出和新订单指数均创下自1997年9月调查开始以来的新低,分别跌至18.9和19.5。全社会消费总额下降5.2%。其中居民消费下降8.6%,政府消费增长了4%。资本投资总额在2020年下降4.2%。

据俄罗斯海关署统计,2020年,俄罗斯对外贸易值为5 719亿美元,较上年下降15.2%。其中,2020年全年出口贸易额为3 382亿美元,较上年下降20.7%,进口贸易额为2 337亿美元,较上年下降5.7%,全年贸易顺差为1 045亿美元,较上年减少739亿美元。在出口结构方面,燃料能源类商品依然是俄罗斯主要出口商品。在全球经济衰退和欧佩克+减产协议的双重影响下,此类商品出口额(降幅达36.6%)和出口量(降幅达6%)出现双降,出口额在俄罗斯出口贸易额中的比重从2019年的62.1%降至49.6%。石油减产及价格下滑使得俄罗斯的能源和资源等矿业出现10.2%的缩减,成为拉低俄罗斯经济的重要因素。但在农业出口方面,俄罗斯表现亮眼。2020年俄罗斯农产品出口额达307亿美元,比上年增长20%,刷新2018年258亿美元的最高纪录。

普京表示,虽然俄罗斯经济衰退幅度小于大多数发达国家和发展中国家,年底时一些宏观经济指标也已回到疫情前的水平,但疫情和限制措施仍然使全球合作和贸易联系遭到破坏,阻碍俄罗斯经济发展。政府需要在调控物价、恢复劳动力市场、提高居民收入、消除贫困方面取得进展。在债务问题上,俄罗斯需要重组联邦和地方债务,提高地方财政的独立性和自给自足能力。在经济建设上,普京表示将推出新型金融工具"基础设施预算贷款",为地方发展服务,支持切实造福人民的基础设施建设项目。

二、俄罗斯经济主要问题

受新冠疫情影响,2020年全球经济萎缩4.3%,除中国外的所有主要经济体均呈现负增长,或将产生长期负面影响。与此同时,欧盟和美国对俄罗斯制裁延续,国际原油价格剧烈波动以及自身结构性缺陷等问题均让俄罗斯的经济面临下行压力。受内外多方面因素影响,俄罗斯2020年经济出现衰退,居民消费需求不振,进出口贸易额降低,复苏前景仍具有不确定性。俄罗斯采取了各类临时性措施应对新冠疫情引起的经济衰退,但仍需要做出结构性改革,才能在未来实现稳定发展。

1. 外部风险持续加大

俄罗斯面临着外部需求严重萎缩、油价震荡以及制裁等问题。进入2020年以来,国际市场油价就开始逐步下跌。3月初,由于欧佩克与非欧佩克的产油国未能达成减产协议,3月9日国际油价下跌幅度达33.65%,俄罗斯乌拉尔原油现货从2月的50美元/桶下降到15美元/桶,直至5月新减产协议生效后才小幅回升。但随着疫情在全球进一步蔓延与美国原油产量的大幅增长,原油市场的供需失衡愈发严重,供应过剩的压力仍在不断加大。新冠肺炎疫情使全球能源系统遭遇七十多年来的最大冲击,也造成俄罗斯的支柱产业受到重创。2020年1—11月俄罗斯天然气出口收入下降41.8%,仅为220亿美元,收入下降41%至663亿美元,而这两项出口占到俄罗斯联邦预算的40%左右,还将影响国内救济政策的实施。与此同时,俄欧关系依然紧张。欧盟因俄罗斯反对派领袖纳瓦利内疑似"遭遇未遂暗杀事件"作出制裁决定,而此前克里米亚问题造成的经济制裁仍在延续。2020年12月,欧盟正式实施此前欧盟峰会上作出的对俄罗斯延长6个月经济制裁决定,将相关制裁延长至2021年7月31日。外部风险的加大或将继续限制俄罗斯的商品出口和对外贸易,对俄罗斯的经济复苏造成困难。

2. 进出口结构仍未见明显改善

2020年,俄罗斯出口前五位的产品分别是:石油原油、石油制品、特殊代码商品、金、煤,商品出口额为1 188.13亿美元,占总出口贸易额的75.27%,相较往年有所上升。其中,石油原油仍占出口总额的24.6%,出口商品结构未见明显改善。对能源的依赖导致俄罗斯在疫情期间遭受巨大损失,而未来国际市场供大于求的局面在短期内也难以改变,油价很难有较大幅度的上升。据预测,俄罗斯乌拉尔原油2020—2022年三年的年均价格每桶为31、35与42美元,对能源产品出口的持续性依赖将给俄罗斯经济的恢复和发展造成更大的困难。在农产品出口方面,俄罗斯表现亮眼,初步实现进口替代。2020年,俄出口价值7 900万吨的农产品,出口额达307亿美元。这一表现不仅较上年增长20%,同时也刷新了2018年出口农产品285亿美元的纪录。同时,2020年,俄罗斯农产品进口总额297亿美元,这也使得俄罗斯农产品贸易首次实现顺差,比此前预计的时间提早两年。

3. 俄罗斯疫情仍有失控风险

截至2020年12月,俄罗斯的疫情仍在发展,日新增病例数超过25 000例。针对第二波疫情,俄罗斯并未再采取封锁措施,避免再度对经济活动造成损害,这也导致俄罗斯的第二波疫情远超5月时的峰值,对医疗系统造成巨大压力。2020年12月,俄罗斯开始大规模接种国产新冠疫苗,到年底时已有80万人完成至少一剂的接种。但截至2021年6月,全俄完成疫苗接种的人数仅占总人口的11.7%,略高于全球平均水平,但远低于美国、英国、德国等国家,在未来疫情仍有失控的风险。

4. 俄罗斯应对经济衰退的方式

(1)俄罗斯将分阶段实施复苏计划

俄罗斯经济发展部针对疫情引发的经济衰退制定了复苏计划。该计划分为三个阶段实施,旨在实现商业活动正常化、恢复就业、保障居民收入。

第一阶段为"适应阶段。"这一阶段自 2020 年第二季度末开始至第三季度,阶段性目标是防止经济衰退蔓延到更广泛的行业,并稳定受疫情影响最大地区的经济形势。阶段性成果应是阻止经济从 2020 年第二季度的最低点继续下行。在该阶段结束时,GDP 月均指标、居民实际收入、制造业 PMI、零售业和服务业销售额不能出现负增长。

第二阶段为"恢复阶段"。这一阶段自 2020 年第四季度至 2021 年第二季度,阶段性目标是确保经济复苏和公民收入的增长。在该阶段结束时,俄罗斯需要做到失业率下降,GDP 月均指标、居民实际收入至少恢复到 2019 年 98% 的水平;如防疫限制措施全部解除,则应恢复到 2019 年 100% 的水平。

第三阶段为"积极增长阶段"。这一阶段自 2021 年第三季度至第四季度,阶段性目标是确保经济积极增长,并努力实现经济增长速度高于世界平均水平。阶段性成果应是实现可持续的经济增长,增长率应符合国家预期目标。

面对疫情对经济的严重冲击,俄罗斯采取的应对政策,从大的方针来看,与大多数国家是相似的,即对疫情采取严厉防控的同时,积极努力推动经济的恢复与发展。主要政策,一是实行宽松的财政政策,对经济的恢复和发展提供资金支持;二是实行稳定国内金融市场、卢布汇率的政策,以制止资本外逃与限制投机资本跨境流动。

(2)俄罗斯调整货币和财政政策刺激经济

俄财政部总共预留了 1.4 万亿卢布用于扶持救助受疫情影响的俄企,目前确定用于支持经济应对危机的资金总额已超过俄 2019 年国内生产总值的 5%。俄政府将采取措施首先扶持受疫情打击最严重的行业,包括汽车及航空制造、非食品贸易、展览会务、文化休闲娱乐、体育健身、旅游酒店、餐饮、辅导培训、美容、维修和其他生活服务业等。与此同时,政府还准备从国家福利基金中提取约 6 000 亿卢布(约合 83 亿美元)以完成预算拨款。俄联邦委员会还将今明后三年俄政府财政支出分别提高了 1 627 亿卢布(约合 23 亿美元)、5 569 亿卢布(约合 77 亿美元)和

6 776 亿卢布(约合 94 亿美元)。

另外,俄罗斯也确定把中小企业作为扶持的重点。3 月 31 日,俄罗斯财长西卢安诺夫在俄经济问题会议上表示:"政府重点支持中小企业发展,以稳定各地经济。政府将采取的措施,包括将中小企业应缴纳的社会保险费率由 30% 降至 15%,暂缓 6 个月征收中小企业应交税收,向中小企业提供优惠贷款。"考虑到俄罗斯有较充足的外汇储备(2020 年 3 月上旬达到 5 810 亿美元),必要时俄罗斯还可动用一定的外汇储备来弥补国家财政支出的不足。

为了稳定卢布汇率,俄央行还采取了在国内市场出售外汇、向俄银行系统注入 5 000 亿卢布,以及从 3 月 10 日起停止在国内市场上购买外汇等措施。俄央行行长纳比乌琳娜日前表示,如果乌拉尔原油价格不恢复到每桶 42.4 美元以上,俄央行将一直停止购汇。俄罗斯还通过降息来刺激经济。4 月 24 日,俄罗斯央行大幅降息 50 个基点,将基准利率从 6% 下调至 5.5%,这是俄罗斯利率 2012 年以来的最低水平。

2020 年印度国内经济形势报告

一、2020 年印度宏观经济形势

据印度政府 5 月 31 日公布的数据,印度 2020—2021 财年(2020 年 4 月—2021 年 3 月)国内生产总值增长率由此前预测的 -8% 调整为 -7.3%。据印度媒体报道,该项数据系近四十多年以来"最差"水平。具体而言,2020 年印度第一财季,新冠肺炎疫情暴发导致的经济封锁,严重恶化了印度经济形势。据印度中央统计局(National Statistics Organization, NSO)数据显示,第一财季印度 GDP 增速同比下降 23.9%。2020 年 6 月,由于疫情初步受控以及疫苗大规模接种,印度经济产生复苏迹象。第二财季(7—9 月)GDP 下降速度趋缓,同比为 -7.8%,至第三财季停止了下滑。第三财季(10—12 月)有 170 亿美元的外商直接投资(FDI)净流入,远超前年同期的 97 亿美元。同期外国证券投资流入 212 亿美元,达前年同期 78 亿美元的近三倍。研究机构 QuantEco 表示,经常账户余额转负表明印度进口额显著增加,经济活动逐渐恢复。印媒称,这是印度在"罕见的衰退"后,连续第二个季度实现国内生产总值正增长,出现十八年来的首次经常账户盈余。这也意味着印度经济"迅速恢复"。不过,也有不少经济学家担忧,由于印度第二轮疫情破坏了经济复苏势头,印度第四财季的经济数据对经济形势不具有参考价值。

从三大经济领域的表现来看,农业和制造业是本轮经济复苏的最大动力。农业受疫情影响最小,加之2020年季风雨量正常,全年增速有望超过4%,创过去三年来新高。而制造业经理人采购指数(PMI)虽然在4月一度降至27.4,但8月已回升到52,此后一直保持在56的高位。至12月底,制造业产能利用率达71%,与疫情前大体持平。然而以往支撑印度增长的服务业在本轮危机中下滑最为严重,复苏也较制造业更为缓慢。印度服务业PMI就从2月的57.5跌至3月的49.3,4月骤降至5.4,直到10月才回升到54。但受欧美疫情反弹的影响,服务业PMI目前徘徊在50附近。

从需求结构的变化来看,印度经济复苏主要依赖政府资本性支出的增长。根据NSO数据,印度私人消费总额在第一财季同比下降54.3%,第二财季同比下降11.5%,仍未回到疫情前的水平。这背后的一个重要原因是就业形势依然严峻:大企业成功地通过智能化实现减员增效,使得企业利润增长快于工资收入的增长;而小企业仍在苦苦挣扎,无力扩大就业。私人投资在疫情暴发前就已低迷,面对疫情下经济增长充满不确定性,加之库存又处在相对高位,私人投资就越加谨慎。印度经济复苏不得不更依赖政府的公共开支。2020年6月,为救助受困的企业和居民,印政府大幅提高消费性支出,与上年同期相比增长230%;11月又启动几个大的建设项目,当月资本性支出是上年同期的248%。

从以往最易发生危机的国际收支状况来看,印度的表现相对平稳。由于国内需求全面下滑,进口大幅收缩,印度贸易赤字收窄。2020年4月至6月,印度商品贸易赤字仅为100亿美元,较上年同期的468亿美元大幅减少。同时,由于疫情对印度信息技术带动的服务业出口冲击有限,服务业顺差与上年持平。资本项目方面,第一阶段"封城"时期,一度出现净外资流出,但6月以后外资加速回流。2020年底,印度外汇储备已超过5 800亿美元,继续创出历史新高。同时,印度储备银行也频频通过公开市场操作以防止卢比突然升值。

从印度物价水平变化来看,印度通胀压力正在减弱。由于2020年国际原油价格大幅下跌,使其保持在一个相对较低的价位。此外,印度国内食品供应随季节变化出现波动,9月、10月两个月印度消费物价指数(CPI)同比上涨7.3%和7.6%,但考虑到对货币政策相对更为敏感的核心通胀率无明显上升,加之疫情冲击下经济收缩依然严重,货币政策委员会最终选择坚持宽松的货币政策,并表示将一直延续到新的财年。随着新一季农作物的上市,物价开始回落。

二、印度经济主要问题

新冠肺炎疫情的冲击，凸显了印度经济发展过程中政策、企业结构与管理三方面的问题。其一，自疫情暴发以来，莫迪推行的商品和服务税、破产法以及货币政策委员会三项主要政策均陷入困境。在商品和服务税方面，莫迪政府推迟此前向28 个邦承诺的在新税费制度下进行的中央转移支付。在破产法方面，相关改革因银行普遍反对而全面中止，使印度本已积重的不良贷款问题持续恶化，放贷人回收款项进一步受阻。在货币政策委员会方面，印政府推迟任命新一届中央银行委员会，进一步降低未来实施经济刺激计划可能性。

其二，印度企业结构中非正规就业占比过高，社会保障不足。印度严苛的劳工法主要针对规模以上的企业，为了规避法律限制，印度正规制造企业中有一半都属于中小企业。因为无法形成规模经济，印度企业最大的问题是难以参与国际竞争，在此次疫情中更是暴露出巨大的脆弱性。为了规避劳工法，就连正规企业都更倾向于通过征召临时工、合同工的方式来满足用工需求，由此造成印度 90％ 的就业岗位都属于缺乏社会保障的非正规就业。在"封城"期间，大批中小企业倒闭，导致许多工人失业。即使没有倒闭的企业也不愿意或没有能力向员工提供补偿。最终造成社会总需求骤然暴跌，而且迟迟不能恢复。

其三，印度金融领域长期监管不到位，导致市场信心相对脆弱，使资本与货币市场上流动性波动较大。早在疫情蔓延到印度之前，从 2018 年下半年开始印度经济增速就已经连续 6 个季度下滑。为此，印度储备银行 5 次降息，但对经济的刺激效果都不显著，2019—2020 财年 GDP 增速仅为 4.2％。值得注意的是，2018 年印度的非银行金融机构先后发生几起重大的债务违约事件，储备银行为此加强行业监管，全社会流动性收紧，不仅重创了严重依赖非金融机构信贷的房地产业和汽车销售行业，也导致私人消费整体出现下降。从 2013 年起印度企业的杠杆率就持续走高，银行的不良贷款率也居高不下，由此导致私人投资裹足不前，全社会投资率逐年降低。2019 年，印度的投资率较 2011 年降低 10 个百分点。

2020 年南非国内经济形势报告

一、2020 年南非宏观经济形势

受新冠肺炎疫情影响，南非 2020 年国内生产总值（GDP）萎缩幅度达 7％。值得一提的是,这是南非自 1920 年以来 GDP 最大跌幅。1920 年受第一次世界大战战后经济萧条影响,南非 GDP 下降幅度达 11.9%。而 2020 年南非经济出现大幅下滑,主要与针对新冠肺炎疫情实施的全国范围"封锁令"有关,受此影响,南非经济生产活动受到严重影响。2020 年第一季度(1—3 月)的实际 GDP 为 7 820 亿南非兰特。在 2020 年第二季度(4—6 月),当封锁限制最为严格时,经济产出下降至 6 520 亿南非兰特。其中,南非制造业受到的冲击最大,2020 年全年下降11.6%,从而导致 GDP 下滑 1.4 个百分点;贸易、餐饮和住宿下降 9.1%,导致 GDP 下滑 1.3 个百分点;运输、仓储和通信业务下降 14.8%,导致 GDP 下滑 1.3 个百分点。金融和个人服务业这两个在过去十年中表现出巨大弹性的行业也没有逃脱疫情的经济影响,增值额下降 28.9%。到 2020 年底,金融业对年度 GDP 增长的增值是 -4.4%。个人服务在 2020 年第二季度产生自 2009 年以来的第一个季度的负增长。几乎所有的行业在 2020 年第二季度都经历了大规模的产出下降。建筑业在大流行之前已经陷入困境,专门生产金属和机械的工厂更是受到停工和对钢铁需求减少的严重影响。到 2020 年第二季度末收缩了 20.3%。这一收缩标志着建筑业连续第八个季度的经济下滑或第四年的经济放缓,从而成为 2020 年国内生产总值增长的最大拖累。

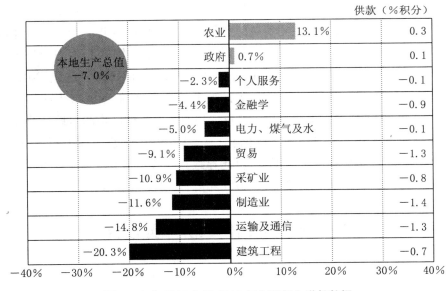

图 1　南非 2020 年较 2019 年主要行业增长数据

资料来源:南非统计局 https://www.statssa.gov.za/?p=14074。

　　由于疫情的影响，政府的实际支出也持续增加，但从 2019 年到 2020 年，政府消费总额的实际仅增长 0.5％，这一增长意味着政府消费对国内生产总值的贡献从 2019 年的 20.7％上升到 2020 年的 22.4％。负的投资率加剧国内生产总值的下降。从 2019 年到 2020 年，实际投资减少 1 050 亿兰特（按 2010 年兰特计算），即 17.5％，其对国内生产总值的贡献从 2019 年到 2020 年从 19.2％下降到 17.0％。全球经济的糟糕表现也影响南非的经济和投资增长率。从 2015 年到 2019 年，出口的实际收益基本持平。然而，过去几年投资水平的下降和疫情期间的大幅下降的主要原因绝大部分是由于家庭需求不足，这与南非极高的失业率和贫困水平有关。政府消费的实际增长水平相对较低，导致经济的投资和增长表现不佳。在过去几年和疫情的第一年，政府消费的实际增长并没有帮助改善经济的总需求水平。

　　目前，所有主要风险评级机构都将南非评级为低于投资级别，认为南非当前的经济轨迹是不可持续的，经济增长停滞，政府债务增加，失业率上升，不平等程度居高不下。政府已经认识到形势的严重性，并正在寻求营造一个改善监管和政策确定性的环境，来恢复商业信心。但是南非在 2020 年的年平均通货膨胀率为 3.3％。这是自 2004 年以来的最低年平均增长率（1.4％），也是自 1969 年以来的第二低（3.0％）。据南非储备银行称，低通胀的原因之一是兰特走强。国际收支经常账户余额在 2020 年第四季度有 1 978 亿兰特的盈余，这是有史以来的第二大盈余。困境中仍有希望，但无论哪种方式都需要所有利益相关者采取协调和积极的方法来重建南非的经济。

二、南非经济主要问题

1. 电力供应

　　由于封锁，2020 年南非的电力使用水平较低，因为消耗大量电力的企业没有运营。尽管经济活动减少，南非国家电力公司埃斯科姆（Eskom）仍无法满足需求。2020 年，减载达到 2015 年以来的最高水平，埃斯科姆累计停电 52 天。衡量电厂可用性的电力可用性系数（EAF）大多仍低于 2019 年的水平，平均为 65，而 2019 年为 67，反映了电厂性能的恶化。南非的电力基础设施部分已经过时，输配电网很难实现大量可再生能源发电和并网，落后的电力基础设施已成为制约南非能源发展的瓶颈。而关于南非所有电力发展问题讨论，最终都几乎绕不开埃斯科姆。埃斯科姆正在实施一项维护计划以提高发电性能，但预计到 2021 年 9 月才会有显著改善。随着经济活动的恢复，不可靠的电力供应正在限制复苏，需要紧急改革来缓解这种限制。

近年来,南非形势相对不稳定,经济增长乏力、政治不确定性和社会保障状况不佳,外国公司对在南非投资的盈利能力并不持积极态度。并且,南非国内的可再生能源政策缺乏可持续性和稳定性。南非的可再生能源政策在前几年多次改变,一些可再生能源购买协议无法执行,这给外国企业在南非投资可再生能源项目带来了巨大风险。纵使 REIPPP 已经为南非带来了新的发电来源,但在该计划实施后,南非仍然经历了包括今年在内的三次缺电危机,一大原因便是掌握国家电力命脉的埃斯科姆依旧深陷泥潭。虽然南非政府已经做出了很多尝试,努力帮助埃斯科姆脱离债务危机,但是庞大的债务数目和长久以来积累的种种问题仍很难在短期得到解决。如果困扰埃斯科姆的问题没有妥善的处理方案,南非的能源发展之路仍会布满荆棘。

2. 劳动力市场

根据正规和非正规就业的季度劳动力调查数据显示,估计官方失业率升至32.5%的高位。也就是说,到2020年第四季度末,有720万南非人失业。2020年第四季度,劳动力环比增长4.9%(1 033 717人),而人口就业人数也增长2.3%(332 682人)。结果是同期失业人数净增加10.7%(700 537人)。从2019年第四季度到2020年第四季度,劳动力规模同比下降3.8%(889 431人),同期就业人数下降8.5%(1 396 717人)。

南非统计局劳动力调查(QLFS)数据显示疫情对底层工人,尤其是通常从事低薪和不稳定工作的非正规劳工造成相对沉重的打击。自20世纪80年代后期以来,南非的就业水平一直处于世界最低水平,疫情和全国范围的封锁使就业形势进一步恶化。这场危机对底层工人的影响最大,由此导致的不平等加剧。国内和全球需求低迷意味着仅重新开放南非经济不太可能恢复繁荣的就业形势。即使国家的灾难状态结束,减薪和失业也会使许多家庭的可支配收入大大减少。解决南非劳动力市场日益扩大的差距需要自下而上重建劳动力市场。在短期内,这需要额外的政府支持,包括将社会保护扩展到所有受疫情影响的正规和非正规工人。然而,仅此还不够,从长远来看,经济复苏和重建计划需要优先考虑创造就业机会以及增加对低级别职业的保护。

3. 新冠肺炎疫情的控制

虽然拟议的增长支持措施与2020年10月中旬发布的南非经济重建和复苏计划相一致,但鉴于第二波和可能的第三波疫情传播高峰期,甚至是2021年中后期的第四波,这些措施在短期内可能面临许多挑战。现在,要恢复南非的经济活动,最紧迫的挑战在于疫苗的获取、资金和分发。尽管在全球范围,疫苗分销、资本成本低和商品价格上涨是增长的推动力,然而在南非本地,当前围绕疫苗推出的不确定性,以及持续疲软的商业和消费者信心以及其他结构性弱点,对中短期的经济复苏构成最大的风险。财政的紧张局势增加推出疫苗提供资金的不确定性。

随着新冠肺炎疫苗的推出,需要政府和私营部门重新强调和共同努力的重要领域将包括增加基础设施投资支出、减少浪费性支出和腐败、释放数字经济带来的效率和机遇,以及重点实施促进增长的紧急结构性改革。

（资料整理：李昱昀、赵精一、王晶、吴炫蓉,复旦大学金砖国家研究中心）

附录二　金砖国家领导人第十二次
会晤《莫斯科宣言》

（俄罗斯莫斯科，2020年11月17日）

前　言

1. 我们，巴西联邦共和国、俄罗斯联邦、印度共和国、中华人民共和国、南非共和国领导人于2020年11月17日举行金砖国家领导人第十二次会晤。本次会晤主题是"深化金砖伙伴关系，促进全球稳定、共同安全和创新增长"。

2. 2020年，在主席国俄罗斯领导下，金砖国家克服全球性挑战，保持合作势头和延续性，打造务实成果，造福各国人民。我们对此表示赞赏，并感到满意。我们肯定俄罗斯为推动金砖政治安全、经贸财金、人文交流"三轮驱动"合作、深化金砖战略伙伴关系作出的坚定努力，注意到金砖国家举行了一百余场实体活动和视频活动，所取得的各项成果推动金砖互利务实合作取得新进展。

团结共创美好世界

3. 我们忆及2020年是联合国成立和第二次世界大战结束75周年。我们将永远铭记金砖国家为此作出的巨大贡献，包括士兵和平民的牺牲。我们重申致力于建设一个和平、稳定、繁荣、相互尊重和平等的世界；致力于维护以《联合国宪章》宗旨和原则为基石的国际法；致力于维护以联合国为核心的国际体系，呼吁各主权国家合作维护和平与安全，推动可持续发展，促进和保护民主、所有人的人权和基本自由，在互利合作的基础上构建人类命运共同体。

4. 我们认为第二次世界大战的胜利是我们的共同财富。我们向所有曾为反抗法西斯主义、暴政、军国主义和殖民主义而战斗的人们致敬，向所有曾为殖民地解放和民族自由而战斗的人们致敬。我们强调应保护他们的纪念碑，不得亵渎或破坏。我们忆及联合国诞生于第二次世界大战的灾难之中，其作为人类共同的事业，旨在使后世免遭惨不堪言之战祸。自成立以来,联合国帮助构建了现代国家关系的架构。我们进一步敦促各国坚决反对纳粹意识形态、种族主义、排外、殖民主义沉渣泛起,坚决反对歪曲历史。

5. 我们呼吁国际社会在坚持主权平等、尊重各国领土完整、尊重彼此利益和关切基础上,努力构建更加公平、公正、包容、平等,更具代表性的多极国际体系,以此庆祝联合国成立 75 周年。我们重申不干涉他国内政原则,坚持根据正义和国际法原则和平解决国际争端,反对使用武力、威胁使用武力或以其他任何违反联合国宗旨和原则的方式,侵犯他国领土完整或政治独立。我们进一步强调不应采取任何没有国际法和《联合国宪章》依据的强制性措施。

6. 我们重申坚持多边主义,恪守相互尊重、主权平等、民主、包容和加强协作的原则。我们将继续推动加强全球治理,通过改革提升其包容性、代表性和民主性,提升发展中国家在国际事务决策中的实质性参与度,推动全球治理体系更符合当代现实。我们认为,应重振和改革包括联合国、世界贸易组织、世界卫生组织、国际货币基金组织等国际组织在内的多边体系,加强国际合作,应对当前相互交织的全球挑战,维护各国和各国人民的利益。为此,我们强调国际组织应全面坚持会员国主导,促进所有国家的利益。

7. 我们祝贺印度当选为 2021—2022 年联合国安理会非常任理事国,赞赏南非作为 2019—2020 年联合国安理会非常任理事国期间所作贡献。我们也注意到巴西提出竞选 2022—2023 年安理会非常任理事国。这将为金砖国家就联合国安理会事务增进对话、在拥有共同利益的领域继续开展合作提供契机,包括通过五国常驻联合国及其他多边机构代表团定期会晤等进行对话。

8. 我们注意到 2020 年 9 月 21 日联合国大会第 75/1 号决议,再次呼吁改革联合国主要机构。我们致力于为联合国安理会改革相关讨论注入新活力,继续努力振兴联合国大会,并加强联合国经社理事会。

9. 我们回顾 2005 年世界首脑会议成果文件,重申需要对联合国包括其安理会进行全面改革,使之更具代表性、效力和效率,增强发展中国家代表性,以应对全球挑战。

10. 我们重申应加强国际合作,提升各国和国际社会能力,共同有效、务实、协调、迅速地应对新冠肺炎疫情及其负面影响等新的全球性威胁。我们强调迫切需要通过国家间合作恢复国际信任、经济增长和贸易,增强市场稳定和韧性,维持就业和收入水平,特别是保护最弱势社会群体的就业和收入。

11. 我们向受到新冠肺炎疫情及其后果影响的所有人民和国家表达支持,向因疫情身故的遇难者家属以及所有生命和生计受到影响的人表示最深切的慰问和同情。我们向所有在危险和困难条件下尽职履责、不顾个人安危帮助他人的卫生工作者、医生、护士以及医院、综合诊所、药房、救护、研究机构工作人员表达衷心感谢。

12. 我们认为一旦出现安全、优质、有效、可及和可负担的新冠疫苗,开展大规模免疫接种有利于预防、遏制和阻断新冠病毒,结束疫情大流行。我们注意到世界卫生组织、各国政府、非营利性组织、研究机构、医药行业有关加快新冠疫苗和治疗手段的研发和生产倡议,支持在上述方面开展合作。我们将努力确保疫苗面世后,以公平、平等和可负担方式分配。为此,我们支持全球合作加速开发、生产、公平获取新冠肺炎防控新工具倡议。

政治安全合作

13. 我们注意到,尽管受新冠肺炎疫情影响,五国仍继续在金砖有关机制框架下就热点政治以及和平与安全问题开展了密集对话。我们欢迎 2020 年 9 月 4 日举行的金砖国家正式外长会晤。会晤期间,外长们就重大国际和地区问题以及金砖国家合作交换了意见,探讨了在第 75 届联大上支持彼此倡议并开展更紧密合作的可能性。我们也欢迎 2020 年 4 月 28 日举行的金砖国家应对新冠肺炎疫情特别外长会。

14. 我们欢迎 2020 年 9 月 17 日举行的第十次金砖国家安全事务高级代表视频会议,赞赏他们加强了金砖国家在反恐、信息通信技术安全使用、重大国际和地区热点问题、维和及跨国有组织犯罪等问题上的对话。

15. 我们重申致力于共同努力通过政治和外交手段和平解决争端。我们注意到联合国秘书长的全球停火倡议,忆及联合国安理会第 2532 号决议要求,除针对安理会列名的恐怖组织开展的军事行动外,有关冲突各方立即全面停止敌对行动,呼吁在新冠肺炎疫情背景下实现持久的人道主义停火。

16. 我们支持采取紧急政治和外交努力,维护和加强国际和平与安全。我们致力于维护战略稳定机制和军控体系,对相关体系遭到破坏表示遗憾。我们强调 2010 年俄美《关于进一步削减和限制进攻性战略武器措施的条约》对核裁军和核不扩散机制的根本重要性,呼吁双方尽快就条约延期达成一致。

17. 我们强调《禁止细菌(生物)及毒素武器的发展、生产和储存以及销毁这类武器的公约》(《禁止生物武器公约》)作为国际大规模杀伤性武器削减和控制机制支柱的根本重要性。我们强调应遵守和强化《禁止生物武器公约》,包括达成具有法律约束力的附加议定书以建立有效核查机制。我们支持立即重启关于附加议定书的谈判。《禁止生物武器公约》的职能,包括联合国安理会关切的事项,不应被其他机制替代。应依照《禁止生物武器公约》解决履约关切。

18. 我们重申支持维护《禁止化学武器公约》这一有效的裁军和不扩散机制,呼吁各缔约国维护《禁止化学武器公约》的完整性,开展建设性对话,恢复禁止化学武器组织(禁化武组织)内协商一致的精神。

19. 我们强调确保外空活动安全、和平利用外空、防止外空军备竞赛的重要性。我们强调迫切需要就具有法律约束力的多边文书开展谈判,以填补包括防止在外空放置武器、对外空物体使用或威胁使用武力在内的有关外空国际法律机制的空白。我们强调透明和建立信任等务实措施,包括"不首先在外空部署武器"的倡议,也有助于实现这一目标。我们重申透明和建立信任措施可补充而非替代有效的具有法律约束力的外空机制。

20. 我们重申应严格遵守《外空条约》确立的各项原则,为促进可持续及和平利用外空作出贡献,维护各国利益和福祉。我们重申应根据包括《联合国宪章》在内的国际法,开展和平探索和利用外空的活动,为后代保护好外空。和平利用有关空间技术有助于实现可持续发展目标。我们强调金砖国家在遥感卫星领域进一步开展合作的重要性。

21. 我们强调应确保包括空间行动安全在内的外空活动的长期可持续性。我们欢迎联合国和平利用外空委员会第六十二届会议通过报告,提出关于外空活动长期可持续性的 21 条指南。我们支持为解决该问题设立的工作组,并为落实其商定的架构和工作方案作出贡献。

22. 我们对世界有关地区暴力上升、武装冲突持续并在国际和地区层面产生严重影响深表关切。我们一致认为,一切冲突都应根据国际法,特别是《联合国宪章》,通过政治对话和谈判以和平方式和外交手段解决。

23. 我们重申对阿拉伯叙利亚共和国主权、独立、统一和领土完整的坚定承诺。我们坚信军事手段不能解决叙利亚冲突。我们重申致力于根据联合国安理会第2254 号决议推进联合国推动的"叙人主导、叙人所有"的政治进程,最终实现宪法改革和自由公正的选举。我们强调,在"阿斯塔纳进程"保证方以及其他相关国家的决定性参与下设立的日内瓦叙利亚宪法委员会对于通过政治手段解决冲突非常重要。我们欢迎联合国秘书长叙利亚问题特使为确保委员会可持续性和有效性所作努力。我们深信，为达成普遍一致，宪法委员会的成员应致力于在不受外来干涉的情况下作出妥协并开展建设性合作。我们欢迎签署《伊德利卜冲突降级区局势稳定谅解备忘录附加议定书》。我们重申打击一切形式恐怖主义的国际义务，强调团结一致打击联合国安理会列名的叙利亚恐怖组织的重要性。我们强调要根据联合国人道主义原则保障人道主义援助畅通和叙利亚冲突后重建，为叙利亚难民安全、自愿、有尊严地回国，并为国内流离失所者返回永久居住地创造条件，以实现叙利亚和整个地区的长期稳定与安全。我们对所有弱势人群表示关切，谴责以种族或宗教为由实施迫害。

24. 我们相信，如果巴以冲突得不到解决，将继续破坏中东和平与稳定。我们继续致力于在该地区实现公正和持久和平，认为必须以联合国相关决议和"阿拉伯和平倡议"等业已存在的国际法律框架为指引谋求两国方案，建立一个独立的、自立的巴勒斯坦国，并与邻国和平共处。我们认为需要作出新的、创造性的外交努力，公正、持久、全面解决巴以冲突。我们强调巴以双方尽早启动直接谈判的重要性。

25. 我们向遭受 2020 年 8 月 4 日贝鲁特港口大爆炸的黎巴嫩人民表示支持，大爆炸造成大量人员伤亡和大规模破坏。我们呼吁国际社会向黎巴嫩提供援助，帮助该国克服灾难影响，尽快实现政治和社会经济形势回归正常。考虑到黎巴嫩人民通过政治方式解决当前该国面临挑战的愿望，我们强调黎巴嫩各政治力量应在当前复杂形势下团结协作，采取果断措施缓和紧张局势，放弃使用暴力，防止局势失控。

26. 我们重申继续支持伊拉克政府努力实现国家重建和发展，并在相互尊重和包容的基础上开展全国对话。我们强调应无条件地尊重伊拉克的主权和领土完整，反对任何国家干涉该国内政。我们强调应支持伊拉克人民打击各种形式的极端主义和恐怖主义，实现经济复苏。我们认为伊拉克的稳定对地区和国际安全非常重要，对"伊斯兰国"等恐怖和极端组织在伊拉克境内制造的令人发指的非人道暴行表示最强烈谴责。

27. 我们再次对也门共和国人道主义危机和持续冲突表示严重关切，这一冲突对整个地区的安全和稳定造成严重影响。我们重申也门境内应全面停止敌对行动，并建立在联合国斡旋下的包容性谈判进程。我们重申只有在充分考虑也门不同政治力量正当利益的基础上开展建设性对话，才能取得进展。如果也门不实现可持续和平,人道主义危机只会继续恶化。我们进一步强调向也门人民提供紧急人道主义援助的重要性,以使该国所有人和所有地区都能快速、安全、不受阻碍地获得人道主义物资。

28. 我们对海湾地区局势持续紧张、包括单方面行动深表关切。我们重申金砖国家支持通过谈判和外交接触解决现有分歧,强调应在该地区推动一个各国携手应对共同威胁和挑战的积极、建设性议程。

29. 我们呼吁在阿富汗伊斯兰共和国实现长期和平,重申对阿富汗人民建设一个稳定、包容、和平、独立、繁荣的主权国家的坚定支持。我们欢迎阿富汗启动内部谈判,将继续支持"阿人主导、阿人所有"的和平进程。我们对阿富汗发生的恐怖袭击表示最强烈谴责,对不稳定的安全环境表示关切。

30. 我们欢迎阿塞拜疆和亚美尼亚领导人达成自 2020 年 11 月 10 日起在纳卡冲突地区实现全面停火的协议,支持作出进一步政治和外交努力,为实现该地区全面持久和平创造必要条件。

31. 我们支持继续通过双边及多边外交谈判解决包括完全无核化在内的朝鲜半岛所有问题,维护东北亚和平与稳定。我们重申致力于通过和平、外交和政治方式全面解决朝鲜半岛问题。

32. 我们呼吁国际社会根据非洲人民自己提出的"以非洲方式解决非洲问题"原则,支持旨在加强非洲大陆和平与安全的区域和次区域倡议。我们赞赏非盟致力于推进"2020 年消弭枪声"倡议。我们强调加强联合国与非盟在国际和平与安全领域伙伴关系的重要性。

33. 我们支持非盟《2063 年议程》,支持包括通过落实《非洲大陆自由贸易区协定》等方式促进非洲一体化和发展的努力。我们注意到非盟弥补基础设施短板,特别是在《非洲发展新伙伴计划》框架下推进相关工作取得的进展,注意到促进投资以支持工业发展、创造就业、确保粮食安全、消除贫困、实现非洲可持续发展的重要性。我们重申愿与非洲大陆进一步开展合作,增强非洲大陆应对新冠肺炎疫情造成的卫生、经济和社会叠加影响的能力。

34. 我们重申对利比亚主权、独立、领土完整和国家统一的坚定承诺,呼吁利比亚冲突各方保持克制,强调在利比亚实现长期持久停火的重要性,确保在联合国主持下,通过"利人主导、利人所有"的政治进程,达成全面和可持续的解决方案。我们欢迎在利比亚政治对话论坛框架下恢复包容性的国内对话。我们重申应全面落实 2020 年 1 月 19 日利比亚问题柏林峰会相关决定以及联合国安理会第 2510 号决议,注意到在联合国大力协助下,利比亚内部军事、政治和经济三轨谈判同步取得进展。我们鼓励联合国秘书长及时任命利比亚问题特别代表,注意到非盟和阿拉伯国家联盟在促进利比亚国内和平对话和政治进程方面发挥了重要作用。

35. 我们支持苏丹领导层为加强民族和解、克服社会和经济危机采取的举措。我们赞赏苏丹政府致力于在全国范围内,主要是在达尔富尔、南科尔多凡和青尼罗河地区结束国内武装冲突。我们欢迎苏丹政府和反对派武装运动于 2020 年 10 月 3 日签署《朱巴和平协定》,鼓励缔约方尽快执行协定的主要条款。

36. 我们对刚果民主共和国局势表示关切,谴责针对平民和联合国维和人员的袭击。我们呼吁在现有法律框架内促进该国和平,为难民和国内流离失所者返回家园创造条件,希望看到切实进展。

37. 我们再次强烈谴责一切形式的恐怖主义,不论恐怖主义在何时、何地、由何人实施。我们重申恐怖主义不应与任何宗教、民族、文明或种族挂钩。我们重申坚定致力于在尊重国际法和《联合国宪章》基础上,为预防和打击恐怖主义威胁的全球努力作出更大贡献,强调各国在打击恐怖主义方面负有首要责任,联合国继续在该领域发挥核心协调作用。我们还强调,国际社会应采取全面、平衡的方式,包括在当前疫情背景下,有效遏制构成严重威胁的恐怖主义活动。为消除化学和生物恐怖主义威胁,我们强调应在裁军谈判会议上发起多边谈判,制定遏制化学和生物恐怖主义行为的国际公约。我们呼吁尽快在联合国框架下完成和通过《全面反恐公约》。

38. 我们欢迎金砖国家反恐工作组第五次会议及其分工作组首次会议达成的成果。这些成果进一步促进了金砖国家在打击恐怖主义及反恐融资、外国恐怖作战人员、极端化、利用互联网从事恐怖活动以及反恐能力建设等方面的合作。我们核可《金砖国家反恐战略》,该战略旨在充实和加强金砖国家合作,为全球防范和打击恐怖主义威胁作出实质性贡献。我们指定金砖国家安全事务高级代表牵头审议《战略》落实情况以及金砖国家反恐工作组相关工作,包括制定反恐工作计划。

39. 我们强调应秉持发展和安全并重原则,全面平衡处理信息通信技术进步、经济发展、保护国家安全和社会公共利益和尊重个人隐私权利等的关系。我们强调联合国应发挥领导作用,推动通过对话就信息通信技术安全和使用,普遍同意的负责任国家行为规则、准则和原则达成共识,同时不排斥其他相关国际平台。强调适用于本领域的国际法和原则的重要性。外长们对联合国开放工作组以及政府间专家组的工作表示欢迎,并注意到其讨论取得进展。

40. 我们强调要建立金砖国家信息通信技术安全使用合作的法律框架。我们注意到金砖国家网络安全工作组的活动,认可网络安全工作组在研提相关倡议方面所做工作,包括缔结金砖国家网络安全政府间协定和相关双边协定。我们重申推进金砖国家间合作的重要性,包括考虑提出相关倡议和落实《金砖国家确保信息通信技术安全使用务实合作路线图》。

41. 我们强调数字革命在促进经济增长和发展方面潜力巨大,同时也意识到它可能带来新的犯罪活动和威胁。我们对信息通信技术非法滥用的水平和复杂性不断上升,以及对缺乏打击将信息通信技术用于犯罪目的的多边框架表示关切。我们还认识到,数字革命的新挑战和新威胁需要各国合作应对,并探讨制定法律框架,包括在联合国主持下商定关于打击将信息通信技术用于犯罪目的的全面国际公约。我们注意到根据 2019 年 12 月 27 日联合国大会第 74/247 号决议,在联合国主持下设立了相关开放性政府间专家特设委员会。

42. 我们对在保护儿童免受网上性剥削和其他不利于儿童健康和成长内容的毒害方面面临日益严峻的挑战表示关切,并期待金砖国家加强合作,制定旨在保护儿童网上安全的倡议。

43. 我们对跨国非法毒品贩卖日益猖獗,及其对公共安全和国际与地区稳定构成的威胁表示关切。我们强调支持联合国三大禁毒公约,维护国际禁毒机制。我们认为金砖国家禁毒合作非常重要,注意到 2020 年 8 月 12 日举行的第四次金砖国家禁毒工作组会议。

44. 我们重申致力于促进国际反腐败合作,特别是着眼 2021 年召开的联合国大会反腐败特别会议,金砖国家应在各国法律体系允许的范围内,就所有与反腐败执法有关的问题加强多边框架内合作,包括在资产返还和拒绝为腐败人员和资产提供避风港方面加强合作。我们欢迎 2021 年联合国大会反腐败特别会议,并将努力推动将缔结《联合国反腐败公约》作为国际反腐败合作的重要渠道。我们鼓励金砖国家反腐败工作组继续在这方面开展工作。

45. 我们重申致力于打击非法资金流动、洗钱和恐怖融资,并在金融行动特别工作组和区域性反洗钱组织以及其他多边、地区和双边场合紧密合作。我们重视并鼓励金砖国家在反洗钱、反恐怖融资等关键问题上加强对话。

经贸财金以及政府间合作

46. 我们认识到新冠肺炎疫情造成了复杂交织的挑战,对世界经济、医疗体系、金融、发展、社会中最弱势群体的福祉带来不利影响。在这方面,我们重申致力于同国际社会一道,为医疗卫生事业和经济复苏作出贡献。考虑到金砖国家在全球经济和贸易的分量,我们致力于引领重振多边合作,巩固国际努力,为应对当前危机和确保经济增长制定共同、高效和可持续的解决方案。

47. 我们将加强必要努力,推动金砖国家快速实现"后疫情时代"强劲、可持续、平衡和包容的经济发展和增长。我们认识到金砖各国为支持经济增长采取了大量财政、货币和金融稳定措施,重申我们决心继续利用现有的政策工具保护人民的生命和福祉。

48. 我们高度重视就各国为有效缓解当前危机的后果、全面落实 2030 年可持续发展议程而采取的国别措施及中短期一揽子刺激计划开展信息交流。我们各国的政策重点不限于最大程度减缓当前新冠肺炎的影响,还包括深化国际合作和国际贸易、构建适当的工业和农业产品供应链,尽最大可能减少对供应链干扰,加强社会保障体系和医疗卫生系统,增加公共和私营部门投资,推行强劲、可持续的宏观经济政策,提升经济复原力,维护金融稳定,实施重要的结构性改革,确保推进经济、社会、环境等可持续发展议程的三大支柱,不让任何一个人掉队,并优先帮助落在最后面的人。我们认为需要就金砖国家后疫情时代经济议程中的复合型问题加强合作。

49. 我们重申开放、稳定、安全的全球市场的重要性,认为要根据世界贸易组织规则在金砖五国及其所在地区层面为加强关键卫生产品、粮食及其他工业、农业产品生产构建更具韧性的全球产业链。我们呼吁世贸组织所有成员确保其为应对新冠肺炎疫情所采取的举措应该是有针对性、适度、透明和暂时性的,不制造不必要的贸易障碍或扰乱全球供应链,并符合世贸组织规则。我们欢迎加强上述所有领域国际合作。我们将继续探索具体方式,在不妨碍保护公共卫生努力的基础上促进人员流动。

50. 我们重视二十国集团作为国际经济合作和协调行动的主要论坛在克服当前全球挑战中继续发挥作用,承诺在二十国集团框架下继续就金砖国家共同关心的问题保持协调和协作,推进新兴市场国家和发展中国家利益和优先事项,包括对《二十国集团行动计划》进行更新。

51. 我们重申致力于推动一个强健、以份额为基础、资源充足的国际货币基金组织,在全球金融安全网发挥中心作用。我们欢迎国际货币基金组织为应对新冠肺炎造成的危机采取的举措。我们欢迎国际货币基金组织紧急融资以及减贫与增长信托、防灾救济基金为最贫困国家提供债务减缓,帮助受影响的成员国解决紧急的国际收支需求,缓解对卫生和经济的负面影响。我们呼吁国际货币基金组织利用应对既往危机的经验,探索更多工具,服务成员国应对不断演变的疫情危机需要。考虑到对国际货币基金组织融资的巨大需求,我们将密切审视对基金资源的需求。因此,我们期待各方尽快采取行动,在一致同意的时间框架内完成第 16 轮份额总检查,落实应该早已完成的国际货币基金组织治理改革。

52. 我们欢迎为低收入国家提供支持的国际努力,支持"暂缓最贫困国家债务偿付倡议",并将其期限延长 6 个月。我们鼓励世界银行等多边开发银行进一步采取共同努力支持缓债倡议。我们强烈鼓励私人债权人在符合条件的国家向其提出请求时以可比方式参与该倡议。此外,我们呼吁加大对信用评级机构下调债务国评级风险的关注,这将对债务国市场融资资格,以及主权国家申请缓债的意愿造成影响。

53. 我们肯定国际贸易在促进经济复苏方面的关键作用,将继续全力支持透明、开放、包容、非歧视、基于规则的以世界贸易组织为代表的多边贸易体制。所有世贸组织成员应避免采取违反世贸组织精神和规则的单边和保护主义措施,这至关重要。

54. 我们支持对世贸组织进行必要改革,使其在应对全球经济挑战时更具韧性和有效性,完善其关键职能,服务所有成员的利益。考虑到世贸组织大多数成员是发展中国家,改革必须维护世贸组织的中心地位、核心价值和基本原则,兼顾包括发展中国家和最不发达国家在内的所有成员的利益。我们敦促所有世贸组织成员建设性地参与解决上诉机构问题,使其能够迅速全面恢复运转。我们肯定金砖国家经贸部长会议通过的《金砖国家关于多边贸易体制和世贸组织改革的联合声明》。

55. 我们注意到落实《金砖国家经济伙伴战略》的进展,强调《战略》在拓展金砖合作方面的作用。我们欢迎《金砖国家经济伙伴战略 2025》,为推动金砖贸易、投资、金融、数字经济、可持续发展方面合作提供重要指南,促进金砖国家经济快速恢复,提升人民生活水平。我们将继续落实《金砖国家经贸合作行动纲领》,指导金砖国家经贸合作。

56. 我们欢迎《金砖国家投资便利化谅解》,《谅解》强调采取自愿行动,提升透明度和效率、促进金砖合作,以此促进投资和可持续发展。我们也注意到中小微企业营商环境的改善,欢迎《促进中小微企业有效参与国际贸易指南》,《指南》旨在推动中小微企业融入全球价值链,并提升中小微企业运营业绩。我们认识到,推出适当的工具和举措,在国别、金砖机制以及国际层面创造良好投资环境,可促进国际贸易,推动可持续发展和包容性增长。

57. 我们认为加强基础设施数据共享对更好发现投资机遇,利用私营部门投资,满足金砖国家基础设施投资需要非常重要。我们注意到关于探索在自愿基础上通过金砖国家基础设施投资数字平台,分享已有基础设施投资项目国别数据的倡议。我们注意到金砖国家基础设施与政府和社会资本合作工作组取得的进展,期待金砖国家进一步合作,并探索新开发银行参与该倡议的可行模式。

58. 我们赞赏新开发银行为减轻疫情造成的人员、社会和经济损失以及恢复金砖国家经济增长提供金融资源,特别是为应对疫情及其后果采取及时措施,通过抗疫紧急援助项目向成员国提供最高可达 100 亿美元的紧急贷款。

59. 我们赞赏新开发银行过去五年取得的显著成就,赞赏银行首任行长卡马特先生任职期间展现的坚强领导力。我们欢迎特罗约先生担任新一任行长,期待在他的领导下,银行继续推进机制建设。我们欢迎在莫斯科设立新开发银行第三个区域中心——欧亚区域中心,并期待明年在印度开设区域中心。

60. 我们支持新开发银行根据其理事会有关决定推进扩员进程。这将加强新开发银行作为全球发展融资机构的作用,并为其成员国境内基础设施和可持续发展项目动员资源作出进一步贡献。新开发银行扩员进程应是渐进的,在成员地域代表性方面应是平衡的,并应有助于银行实现获得最高信用评级和完善机构发展的目标。我们欢迎根据这些原则同潜在扩员候选国开启正式谈判,推动尽早实现扩员。

61. 我们肯定应急储备安排相关文件修订更新方面的进展,认可金砖国家央行在加强应急储备安排分析能力方面所作努力。我们欢迎将《金砖国家经济公报》作为支持应急储备安排的年度分析文件。我们欢迎将提前还款作为新增复杂因素的第三次演练成功完成。

62. 我们赞赏在国家支付系统合作方面开展的持续工作,特别是成立金砖国家支付工作组,期待在这方面进一步取得进展。

63. 我们欢迎设立金砖国家信息安全快速沟通机制,帮助五国央行交流网络威胁信息,分享应对金融领域网络攻击的经验。

64. 我们注意到在建立金砖国家本币债券基金方面的进展,期待其投入运营。

65. 我们重申应促进产业增长,欢迎在金砖国家新工业革命伙伴关系等框架下进一步推动贸易投资合作。我们鼓励金砖国家同联合国工发组织开展互利合作，通过适当后续讨论，探讨建立金砖国家工业能力中心。我们注意到中国关于建立金砖国家新工业革命伙伴关系创新基地的倡议。

66. 我们认识到数字经济的重要作用，认为数字经济是实现工业现代化和转型、促进包容性经济增长、支持紧密的全球贸易和商业活动的重要工具，将促进金砖国家实现可持续发展目标。同时，我们认为数字技术和电子商务前所未有的发展也带来了挑战，强调应聚焦弥合数字鸿沟，支持发展中国家应对数字经济的社会经济影响。面对电子商务的加速发展和线上交易的增多，我们将通过金砖国家电子商务工作组加强合作。我们认识到可探讨成立工作组，研究金砖国家、其他国家和国际协会在电子商务消费者保护方面的经验，并通过推出试点项目和倡议等，为探讨制定保护金砖国家消费者的务实框架奠定基础。

67. 我们重申愿意在平等、非歧视以及充分尊重主权和国家利益的基础上进一步深化能源领域国际合作，并注意到能源在促进可持续发展方面的关键作用。我们认为确保为所有人提供可负担的、可靠和可持续的现代能源依然是国际能源政策的优先事项，我们将加强合作，消除能源贫困。我们强调，所有形式的能源可持续和高效利用、能效以及技术普及对各国能源转型、建立可靠的能源体系和加强能源安全至关重要。我们强调基于五国在世界能源生产和消费中的份额，金砖国家在全球能源合作中作出更大贡献的重要性。

68. 我们将促进培育能源相关商品贸易，推动技术合作，促进相互投资，就监管和能源政策交换意见，强化能源领域战略伙伴关系。我们欢迎金砖国家就能源领域热点问题进行非正式磋商，并在国际组织和国际场合进行讨论。我们将加强对话，在全球层面促进金砖国家利益。我们欢迎通过《金砖国家能源合作路线图》，欢迎金砖国家能源研究平台开展包括撰写联合报告在内的务实合作。我们注意到扩大联合研究范围、实施联合项目、强化能源研究平台的重要性。

69. 我们强调金砖国家应在知识产权、技术法规、标准、计量和合格评定等领域进一步加强合作。我们赞赏金砖各国知识产权主管部门间的合作，赞赏金砖国家在技术法规标准计量合格评定程序工作机制下的合作成果，我们重申进一步加强合作的重要性。

70. 我们赞赏金砖国家在应对城市新挑战中取得的进展，注意到金砖国家城镇化论坛对相关努力作出的贡献。

71. 我们认识到旅游业是金砖国家经济的重要驱动力，注意到新冠肺炎疫情给旅游业带来的负面影响,欢迎金砖国家就旅游业合作进一步开展对话。

72. 我们忆及金砖五国农业产出占全球总量三分之一以上,强调金砖国家在确保农业和粮食行业可持续性以及全球粮食安全和营养方面的作用和责任。我们强调,在应对新冠肺炎疫情蔓延时,采取的紧急措施应有针对性、适度、透明、及时并符合世贸组织规则,并在满足各国需要的同时尽量减少对全球粮食供应链和农产品市场稳定的影响。我们承诺如果在抗击疫情过程中不再需要这些措施,将立即予以撤销。

73. 我们将考虑新冠肺炎疫情影响,通过深化农业南南合作以及符合世贸组织农业规则的支持方式,促进农村地区全面发展,增强农业、农村和农民的抗风险能力。农村的发展对于平衡改善全球农业生产、保障粮食安全和实现农业领域可持续发展目标具有重要意义。我们认识到避免粮食损失和浪费的重要性,鼓励金砖国家共同努力减少粮食损失和浪费。

74. 我们忆及自 2015 年《乌法宣言》以来所有金砖国家领导人宣言,重申致力于进一步加强金砖国家在应对卫生挑战、增强人类福祉,包括通过制定共同的有效措施,应对主要疾病(如艾滋、肺结核、疟疾和其他疾病)持续传播,预防大流行病的暴发。我们欢迎各国制定和实施适合本国国情的抗击新冠肺炎疫情的政策和举措。我们忆及《金砖国家领导人第十次会晤约翰内斯堡宣言》决定建立金砖国家疫苗研发中心,鼓励中心尽早投入有效运作。我们欢迎金砖国家发布应对新冠肺炎病毒传播相关举措总结,注意到俄罗斯关于预防大规模传染病风险早期预警机制的倡议,将进一步研究讨论。我们认为包括世卫组织在内的联合国系统在协调全球综合施策应对新冠肺炎疫情中发挥了根本性作用,联合国各会员国作出了核心努力。我们强调金砖国家应单独或共同采取协调、果断行动,对国际公共卫生安全作出更多积极贡献。

75. 我们注意到金砖国家科技创新框架计划取得的进展,该计划吸引了多个来自金砖国家的资助方参与,为百余个不同主题的金砖国家项目提供了支持,为金砖五国研究机构和科学家建立联系网络提供了便利,为应对共同社会挑战制定可负担的解决方案。我们认识到金砖国家科技创新合作在应对新冠肺炎疫情传播及其影响中发挥的重要作用,包括金砖国家科技创新框架计划下发起的特别联合研发项目征集以及专家在线交流。我们认可金砖国家科技创新架构下科技创新指导委员会取得的进展,特别是在专题工作组方面取得的进展。

76. 我们强调教育对于提升人力资本、开展技能重塑与提升、助力疫后经济复苏、实现可持续发展和经济包容增长发挥着关键作用。我们致力于在职业教育与培训及高等教育等方面加强合作,分享数字技术领域的最佳实践和专业知识,提供高质量、稳定可及的教育工具,促进远程教育和混合学习。

77. 我们继续承诺加强国际合作,以杜绝利用税收规则的漏洞和错配进行逃避税的行为。我们致力于改进税收透明度和信息交流标准相关国际共识标准的遵从情况,并期待推动情报交换工作取得进一步进展,提高金砖国家税务机关在打击、监测和阻止非法资金流动、逃税和避税方面的技术能力。

78. 我们注意到金砖国家竞争管理部门合作取得的进展,这些合作旨在为重点市场以及对社会经济发展至关重要的市场提供公平竞争环境,完善竞争政策和执法。我们注意到《金砖国家竞争法律与政策领域合作谅解备忘录》延期。我们认可金砖国家国际竞争法律与政策中心的活动。我们注意到 2021 年中国将举办第七次金砖国家国际竞争大会。

79. 我们强调金砖国家统计部门应在统计方法方面继续开展合作,确保各国统计方法具有可比性,我们期待金砖国家就此定期开展密切交流。

80. 我们重申致力于落实 2030 年可持续发展议程,认识到消除一切形式的贫困,包括极端贫困,是最大的全球挑战,也是实现可持续发展不可或缺的要求。我们认识到非洲、亚洲和拉丁美洲的许多发展中国家从新冠肺炎疫情及其造成的影响中恢复需要更长时间。我们呼吁捐助国履行其官方发展援助承诺,促进能力建设,向发展中国家转移技术,提供额外的发展资源。

81. 我们重申金砖国家持续就自然灾害管理进行对话的重要性,肯定金砖国家自然灾害管理工作组会议成果,并鼓励在此领域进一步开展合作。

82. 我们重申致力于落实气候变化《巴黎协定》,该《协定》是根据各国不同国情以及《联合国气候变化框架公约》规定的"共同但有区别的责任"和各自能力等原则制定的。我们敦促附件二所列发达国家增加对发展中国家的资金、技术和能力建设援助,支持发展中国家的减缓和适应行动。我们认可 2020 年 7 月 6 日通过的《第六次金砖国家环境部长会议联合声明》。我们欢迎金砖国家环境友好技术平台取得的进展,包括建立平台架构模型的倡议。我们期待在环境问题上进一步加强合作,尤其是共同应对"金砖国家清洁河流项目"重点关注的海洋塑料垃圾问题。

83. 我们认为应共同努力推动联合国《生物多样性公约》第十五次缔约方大会制定和通过"2020 年后全球生物多样性框架",包括实施支持机制,平衡推进生物多样性保护、可持续利用其组成部分、以公平、平等方式分享利用遗传资源的惠益。

84. 我们呼吁金砖国家在相关多边论坛下加强合作,共同打击海关违法行为,开发海关技术,开展能力建设合作。我们欢迎《金砖国家海关合作战略框架》落实取得重要进展。五国在达成《海关事务合作与行政互助协定》技术共识方面取得了重大进展,我们对此感到鼓舞,并欢迎尽早缔结协定。

85. 我们支持在金砖国家工商理事会框架下就促进贸易投资、基础设施建设、数字经济、能源领域最佳实践交流、有效监管、负责任的商业行为、发展融资等加强互动,密切金砖国家间的商业联系。我们也欢迎金砖国家银行间合作机制的活动,包括在制定金砖国家发展机构负责任融资和高效绿色金融机制原则方面取得的进展。

86. 我们欢迎《关于建立金砖国家女性工商联盟的宣言》,女性工商联盟为促进金砖国家女性经济赋权提供了坚实平台,旨在拓展女性在推动经济增长方面的作用。

人文交流

87. 我们重申人文交流在增进金砖国家及其人民间相互了解、促进友谊与合作方面的重要性。我们满意地注意到,在金砖国家主席国俄罗斯的领导下,治国理政、文化、体育、艺术、电影、青年和学术交流等领域的活动基本没有因疫情影响而中断,为这一支柱领域合作取得实质性进展作出贡献。我们鼓励更多样化的倡议和活动。

88. 我们强调金砖国家议会交流的重要性,满意地注意到 2020 年举行了金砖国家议会论坛以及青年议员论坛。我们期待进一步加强金砖国家议会合作,为深化金砖伙伴关系作出更大贡献。我们也注意到已举办的金砖国家友好城市暨地方政府合作论坛、第二届金砖国家城市论坛以及相关活动。

89. 我们对金砖国家首席大法官论坛取得的成果表示赞赏。该论坛讨论了通过行政司法程序、根据"数字时代"新现实调整法院机制等举措,保护经济实体、企业家和消费者权益等问题。

90. 我们注意到金砖国家最高审计机关负责人第二次会议的成果,认识到要本着包容、开放的精神,通过互利知识分享,推进金砖国家在这一领域的合作,包括在最高审计机关国际组织内的合作。

91. 我们赞赏金砖国家文化合作取得的进展,认可相关合作在加强各国人民相互理解方面发挥的作用。我们欢迎第五届文化部长会相关成果,期待在现有各种文化和文化遗产保护倡议中加强交流,包括加强五国国家博物馆、图书馆、美术馆、剧院之间的交流。我们满意地注意到第五届金砖国家电影节的组织工作。我们注意到俄方关于成立金砖国家文化工作组的倡议。

92. 我们对首届金砖国家体育部长会以及《金砖国家体育部门间合作谅解备忘录》表示欢迎。我们认为举办年度金砖国家运动会非常重要,期待金砖国家在体育领域加强合作。我们期待中国主办北京冬季奥运会。

93. 我们致力于保持金砖国家伙伴关系的延续性,以使金砖国家的后代和青年能够共享繁荣,传承友谊。我们认识到,在科学、创新、能源、信息通信技术、志愿服务、创业等领域进一步促进金砖国家青年沟通交流潜力巨大,意义重大。我们满意地注意到金砖国家举办了青年官员会议、青年外交官论坛、青年科学家论坛和其他与青年相关的活动,以及金砖国家全球青年能源峰会、金砖国家青年能源机制框架下的合作等非正式倡议。五国举办了第四届金砖国家中小学生线上数学大赛,五国儿童踊跃参与,令人鼓舞。我们对即将举办的年度金砖国家青年峰会表示欢迎。

94. 我们满意地注意到金砖国家举行了教育部长会,赞赏教育合作取得的进展。我们鼓励整合金砖国家网络大学和金砖国家大学联盟,推动两者各项活动形成合力。我们欢迎深化大学网络成员间合作,加强大学能力建设,增强他们在推动数字化转型和创新、提供高质量教育、促进经济增长和繁荣方面的作用。

95. 我们赞赏金砖国家智库理事会会议和学术论坛取得的成果,认可在促进金砖国家专家学者交流对话、推动面向未来的研究政策分析和知识共享等方面取得的进展。金砖国家智库理事会应继续完善内部机制,加强同金砖国家政府部门以及新开发银行、金砖国家工商理事会等机制的联系。我们注意到金砖国家举办了民间论坛,也注意到发起金砖解决方案奖。

96. 印度、中国、南非和巴西赞赏俄罗斯担任 2020 年金砖国家主席国所做工作,对俄罗斯政府和人民主办金砖国家领导人第十二次会晤表示感谢。

97. 巴西、俄罗斯、中国和南非将全力支持印度 2021 年金砖国家主席国工作并主办金砖国家领导人第十三次会晤。

莫斯科行动计划

我们注意到,俄罗斯担任金砖国家主席国期间,在莫斯科会晤前举行了以下会议和活动:

金砖国家的合作成果

以下成果、倡议和机制是已批准或已签署的：

1. 金砖国家竞争机构负责人声明（2020 年 5 月 19 日）

2. 延长《金砖国家竞争法律与政策领域合作谅解备忘录》（2020 年 5 月 19 日）

3. 金砖国家税务局长会议公报（2020 年 5 月 29 日）

4. 金砖国家投资便利化谅解（2020 年 7 月 23 日）

5. 促进中小微企业有效参与国际贸易指南（2020 年 7 月 23 日）

6. 金砖国家第十次经贸部长会议联合公报（2020 年 7 月 23 日）

7. 金砖国家关于多边贸易体制和世贸组织改革的联合声明（2020 年 7 月 23 日）

8. 金砖国家竞争机构应对新冠肺炎疫情联合声明（2020 年 7 月 23 日）

9. 第六次金砖国家环境部长会议联合声明（2020 年 7 月 30 日）

10. 金砖国家禁毒小组第四次会议联合公报（2020 年 8 月 12 日）

11. 金砖国家工业部长在新工业决议领域加强合作的宣言（2020 年 8 月 24 日）

12. 金砖国家体育部门间合作谅解备忘录（2020 年 8 月 25 日）

13. 金砖国家副外长/特使关于中东北非事务的联合声明（2020 年 8 月 26 日）

14. 第五次金砖国家文化部长会议宣言（2020 年 9 月 3 日）

15. 金砖国家外交部长/国际关系部长全体会晤发表的媒体声明（2020 年 9 月 4 日）

16. 第六次金砖国家通信部长会议宣言（2020 年 9 月 17 日）

17. 第十次金砖国家农业部长会议宣言（2020 年 9 月 23 日）

18. 第九次金砖国家结核病研究网络会议联合声明（2020 年 10 月 2 日）

19. 金砖国家劳工就业部长会议宣言（2020 年 10 月 9 日）

20. 金砖国家能源部长会议联合公报（2020 年 10 月 14 日）

21. 2025 年前金砖国家能源合作路线图（2020 年 10 月 14 日）

22. 金砖国家能源部门概况（2020 年 10 月 15 日）

23. 金砖国家能源技术发展重点（2020 年 10 月 15 日）

24. 第七次金砖国家教育部长会议宣言（2020 年 10 月 21 日）

25. 第八届金砖国家科技创新部长级会议宣言（2020 年 11 月 13 日）

26. 金砖国家科技创新活动计划（2020—2021 年）（2020 年 11 月 13 日）

27.《金砖国家政府间科技创新合作谅解备忘录》五年执行进展回顾（2020 年 11 月 13 日）

28. 金砖国家反恐战略（2020 年 11 月 17 日）

29. 金砖国家经济伙伴战略 2025（2020 年 11 月 17 日）

30. 第十次金砖国家卫生部长会议宣言（2020 年 11 月 16 日）

其他政府部门会议、商业和人道主义合作的文件、倡议和机制：

1. 金砖国家最高审计机关负责人第二次会议宣言（2020 年 8 月 25 日）

2. 金砖国家首席大法官论坛联合声明（2020 年 9 月 8 日）

3. 金砖国家双城论坛宣言（2020 年 10 月 20 日）

4. 第十二届金砖国家学术论坛"金砖国家建设美好世界的新愿景"对金砖国家领导人峰会提出建议（2020 年 10 月 24 日）

5. 第九届金砖国家工会论坛宣言（2020 年 10 月 30 日）

6. 金砖国家女性工商联盟成立宣言（2020 年 11 月 2 日）

7. 金砖国家开发性金融机构负责任融资原则备忘录（2020 年 11 月 16 日）

俄罗斯担任金砖国家轮值主席国的声明：

1. 金砖国家就支持中国抗击新冠肺炎疫情发表主席声明（2020 年 2 月 11 日）

2. 俄罗斯担任金砖国家轮值主席国关于第六届金砖国家议会论坛宣言（2020 年 11 月 2 日）

俄罗斯担任主席国时举行的会议

领导人会晤：

第十二届金砖峰会——2020 年 11 月 17 日（视频会议）

协调人/副协调人会议：

1. 第一次协调人/副协调人会议——2020 年 2 月 11 日至 13 日（俄罗斯圣彼得堡）

2. 第二次协调人/副协调人会议——2020 年 7 月 2 日（视频会议）

3. 第三次协调人/副协调人会议——2020 年 8 月 31 日至 9 月 3 日（视频会议）

4. 第四次协调人/副协调人会议——2020 年 11 月 5 日至 7 日、11 月 9 日至 13 日、11 月 16 日（视频会议）

部长级以上会议：

1. 金砖国家外交部长/国际关系部长特别会议——2020 年 4 月 28 日（视频会议）

2. 金砖国家税务局长会议——2020 年 5 月 27 日至 28 日（视频会议）

3. 金砖国家航天机构负责人会议——2020 年 7 月 15 日（视频会议）

4. 金砖国家经贸部长会议——2020 年 7 月 23 日（视频会议）

5. 金砖国家反垄断政策协调委员会会议——2020 年 7 月 23 日（视频会议）

6. 金砖国家环境部长会议——2020 年 7 月 30 日（视频会议）

7. 金砖国家国家标准化机构领导人会议——2020 年 8 月 19 日（视频会议）

8. 金砖国家工业部长会议——2020 年 8 月 24 日（视频会议）

9. 金砖国家体育部长会议——2020 年 8 月 25 日（视频会议）

10. 金砖国家知识产权局局长会议——2020 年 8 月 26 日（视频会议）

11. 金砖国家外交部长/国际关系部长会晤——2020 年 9 月 4 日（视频会议）

12. 金砖国家文化部长会议——2020 年 9 月 2 日至 3 日（视频会议）

13. 金砖国家通信部长会议——2020 年 9 月 17 日（视频会议）

14. 金砖国家安全事务高级别代表会议——2020 年 9 月 17 日（视频会议）

15. 金砖国家农业部长会议——2020 年 9 月 23 日（视频会议）

16. 金砖国家劳工就业部长会议——2020 年 10 月 9 日（视频会议）

17. 金砖国家能源部长会议——2020 年 10 月 14 日（视频会议）

18. 金砖国家教育部长会议——2020 年 10 月 21 日（视频会议）

19. 金砖国家旅游部长会议——2020 年 10 月 28 日（视频会议）

20. 金砖国家财长和央行行长会议——2020 年 11 月 9 日（视频会议）

21. 金砖国家卫生部长会议——2020 年 11 月 11 日（视频会议）

22. 金砖国家科技创新部长会议——2020 年 11 月 13 日（视频会议）

工作组会、高官会和专家组会：

1. 金砖国家反腐败工作组第一次会议（G20 反腐败工作组会议期间）——2020 年 2 月 3 日（沙特阿拉伯利雅得）

2. 金砖国家科技创新指导委员会第一次会议——2020 年 2 月 10 日至 11 日（俄罗斯莫斯科）

3. 金砖国家反洗钱金融行动特别工作组（FATF）反洗钱和反恐融资理事会会议——2020 年 2 月 16 日（法国巴黎）

4. 金砖国家能源高官委员会会议——2020 年 2 月 20 日至 21 日（俄罗斯莫斯科）

5. 金砖国家财政部副部长和央行行长会议——2020 年 2 月 21 日（沙特阿拉伯利雅得）

6. 金砖国家经贸联络组第二十三次会议——2020 年 2 月 26 日至 28 日（俄罗斯莫斯科）

7. 金砖国家医药市场竞争问题工作组会议——2020 年 3 月 13 日（俄罗斯莫斯科）

8. 金砖国家旅游管理机构专家会议——2020 年 3 月 18 日（俄罗斯莫斯科）

9. 金砖国家统计局编制金砖国家联合统计手册会议——2020 年 3 月 30 日至 31 日（俄罗斯莫斯科）

10. 金砖国家科技创新指导委员会第二次会议——2020 年 4 月 8 日（视频会议）

11. 金砖国家科技创新指导委员会第三次会议——2020 年 4 月 21 日（视频会议）

12. 金砖国家经贸联络组第二十四次会议——2020 年 4 月 29 日（视频会议）

13. 金砖国家卫生高官会——2020 年 5 月 7 日（视频会议）

14. 金砖国家财政部副部长和央行行长会议——2020 年 5 月 14 日（视频会议）

15. 金砖国家青年部长工作会议——2020 年 5 月 22 日（视频会议）

16. 金砖国家科技创新指导委员会第四次会议——2020 年 5 月 25 日（视频会议）

17. 金砖国家反垄断机构国际司负责人特别会议——2020 年 5 月 27 日（视频会议）

18. 金砖国家税务局专家会议——2020 年 5 月 27 日至 28 日（视频会议）

19. 金砖国家科技创新指导委员会第五次会议——2020 年 6 月 11 日（视频会议）

20. 金砖国家结核病研究网络会议——2020 年 6 月 18 日（视频会议）

21. 金砖国家反洗钱和打击资助恐怖主义理事会会议——2020 年 6 月 18 日至 23 日（视频会议）

22. 金砖国家科技创新指导委员会第六次会议——2020 年 7 月 9 日（视频

会议）

23. 金砖国家航天机构副部长会议——2020 年 7 月 13 日（视频会议）

24. 金砖国家半导体照明合作工作组第七次会议——2020 年 7 月 14 日至 15 日（视频会议）

25. 金砖国家经贸联络小组第二十五次会议——2020 年 7 月 16 日（视频会议）

26. 金砖国家农业工作组会议——2020 年 7 月 16 日（视频会议）

27. 金砖国家能源高官委员会与能效工作组会议——2020 年 7 月 27 日至 28 日（视频会议）

28. 金砖国家灾害管理工作组会议——2020 年 7 月 30 日（视频会议）

29. 金砖国家环境工作组会议——2020 年 7 月 30 日（视频会议）

30. 金砖国家海关专家会议——2020 年 8 月 4 日至 6 日（视频会议）

31. 金砖国家禁毒工作组会议——2020 年 8 月 12 日（视频会议）

32. 金砖国家工业部专家会议、金砖国家新工业革命伙伴关系咨询组会议——2020 年 8 月 17 日（视频会议）

33. 金砖国家副外长/特使中东北非事务磋商——2020 年 8 月 26 日（视频会议）

34. 金砖国家信息通信技术合作工作组会议——2020 年 8 月 26 日至 27 日（视频会议）

35. 金砖国家反恐工作组会议——2020 年 8 月 31 日至 9 月 2 日（视频会议）

36. 金砖国家文化专家会议——2020 年 9 月 2 日（视频会议）

37. 金砖国家财政部副部长和央行行长会议——2020 年 9 月 3 日至 4 日（视频会议）

38. 金砖国家外汇储备库常务委员会会议——2020 年 9 月 3 日（视频会议）

39. 金砖国家反腐败工作组第二次会议——在 G20 反腐败工作组会议期间——2020 年 9 月 7 日（视频会议）

40. 金砖国家网络创新科学园和企业孵化研讨会——2020 年 9 月 5 日、12 日、19 日、26 日（视频会议）

41. 金砖国家信息通信技术合作工作组会议——2020 年 9 月 15 日至 16 日（视频会议）

42. 金砖国家"海洋与极地科学"专题领域工作组第三次会议——2020 年 9 月

23 日(视频会议)

43. 金砖国家天文学工作组第六次会议——2020 年 9 月 24 日至 25 日(视频会议)

44. 金砖国家外交部新闻处代表磋商——2020 年 9 月 29 日(视频会议)

45. 金砖国家材料科学和纳米技术工作组第二次会议——2020 年 10 月 1 日至 2 日(视频会议)

46. 金砖国家结核病研究网络会议——2020 年 10 月 2 日(视频会议)

47. 金砖国家信息通信技术和高性能计算工作组第四次会议——2020 年 10 月 8 日至 9 日(视频会议)

48. 金砖国家科技创新指导委员会第七次会议——2020 年 10 月 13 日至 14 日(视频会议)

49. 金砖国家能源高官会——2020 年 10 月 13 日至 14 日(视频会议)

50. 金砖国家新能源、可再生能源与能效工作组第二次会议——2020 年 10 月 14 日至 15 日(视频会议)

51. 金砖国家光子学工作组第二次会议——2020 年 10 月 13 日至 15 日(视频会议)

52. 金砖国家网络大学国际管理委员会会议——2020 年 10 月 14 日(视频会议)

53. 金砖国家科技创新创业伙伴关系工作组第四次会议——2020 年 10 月 15 日至 16 日(视频会议)

54. 金砖国家反洗钱和打击资助恐怖主义理事会会议[在金砖国家反洗钱金融行动特别工作组(FATF)框架下]——2020 年 10 月 18 日至 23 日(视频会议)

55. 金砖国家反腐败工作组第三次会议——2020 年 10 月 19 日(视频会议)

56. 金砖国家教育高官会——2020 年 10 月 20 日(视频会议)

57. 金砖国家科技创新指导委员会第八次会议——2020 年 11 月 5 日(视频会议)

58. 金砖国家汽车工作组会议——2020 年 11 月 5 日至 6 日(视频会议)

59. 金砖国家科技创新融资工作组第六次会议——2020 年 11 月 10 日(视频会议)

60. 第十届国际科学会议"前瞻与科技创新政策"专题研讨会"金砖国家科技展望"——2020 年 11 月 11 日(视频会议)

61. 金砖国家反垄断政策协调委员会会议——2020 年 11 月 12 日（视频会议）

62. 第十届金砖国家科技创新高官会议——2020 年 11 月 12 日（视频会议）

民间交流与活动：

1. 金砖国家青年议员论坛——2020 年 3 月 5 日至 7 日（俄罗斯圣彼得堡）

2. "金砖国家数字经济时代消费者权益保护"圆桌会议——2020 年 3 月 13 日（俄罗斯莫斯科）

3. 金砖国家科学实践会议"金砖国家经济伙伴战略"——2020 年 3 月 19 日（俄罗斯莫斯科）

4. 第四届国际在线中小学数学奥林匹克竞赛——2020 年 4 月 22 日至 5 月 22 日

5. "支持和发展金砖国家中小微企业"圆桌会议——2020 年 7 月 14 日（视频会议）

6. 金砖国家专家中心理事会会议——2020 年 7 月 15 日（视频会议）

7. 金砖国家女性工商联盟组织会议——2020 年 7 月 20 日（视频会议）

8. 金砖国家工商理事会会议——2020 年 7 月 22 日（视频会议）

9. 1—12 年级学生国际在线数学奥林匹克竞赛——2020 年 7 月 21 日至 10 月 31 日

10. 金砖国家最高审计机关领导人会议——2020 年 8 月 25 日（视频会议）

11. 金砖国家首席大法官论坛——2020 年 9 月 8 日（视频会议）

12. 金砖国家城镇化论坛——2020 年 9 月 9 日至 10 日（视频会议）

13. 第五届金砖国家青年科学家论坛——2020 年 9 月 21 日至 25 日（视频会议）

14. 金砖国家民间论坛——2020 年 9 月 23 日至 25 日（视频会议）

15. 金砖国家电影节——2020 年 10 月 1 日至 7 日（在线离线）

16. 金砖国家国际科教项目——2020 年 10 月 5 日至 10 日（在线）

17. 国际节能节——2020 年 10 月 10 日（在线离线）

18. 金砖国家能源研究平台介绍——2020 年 10 月 15 日（视频会议）

19. 金砖国家青年能源峰会——2020 年 10 月 16 日（视频会议）

20. 金砖国家联合城市和市政论坛——2020 年 10 月 19 日至 20 日（俄罗斯喀山）

21. 金砖国家青年外交官论坛——2020 年 10 月 21 日至 24 日（俄罗斯喀山）

22. 金砖国家商务论坛——2020 年 10 月 20、22、26、28 日（视频会议）

23. 金砖国家国际青年企业孵化器——2020 年 10 月 20 日至 11 月 2 日（视频会议）

24. 金砖国家专家中心理事会会议——2020 年 10 月 22 日至 24 日（视频会议）

25. 金砖国家学术论坛——2020 年 10 月 22 日至 24 日（视频会议）

26. 金砖国家议会论坛——2020 年 10 月 27 日（视频会议）

27. 第九届金砖国家工会论坛——2020 年 10 月 30 日（视频会议）

28. 金砖国家女性工商联盟会议——2020 年 11 月 2 日（视频会议）

29. 金砖国家文化节——2020 年 11 月（在线）

30. 第二届金砖国家城市论坛——2020 年 11 月 5 日至 6 日（俄罗斯圣彼得堡）

31. 金砖国家工商理事会会议——2020 年 11 月 10 日（视频会议）

32. 金砖国家未来技能挑战赛——2020 年 11 月 9 日至 17 日（在线离线）

33. 金砖国家金融论坛——2020 年 11 月 16 日（在线）

2020 年俄罗斯担任金砖国家轮值主席国期间计划开展的活动

1. 第七届金砖国家法律论坛——2020 年 11 月 18 日至 19 日（在线）

2. 金砖国家交通高官会——2020 年 11 月 20 日（视频会议）

3. 金砖国家青年政策部长和青年部长会议——2020 年 12 月 3 日（视频会议）

4. 金砖国家青年峰会——2020 年 11 月 29 日至 12 月 3 日（在线）

5. 第五次协调人/副协调人会议——2020 年 12 月 8 日至 9 日（俄罗斯莫斯科）

6. 金砖国家外交部长对外政策规划磋商——2020 年 12 月 10 日（俄罗斯莫斯科）

7. 第四次金砖国家总检察长会议——2020 年 12 月 16 日（视频会议）

8. 金砖国家国家统计局局长会议——2020 年 11 月至 12 月（视频会议）

9. 金砖国家戏剧院校国际戏剧节——2020 年 12 月（俄罗斯莫斯科）

10. 金砖国家生物技术和生物医学工作组会议（包括人类健康与神经科学工作组会议）——2020 年 12 月（视频会议）

11. 第四次金砖国家设施及大科学项目工作组会——2020 年 11 月至 12 月（视频会议）

12. 金砖国家技术转移合作会议及相关活动——2020 年 11 月至 12 月（视频会议）

13. 金砖国家科学院第三次会议——2020 年 12 月（视频会议）

14. 金砖国家治国理政研讨会——2020 年 12 月（视频会议，由中国主办）

15. 金砖国家人文交流论坛——2020 年 12 月（视频会议，由中国主办）

16. 俄罗斯担任金砖国家轮值主席国期间共举办 137 场活动

图书在版编目(CIP)数据

金砖国家合作与全球治理年度报告.2021:金砖国
家与新兴经济体的国家发展动力/贺平,王蕾主编.—
上海:上海人民出版社,2022
ISBN 978 - 7 - 208 - 18030 - 7

Ⅰ.①金…　Ⅱ.①贺…　②王…　Ⅲ.①世界经济-经
济发展-研究报告- 2021　Ⅳ.①F113.4

中国版本图书馆 CIP 数据核字(2022)第 208149 号

责任编辑　王　吟
封面设计　陈　楠

金砖国家合作与全球治理年度报告 2021
——金砖国家与新兴经济体的国家发展动力
贺　平　王　蕾　主编

出　　版　上海人民出版社
　　　　　(201101　上海市闵行区号景路 159 弄 C 座)
发　　行　上海人民出版社发行中心
印　　刷　上海商务联西印刷有限公司
开　　本　720×1000　1/16
印　　张　17
插　　页　4
字　　数　283,000
版　　次　2022 年 12 月第 1 版
印　　次　2022 年 12 月第 1 次印刷
ISBN 978 - 7 - 208 - 18030 - 7/F·2789
定　　价　68.00 元